普通高等教育“十一五”国家级规划教材

导　游

是丽娜　陶卓民　主编

凤凰出版传媒集团
江苏教育出版社
JIANGSU EDUCATION PUBLISHING HOUSE

图书在版编目（CIP）数据

导游／是丽娜，陶卓民主编.—南京：江苏教育出版社，
2007.8
ISBN 978-7-5343-8293-2

Ⅰ.导... Ⅱ.①是...②陶... Ⅲ.导游—基本知识 Ⅳ.
F590.63

中国版本图书馆 CIP 数据核字（2007）第 135964 号

前 言

“十一五”时期是我国旅游业发展的战略提升期，随着经济的持续增长和人民生活水平的不断提高，旅游需求也在持续增长，旅游业迎来了新的发展机遇。旅游业是一个综合性强、关联度高、蓬勃发展的新兴产业，对促进经济增长、社会进步、文化繁荣发挥着积极的作用，对相关产业、行业的影响和促进作用日益显现。导游员是旅游服务的直接组织者和提供者，是旅游形象的展示者和传播者，是推动旅游业发展的重要力量。在全面建设小康社会、构建社会主义和谐社会的历史进程中，我国旅游业不断发展和壮大，迫切需要建设一支高素质的导游队伍。

回顾我国导游队伍的成长历程，通过一代代导游员的艰苦奋斗，形成了中国导游队伍有知识、有才华，拼搏进取、爱岗敬业、乐于奉献、全心全意为海内外旅游者服务的优良传统，涌现出了一批批先进代表和模范人物。在旅游业发展的新时期，不仅要把这种优良传统发扬光大，而且要根据旅游市场的新特点，树立知识性、科技性、个性化和人情味的导游新形象。我们作为高等院校旅游专业的教学和科研工作者，承担着重要的责任。

本书从实用性和现代性的角度出发，以学生应该掌握的导游学基本知识及培养实际操作能力为主线，由基础原理、实践操作、导游艺术和应知应会四部分构成。第一部分结合导游学的基础原理，重点突出导游服务的概念、性质、特点及在旅游接待中的地位和作用，从而探索导游服务发展的规律性；第二、三部分详细阐述了做好导游服务工作应掌握的规范、技能和技巧，重点培养学生如何实现优质服务、如何结合有关原理对实际工作中的种种现象进行分析和处理的能力；第四部分介绍了导游员必备的关于出入境、交通邮电、货币保险、卫生救护等方面的旅行服务知识。

本书是多年导游实践、导游教学和导游研究的成果，因而在编写过程中力求理论性和应用性的统一。导游学知识是较抽象的，因而在阐述基本原理时尽量做到深入浅出，通过补充材料、参考案例等形式简明扼要地讲清楚导游学的理论知识。同时，导游学是一门实践性很强的课程，本书不仅提供了大量典型案例供参考，而且在每章之后设计了复习思考题、案例讨论题和模拟操作题，便于教师组织学生进行课堂讨论和模拟情境练习。本书不仅可以用作高等院校、中高等职业院校旅游专业学生的教材，同时也可作为参加导游资格考试的复习参考教材，或导游员接受年检培训、旅行社提高导游服务质量的培训教材。

本书是几所院校的教师分工合作共同研究的成果。其中，南京林业大学旅游管理系的是丽娜编写了教材大纲及第一章、第二章、第三章；中国传媒大学南广学院媒介管理系的温芳编写了第四章、第五章；江苏广播电视大学城市科学系的张惠华编写了第六章；南京铁道职业技术学院旅游系的沙蕾编写了第七章；南京师范大学旅游管理系的陶卓民编写了第八章。全书最后由是丽娜和陶卓民共同修改定稿。

本书荣幸地被列为高等教育“十一五”国家级规划教材，在此对教育部和江苏教育出版社的大力支持表示衷心的感谢。本书在编写过程中参阅了大量国内外相关研究资料(见参考文献)，书中的案例有的是编者自己归纳总结，有的是来自于其他学者的汇集分析，在此向各位尊敬的学者、专家致以深深的敬意。此外，本书听取了许多旅游界资深人士和旅游企业一线工作人员的意见和建议，其编写出版得到了南京国际翻译导游服务公司王飞华经理和江苏教育出版社编辑朱敏女士的具体指导和帮助，在此一并表示诚挚的感谢。

由于时间仓促，书中如有疏漏不当之处，恳请专家、学者、广大师生和旅游界的朋友批评指正。

编 者

2007 年 6 月

目　录

第一篇　基础原理篇

第二篇　实践操作篇

第三篇 导游艺术篇

第四篇 应知应会篇

第一篇　基础原理篇

第一章 导游服务

第二次世界大战之后，特别是20世纪50年代以来，世界旅游业快速发展，旅游活动进入千家万户。导游服务作为旅游服务的一个重要组成部分，已经成为衡量一个国家旅游业发展水平的重要标志。本章在介绍导游服务产生和发展历程的基础上，阐述了导游服务的概念和范围，分析了导游服务的性质、特点和原则，并对未来导游服务发展的趋势进行了探讨。

【导入案例】

南京某旅行社接待了一批走华东线的客人，这批客人都是南京某大学四十年前毕业的校友，刚在母校参加完联谊活动。因年龄都偏大，在接团前，旅行社就一再叮嘱导游员小李服务要细致。一路上，小李对该团的服务热情周到，讲解也非常精彩，旅途中旅游者的饮食起居都安排得妥妥帖帖。途中一位年事已高的客人不慎感冒，不停地咳嗽。小李看在眼里，急在心上，晚餐前特意通知餐厅买了一点川贝和几个梨子，请餐厅专门为客人做了一个"川贝蒸梨"。这位客人非常感激，病情也很快得到好转。旅游车在途中发生了机械故障，小李一面向旅行社汇报，一面在车上主动为客人表演节目，还组织大家唱江南民歌，稳定了客人情绪，尽管临时调的车子标准降低了，客人也没有表示不满。在后来的旅游活动中，小李主动搀扶客人，为他们做一些力所能及的事，用更加热情的服务去弥补出现的不足，博得了客人的好感。在客人购买茶叶、刺绣工艺品时，小李以详细生动、真实客观的讲解为客人做好购物参谋，让客人买到了称心如意的旅游纪念品。行程结束后，旅游者对小李的服务非常满意，临走前都纷纷表示要把自己的亲朋好友介绍过来旅游，后来客人还专门给旅行社送了一面锦旗。

导游服务质量的高低直接关系到旅游活动是否丰富多彩，每一位旅游者的旅游体验是否愉悦。本案例中小李提供了哪些方面的导游服务？为什么旅途中出现的意外没有影响旅游者对小李的评价？导游服务对于旅行社的经营起到什么作用？让我们认真学习本章的内容，找到这些问题的答案。

第一节　导游服务的产生和发展

一、古代的向导服务

向导服务是导游服务的最初形态，私有制的出现和旅行活动的开展为其产生提供了条件。私有制的出现使社会财富集中到一部分人手中，他们有能力承担或支付向导服务的费用。同时，旅行活动的开展产生了对向导服务等当地导游服务的需要。

在奴隶社会，有奴隶主的享乐旅行，如奴隶主在其所属地区进行巡视，到其他地区进行奴隶的买卖和到名山大川祭祀天地神祇，其侍仆除担任随时侍奉和护卫的任务外，还为他们提供探路、引路的"服务"。此外，在奴隶社会，宗教旅行、商业旅行和体育旅行也开始兴起，如五千年前的埃及已有组织朝圣者去参拜圣地的朝圣旅行，腓尼基人在地中海和爱琴海周围地区从事商业活动，古希腊时代，有组织参加、观看奥林匹克运动会的体育旅行。

到了封建社会，除帝王将相的巡游外，以求学为目的的教育旅行、以健康为目的的温泉疗养旅行、以探险为目的的航海旅行、以经商为目的的跨地区和跨国商业旅行、以传经布道为目的的宗教旅行等相继发展起来。在这些旅行活动中，往往都配有熟悉旅途的人做向导，他们不仅引路，有时还能指点和介绍一些沿途的名胜、景点和当地的民俗风情。

由此可见，在古代时期的各种旅行中，已经产生了向导服务，不管提供这种服务的人的身份是独立的，还是附属于其主人，他们在旅行中所起的向导作用是毋庸置疑的。不过，古代的向导服务并不具有普遍的社会意义。首先，在古代，整个社会生产力水平是低下的，旅行活动只是社会中极少数人的行为，不会促进社会经济发展。诸如帝王将相的巡游、官员的调动等，其开支均由沿途各州县承担，对社会经济的发展没有任何推动作用。其次,这时的向导收受的只不过是旅游者赏赐的“盘缠”或“酒钱”,多少带有偶然性、临时性,不可能以此作为谋生的手段,也未形成固定的职业。因此,古代的向导服务很大程度上受到社会条件的制约,不可能形成向导队伍,同具有社会独立形态的现代导游服务存在着很大差别。

二、近代的导游服务

随着资本主义生产关系的建立,产生了一批新兴的资产所有者和大量的雇佣工人,同时新技术的应用大大推进了社会生产力的发展、商业贸易的繁荣、城市的兴起和交通工具的革新。一批新兴的资产所有者聚敛了大量财富,产生了外出旅游享乐的需要;原材料供应和产品销售促使不同地区、不同国家之间贸易的蓬勃发展和人员往来的增加;城市旅馆、铁路旅馆、餐馆、咖啡馆的发展既方便了当地居民,更方便了过往客商;火车、轮船的出现,不仅使运输速度加快、运载量加大,而且它们比马车更加舒适:这一切均为旅游活动的开展创造了有利条件。

正是在这种背景下,英国人托马斯·库克率先开始了旅游活动的组织工作。1841 年托马斯·库克包租了一列火车,运送 570 人从莱斯特赴拉夫巴勒参加禁酒大会。随后他又组织了几次这样的活动,每次都亲自陪同。1845 年托马斯·库克创办了人类历史上第一家专门为旅游活动服务的旅行社,并于当年组织了 350 人从莱斯特到利物浦进行包价旅游,旅游费用包括分属四家铁路公司的运输费、住宿费和途中游览卡那封城堡及斯诺登山的费用。为了方便这次旅游活动,库克不仅亲自陪同,而且在卡那封城堡和斯诺登山游览中聘请了地方导游员。到 19 世纪 60 年代早期,库克的活动领域还主要局限在英国。1862 年,库克开始进军欧洲。至 1864 年,库克组织的旅游人数已达 100 多万,他的名字也成为了旅游的代名词。在库克成功经验的示范下,英国、欧洲、北美、日本先后组建了不少旅行社或其他旅游组织,招募陪同和导游员,这不仅促成了导游队伍的形成,而且也使导游服务成为旅游活动必需的一项服务。

这个时期的导游服务已经分成两种类型:一种是全程陪同服务,即作为向导负责安排旅游团的行程和生活照料工作;另一种是地方游览项目的讲解服务，即对当地游览项目进行导游和讲解。因此，这个时期的导游服务在许多方面同现代导游服务是相同或类似的，同时旅行社招聘全程陪同或临时雇用当地人员作导游，这促使了社会中一些人逐渐将导游工作作为一种职业来对待。所以，这个时期是现代导游服务的奠基时期，也是导游服务逐步走向职业化的时期。

三、现代的导游服务

第二次世界大战之后，特别是 20 世纪 50 年代以来，世界经济的稳定增长、居民收入的不断增加、新的科学技术在旅游业中的应用、各国政府对发展旅游业的重视，均为旅游活动的蓬勃发展创造了十分优越的条件。旅游活动开始进入千家万户，旅游对社会经济的影响越来越大，为旅游者提供服务的导游员队伍也在不断扩大。

导游服务不仅为旅游者旅游活动的顺利进行提供了安全、可靠和便利的条件，而且也成为一个国家或地区旅游产品从生产到消费转化过程中的重要一环。旅游者亲自到旅游目的地去消费，消费的是综合性的无形服务，这种消费，不借助导游员的帮助是困难的，因此导游服务在旅游业的各种接待服务中占有重要的地位。正如许多旅游界人士所认为的那样，“导游服务是旅游服务中最为重要的服务”，导游员是“民间大使，他沟通了不同地区、不同国家人民之间的友谊”。这些看法表明了战后人们对现代导游服务作用的认识有了质的飞跃。

导游服务在旅游服务中的重要性和导游员队伍的不断扩大，使许多国家加强了对导游员的执业资格、导游员的选拔和培训以及导游服务质量的管理，从而使现代导游服务呈现出如下一些主要特点：

（一）导游服务职业化

战后，随着世界旅游业的不断发展，越来越多的人将导游作为一种谋生的手段，从而使导游员队伍迅速扩大。以我国为例，1980 年翻译导游员为 2 106 人，至 2006 年，从事国际、国内旅游的导游员高达 32 万多人，26 年中导游员数量增加了 100 多倍。导游员数量的增加和导游服务在旅游接待服务中的重要性，使得导游服务的地位逐步为社会所确认，即导游服务成为了社会诸多职业中的一种。

（二）导游服务商品化

在当代，旅游产品也同其他消费品一样是一种商品。导游服务作为旅游产品的一部分，既能满足旅游者身心的需要，对旅游者又具有使用价值；同时在服务过程中导游员要消耗活劳动，其消耗的活劳动需要得到补偿，这种补偿和创造的价值是以收费的形式表现出来的。导游服务商品化这一特征要求导游员讲求服务质量，以质量来赢得信誉，否则在市场竞争中将被淘汰。

（三）导游服务规范化

由于旅游业的竞争日益激烈，旅游者对包括导游服务在内的旅游产品的质量越来越注重。为保护消费者的合法权益，国际标准化组织、一些地区性的旅游组织和不少国家的旅游组织或相关机构先后制定了服务标准、旅游产品销售标准和导游服务质量标准，对旅游产品和导游服务全过程的质量要求进行了规范。例如，我国国家技术监督局于1995年制定了《导游服务质量》国家标准，1997年国家旅游局又颁布了《旅行社国内旅游服务质量要求》这一部门标准，它们分别从不同的角度、不同的层面对导游服务质量提出了规范化的要求。

（四）导游员管理的法制化

在各行各业的人员进入导游员队伍的情况下，世界许多国家通过将导游员的管理纳入法制化轨道来确保导游服务质量，主要措施有：

(1) 导游资格考试制度。导游资格考试是对导游员进行选拔的主要手段。考试一般分笔试和口试两种形式，考试的内容涉及实际工作中必备的知识和技能。我国于1989年建立了全国导游资格考试制度，1995年起又建立了导游员等级考核制度。截至2006年9月，我国拥有导游资格证的人数达47.27万人，其中执业导游员32.05万人。

(2) 导游员注册制度。世界上大部分国家都有明确规定，导游员在进入旅游行业从事导游工作时要进行注册，只有经过注册的导游员才有执业资格。我国关于导游员注册制度的规定是，导游员在获得导游资格证后，需向一家旅行社或导游管理服务机构注册，然后持同旅行社签订的劳动合同或导游管理机构登记证明材料向所在地的旅游行政管理部门申请办理导游证。

(3) 导游员管理立法。不少国家针对导游员的管理制定了有关的法规，绝大多数国家规定不合格的导游员从事导游工作为非法。1999年中华人民共和国国务院颁布了《导游人员管理条例》；2002年，国家旅游局又颁布了《导游人员管理实施办法》，规定除了对导游员实行资格考试和等级考核外,还实行计分管理和年度审核,从而将我国导游员的管理纳入了法制化轨道。

四、我国导游服务的发展历程

我国导游服务的发展经历了三个时期。

第一个时期是中华人民共和国成立以前的时期,始于 20 世纪 20 年代,这个时期是我国导游服务的初始时期。20 世纪初,国外的一些旅行社开始在上海等地组织旅游活动,雇用中国人当导游。1923 年 8 月,上海商业储蓄银行总经理陈光甫首次在该行设立了旅行部,承办旅行代理业务。1927 年该部从银行独立出来成立了"中国旅行社",除继续从事有关旅行代理业务外,还组织接待国内旅游团和国际旅游团(如赴日观赏樱花团),为旅游者提供导游和翻译服务。除"中国旅行社"外,在这个时期成立的其他旅游组织,如铁路游历经理处、公路旅游服务社等也为旅游者提供导游服务。

第二个时期自中华人民共和国成立至改革开放初期,这个时期的导游服务是外事接待工作的重要组成部分。由于外事接待工作的对象是外国人、华侨,所以从事这方面工作的人员称为翻译导游员。当时国家对翻译导游员提出了"三过硬"(即思想、外语和业务三方面过硬)的工作要求和"五大员"(即宣传员、调研员、服务员、安全员和翻译员)的工作任务以及有关外事纪律。在这个时期,导游服务的主要特点是:服从政治需要,翻译导游员以翻译面貌出现,旅游接待以友谊为重,不讲究经济效益。

第三个时期是改革开放以后的时期,也是我国导游服务同国际接轨的时期。在这个时期,为满足急剧增长的国际旅游需求,我国新兴的旅游业相继经历了三个发展高峰,即 20 世纪 80 年代初期以大量进口豪华汽车为代表的旅游交通运输业的发展高峰;80 年代中期以众多旅游涉外饭店建设为代表的旅游饭店业的发展高峰;80 年代末期以大量旅行社的成立为代表的旅行社业的发展高峰。这三个发展高峰为我国旅游业的进一步发展奠定了坚实的基础,与此相对应的是,导游服务已作为旅游服务的一部分而成为旅游产品价值实现的重要一环。这个时期导游服务的主要特点是:导游服务队伍扩展迅速,导游服务程序和服务质量实现了标准化,导游服务管理实现了制度化和法制化。

第二节 导游服务的概念和范围

一、导游服务的概念

服务是为满足顾客的需要,供方与顾客接触的活动和供方内部活动所产生的结果。在旅游活动中,服务就是航空、铁路、航运、巴士等运输公司以及饭店、餐馆、景点管理处等若干企事业单位合作生产出的旅游商品,旅行社从这些企事业单位采购它们各自生产的商品,再委派导游员把各种商品连接、整合和组装成一个综合性的旅游服务商品。

概括地说,导游服务是导游员代表被委派的旅行社,接待或陪同旅游者旅行、游览,按照组团合同或约定的内容和标准向其提供的旅游接待服务。

二、导游服务的范围

导游工作繁重纷杂,服务范围很广。从时间上说,它包括旅游者自抵达之日起至离开最后一站为止所需要的各种服务;从服务类别上说,它包括讲解服务、生活服务、安全服务、咨询服务、问题处理等。

(一) 讲解服务

导游讲解服务包括旅行期间的讲解和参观游览现场的导游讲解以及座谈、访问时的口译服务。旅游者外出旅游是为了了解旅游目的地的历史文化、传统习惯、现代文明,并由此深入理解当地的精神面貌、价值观念和道德水准,这一切都有赖于导游员的精心安排、讲解和翻译。一个知识广博、善于辞令的导游员满足了旅游者的精神需求,当然会受到旅游者的欢迎,因此讲解服务是导游服务中的一项主要内容。

(二) 生活服务

旅行生活服务包括旅游者入境、出境迎送,旅途生活照料,上、下站联络等,是适应旅游者在旅游过程中的各种旅行生活需要而提供的服务。旅游者出游要求服务周到、舒适、受尊重,这就需要导游员通盘考虑旅游者住店离店的安排、行李运送、交通、餐饮、购物等方面工作。做好旅行生活服务不仅关系到旅游者的生理需要,并为其旅游活动的顺利进行创造条件，而且也是整体旅游活动的必要组成部分。

（三）安全服务

安全服务是为旅游者在旅游过程中提供人身和财物安全保障的服务。在旅游过程中，导游员要有安全防范意识，要经常提醒旅游者随身携带和保管好自己的物品，要提醒司机注意行车安全，要经常留心旅游者的动向和观察周围情况，同时导游员还要学习和掌握一些急救与护理方面的知识。总之，导游员如何防止意外事故的发生，确保旅游者人身和财物的安全也是导游服务的重要组成部分。

（四）咨询服务

咨询服务是指导游员向旅游者提供各类技术、知识性问题的回答，包括旅游机构、政策法规、通讯交通等问题。旅游者来自异国他乡，对旅游目的地的许多情况不了解、不熟悉，因此，他们常把导游员当做可以信赖的朋友，愿意征询导游员的意见。例如，在外出用餐、购物时请求导游员介绍餐馆、商店；购买商品时，请导游员当参谋。

（五）问题处理

问题处理是指导游员帮助旅游者处理和解决临时发生的问题与困难。例如，旅游者在离开旅游目的地时，有些未了之事请求导游员帮其办理，如要求导游员帮其托运物品，转递物品、信件或资料等。

第三节　导游服务的性质、特点和原则

一、导游服务的性质

（一）政治性

导游员生活在不同的社会制度和文化背景之下，不同的社会制度、意识形态、民族文化和思想观念必然会通过导游员的言行反映出来，从而使导游服务首先具有政治属性。

我国的导游员应该具有热爱祖国、热爱社会主义的思想意识，在向旅游者提供接待服务时，无论是介绍自然景观，讲解历史文化，还是宣讲社会主义建设成就，都应该具有主人翁的自豪感和责任感，以传播社会主义物质文明和精神文明为己任。

导游服务的政治属性虽然不像政治口号那样需要进行有意识的宣传，但在客观上渗透于导游服务的过程之中。《导游人员管理条例》明

确指出："导游人员进行导游活动时，应当自觉维护国家利益和民族尊严，不得有损害国家利益和民族尊严的言行。"这是关于导游员承担的必须维护国家利益和民族尊严的义务的规定。

（二）服务性

导游服务，顾名思义是一种围绕旅游者进行的全方位、全过程的服务工作。导游服务与第三产业的其他服务一样，是通过提供一定的劳务活动，如翻译、导游讲解、旅行生活服务等来帮助旅游者获得物质上、精神上的享受，达到增长知识、扩大阅历的目的。导游员向旅游者提供的劳务不产生任何物质成果，但是它创造价值和特殊的使用价值，即导游员的劳动消耗能为旅行社带来效益，并以报酬形式得到补偿，其劳动能满足旅游者游览、审美的愿望和安全、舒适的旅行要求，进而使旅游者获得愉悦的心理感受。

导游服务同其他旅游服务的不同之处在于它不是一般的纯粹的体能服务和简单的技能服务，而是一种脑体结合的、复杂的、高智能的、高技能的服务。

（三）社会性

首先，从本质上来说，旅游就是人们在地区之间或国家之间的一种社会活动，是人们日常社交活动的延伸，即人们在其物质生活得到满足之后产生的范围更为广泛的社会交际活动。导游服务处于旅游接待服务的中心位置，导游员接待着四海宾朋、八方旅游者。

其次，为满足旅游者的需要，在服务过程中，导游员不仅要同旅游者经常保持接触，而且要同社会诸多方面和相关人员发生社会关系。所以，导游服务本身就是一种社会服务。

最后，在导游员向旅游者提供服务的过程中，旅游者往往以导游服务质量来评价整个旅游服务质量，旅游者通过导游员了解旅游目的地国家或地区人民的精神面貌、价值观、社会习俗和道德风尚，所以，导游服务质量的优劣会影响到旅游目的地的社会形象和声誉。

（四）文化性

文化是各个国家或各个民族在人类社会的各个历史时期创造和发展出来的宝贵的精神财富和物质财富。旅游活动实际上就是人们离开其常住地寻觅和获取异国、异地、异民族文化的活动。在活动过程中，导游员由于同旅游者接触的时间最长，因而是旅游者获取文化知识和精神享受的主要帮手。导游员为来自世界各国、各民族的旅游者服务，通过引导和生动、精彩的讲解使旅游者获得知识、乐趣及美的享受，并有意无意地传播本国文化、本地文化。

例如，日本旅游者受本国文化的影响，经常会针对苏州园林中的荷花或题荷咏莲的匾额、对联提问，觉得中国古人对荷花的特殊情结不可思议，马虎的导游员往往以"自古以来就是这样种荷花的"或"主人喜欢荷花"敷衍过去，而有文化内涵的导游员会从荷花所具有的品质开始说起，说到封建文人以荷寓身的情趣，进而引导旅游者摆脱本国传统文化的影响，进入中国人种荷、咏荷的美的意境。又如，欧洲的旅游者来自宗教建筑、雕塑、绘画组成的艺术王国，"建筑永恒感"的本能常驱使他们习惯性地发问："这古建筑是原来的吗？"如果导游员简单地回答："不，这是按照原样修复的。"一定会使旅游者大失所望，因为他们不愿意千里迢迢来看一个按原样重建的东西。这时导游员就应该从文化心理的角度，对比中国人和西方人对建筑、自然的认识，介绍中国人千百年来"写意"的审美情趣，以及"写意"背后"天人合一"的宇宙观，这样欧洲旅游者就不会再纠缠于具体的一石一木的年代考证，而是对一个古老民族的神秘哲学和理念肃然起敬。

导游服务的核心是文化传递，因而，导游员是文化的传播者，是"文明使者"，旅游业又被称为"风景进出口业"。

【补充材料】

庄路鸣是苏州中国国际旅行社欧洲部的一名德语导游员，在 2006 年 10 月召开的首届全国导游大会上，她被国家旅游局授予"全国优秀导游员"的荣誉称号。从业之初，庄路鸣就认识到，导游员是城市文明的直接传播者，要成为一名合格称职的导游员，必须了解中国的历史和文化。为了加深国外旅游者对苏州的了解，她先后系统地阅读了大量国内外历史地理以及宗教、园艺、文艺、建筑等专业书籍，并不断更新知识。为了让外宾了解中国的悠久历史和灿烂文化，她还逐步摸索出一套横向比较法：她把姑苏虎丘山云岩寺塔与意大利的比萨斜塔相比较，将京杭大运河与巴拿马运河相比较，比历史、比古迹、比哲学、比医学、比宗教，把中国的宝贵文化遗产及改革开放后翻天覆地的变化酣畅淋漓地向外国朋友讲述。有一位德国教授在表扬信里由衷赞叹："当我听到如此年轻的导游小姐用地道的德语讲解中国的历史文化时，我不仅惊讶，更被折服，有机会我一定会再来聆听庄小姐的讲解。"

（五）经济性

在商品经济条件下，导游员的劳动由于旅游者的购买而具有交换价值，在现实中表现为价格，即导游服务费。导游服务同其他旅游服务一样，是旅游产品价值的一部分，以旅游产品价值的实现为国家回笼资金，创收外汇，为旅游企业增加收益。导游服务的经济性还表现为：

1. 兑现合同，直接创收

导游工作是一项直接面向旅游者的服务工作。在接待国际入境旅游者的过程中，导游员按照合同约定为他们提供服务，充当旅途中的语言翻译，提供导游讲解、生活服务，代办各种手续，提供相关服务，收取手续费和服务费。因此，导游工作同向海外出口商品一样能为国家建设创收外汇。同样，导游员接待国内旅游者，为他们提供各类合理而可能的服务，收取费用，由此促进货币回笼。

2. 扩大客源，间接创收

导游员向旅游者提供高质量的服务是提高旅游企业信誉和竞争力的一个重要手段。事实证明，受到优质服务、满意而归的旅游者会向亲朋好友介绍自己的旅游经历，其口碑宣传与在市场上进行广告宣传相比，是更有效、更经济的旅游宣传方式，所谓"最佳服务，就是最佳宣传"。因此，导游员向旅游者提供优质的导游服务，不仅有利于提高旅游目的地和旅游企业的形象与声誉，而且有利于旅游目的地和旅游企业增加新客源，从而为间接创收发挥积极的作用。

3. 因势利导，促销商品

旅游购物是旅游消费的一个重要方面。统计资料显示，这部分消费在旅游者在旅游目的地消费总额中占较大比重，在世界各国旅游总消费中，用于购物消费的部分高达50%以上，在新加坡等国家和我国香港地区，销售旅游商品和纪念品的收入比重已超过60%。所以，扩大旅游商品的销售是增加旅游目的地旅游收入的一个重要渠道。导游员在做好其他各项服务的同时，如能当好购物参谋，会大大地激发旅游者的购物热情，对旅游商品销售起到重要作用。

4. 牵线搭桥,促进经济和技术交流

在导游员为之提供服务的海外来华旅游者中,特别是那些参加会议旅游、奖励旅游、会展旅游和专项旅游的旅游者中,不乏各个领域的学者、科学家和企业家。他们中有的人希望借旅游之机与我国有关领域的同行接触,相互交流信息;有的则想通过参观访问,了解某方面开展合作或投资的可能性;也有的可能有贷款、捐赠的意向。导游员在与他们的交往中要做个有心人,设法了解他们的愿望,并不失时机地向旅行社和有关方面报告,积极牵线搭桥,促进中外及地区间的科技、经济交流,为我国的经济建设做出贡献。

【补充材料】

2006 年 8 月 22 日,中央电视台在《新闻 30 分》和《新闻联播》两个栏目中,先后播出了海南兴旅导游服务有限公司的导游员李静娜的先进事迹,称李静娜为"阳光导游",她的诚信和热情,如同阳光无处不在,平凡却很温暖。

李静娜年逾 40,在海南全省 7 000 多名导游员中并不年轻,但出团量却是最高的,平均每年出团 108 个,每月出团超过 8 个,有时一个月最多时出团 11 个,工作日达到 324 天。更难能可贵的是,从 1998 年当导游以来,李静娜从未被旅游者投诉过,她带的团被海南省旅游质检所称为"免检团"。她的同事这样评价道:"李静娜对旅游者非常细心,每次出团她都会将旅游者送到房间,或者忙完之后,她还会到房间去教客人清点客房用品或使用房间设施。李静娜带团无数,却做到没有一起投诉,太让人敬佩了。而且她带的多是散客团,来自五湖四海,很多导游员都不愿接散客团,但李静娜从未推辞过。"李静娜把她带团的经验归纳为三点,就是亲切的招呼、细节的照顾和正直的品格,而她也正是用自己阳光般的性格感染着每一位旅游者。经常有旅游者这样感慨:"她很坦率,浑身洋溢着一种让人信任的气质。她善于和我们进行真诚的交流,以自己的快乐感染人。旅游者在海南所有的旅程都是笑声相伴,如果说难过,那就是离开海南时和她依依不舍。"

正是李静娜"阳光"般的品格和服务精神,为海南树立了良好的旅游形象。一位旅游专业人士估算,每个到海南的旅游者,扣除景点门票等消费外,还可以在日常购物等方面(连喝椰子水都计算在内)平均消费400元。按李静娜每年带团108个，每个团以20人计算，每年可以为海南旅游创造经济效益86万元。而这个算法相当保守，“阳光导游”李静娜带来的品牌效应，实际创造的价值远远高出这个数。

（六）涉外性

在入境旅游中，导游员是旅游目的地国家或地区及被委派的旅行社的形象代表，在出境旅游中，导游员是旅游客源地和被委派的旅行社的形象代表，两者都具有明显的涉外性。

在这两种情况的导游服务中，导游员言行和服务的好坏都关系着祖国和人民的荣誉。一方面，他们通过导游讲解、与旅游者的交谈，甚至一举一动等向海外旅游者和外国居民有意无意地宣传中国、宣传家乡，使他们对我国的历史、文化、社会制度和建设成就有较多的了解；另一方面，导游员利用其接触旅游者面广、机会多、时间长、无语言障碍、又比较熟悉外国旅游者等有利条件与旅游者进行广泛接触，促进旅游者和目的地之间的交流，增进人民之间的友好情谊。从这个意义上说，涉外导游员是不同国家人民之间的友好使者，是“民间大使”。

【补充材料】

全国优秀导游员张国敏是江苏省常州国旅旅行社有限公司的一名导游员。张国敏在二十多年的导游生涯中，以自己诚信至上、热情周到、耐心细致的优质服务以及任劳任怨、敬业乐业的奉献精神赢得了中外旅游者的一致好评。1993年，以荷兰阿姆斯特丹市长为团长的荷兰经贸代表团访华，拒绝了国旅总社推荐的数名优秀导游员，恳切邀请常州的张国敏担任导游员。原来，两年前这位市长来华旅游时，短短几天行程，就被“Mr. Zhang”无微不至的热诚服务所折服。这次访华团活动频繁、行程紧迫，张国敏在紧张的工作中吃不上饭，就以方便面充饥，睡不好觉，就忙里偷闲打个盹，硬是把接见会谈、饮食起居、司机、翻译、调度等工作安排得井然有序。当代表团圆满完成任务，就要启程回国时，团长和领队望着张国敏消瘦了许多的面庞，流露出感激和内疚之情。领队执意推迟离华，专门留下来设宴答谢张国敏，称赞他是一位“工作没日没夜，尽心尽职的民间大使”。事后，该访华团、荷中友好协会、国旅总社都发来了感谢信、慰问电。荷中友协表示，今后凡有重要的访华团,一定要请张国敏陪同、翻译。时至今日,张国敏与荷中友协已经合作了 15 年,带了近 60 个团队,彼此建立了深厚的友谊。

二、导游服务的特点

导游服务是一种高智能、高技能的工作,是旅游服务中最具代表性的服务。导游服务与服务行业中的其他服务相比,其突出的特点归纳起来有如下几点:

(一) 独立性强

导游员在接受了旅行社委派的任务后,带团外出旅游往往要独当一面。导游员要独立地宣传、执行国家政策,而且要检验监督相关旅游部门按政策办事;要根据旅游接待计划,安排旅游者的食、住、行、游、购、娱,而且要在允许的调整变动范围内灵活调度;要根据不同旅游者的文化层次、审美情趣、兴趣爱好进行有针对性的独立讲解,满足旅游者的精神享受;要独自协调好同本社计调、外联、财会等部门的关系,协调好与旅游团领队、旅游者之间的关系,代表旅行社协调好与饭店、餐馆、游览点、交通部门、商店、娱乐场所及海关、银行等企业和单位的关系;尤其是在出现突发事件和问题,如交通事故、旅游者突发疾病、突然死亡、食物中毒等时,导游员还须处变不惊,独自决策,和保险、公安、外事等部门打交道,独立灵活地进行处理。导游服务的独立性是以导游员的知识与能力、良好的心态、丰富的经验等为基础的,同时要有健康的身体做保证。

导游服务的这一特点要求导游员要树立主人翁的意识,工作中积极主动,灵活应变,同时又要严格自律,遵纪守法。

(二) 脑体高度结合

导游服务是一项脑力劳动和体力劳动高度结合的服务性工作。旅游者的社会背景千差万别,性格各种各样,文化水平参差不齐,导游员陪同参观游览的项目和解答的问题涉及古今中外、天文地理、历史文化、政治经济、科学技术、医疗卫生、宗教信仰、社会生活、民风民俗等等,这就要求导游员具备很广的知识面。有人说导游员是“杂家”,要“上知天文地理,下晓鸡毛蒜皮,大至国际国内大事,小到寻人启事”。更重要的是导游员的知识要不断更新,随时触摸到时代的脉搏,这样才能满足旅游者的需求。导游员在进行景点讲解、解答旅游者的问题时,都需要运用所掌握的知识和智慧来应对,这是一种艰苦而复杂的脑力劳动。

另一方面,导游员的工作量很大,除了在旅行游览过程中进行介绍、讲解之外,还要从早到晚与旅游者一起奔波,随时随地帮助旅游者解决问题,事无巨细,也无分内分外之分。尤其在旅游旺季,导游员往往连轴转,旅游者一批接着一批,跑前跑后,难得有休整调节之机。长期在外工作,导游员还要适应各地的水土和饮食,体力消耗大。很多人只看到导游员"游山玩水"、"吃喝玩乐"的轻松愉快的一面,却看不到导游员重复琐碎、劳心耗神的一面。导游员总要先于旅游者行动,操心劳碌,早起晚睡,在协调上下、内外、左右过程中小心谨慎,平衡各方面的工作关系和人际关系,因此健康的体魄是导游员工作的"本钱"。

导游服务的这一特点要求导游员树立为国家、为旅游业做贡献的思想,要具有广博的知识,拥有健康的体魄,将个人利益与国家利益、旅行社的利益结合起来,只有这样才能更好地为旅游者服务。

(三) 复杂多变

导游工作不仅纷繁复杂,而且变化较大。具体表现为:

1. 服务对象复杂

导游服务的对象是旅游者,他们来自五湖四海,不同国籍、民族、肤色的人都有,职业、性别、年龄、宗教信仰和受教育的情况也各异,性格、习惯、爱好等方面更是千差万别。南甜北咸,东辣西酸,可谓众口难调,导游员面对的就是这样一个不断变化的复杂的群体。旅游者的多样性和流动性,对导游员来说无疑是一种挑战。

2. 旅游者需求多种多样

导游员除按接待计划安排落实服务外,还有许多相关的延伸服务,要解决或处理旅游活动中随时出现的问题和情况,如会见亲友、传递信件、转递物品、旅游者患病、旅游者走失、财物被窃、证件丢失等。由于对象不同、时间场合不同、客观条件不同,同样的要求或问题会出现不同的情况,导游员不能简单地处理,而应审时度势、判断准确并妥善解决。

3. 人际关系复杂

导游员除了与旅游者接触之外,在安排和组织旅游者活动时要与饭店、餐馆、游览点、商店、娱乐、交通等部门和单位的人员接洽,而且还要处理导游过程中与全陪、地陪、领队、司机等的关系。虽然导游员与他们之间的关系是建立在共同目标基础上的合作关系,但是他们作为独立经济实体的成员，又有维护其所在单位利益的一面。导游员一方面代表委派的旅行社，要维护旅行社的信誉和利益，另一方面又代表旅游者，要维护旅游者的合法权益，从而使导游员处于人际关系网和利益网的核心。

4. 要面对各种物质诱惑和“精神污染”

导游员在同旅游者的正常交往中，常常会受到一些不健康的思想意识和生活作风的影响，有时还要面对金钱、色情、名利、地位的诱惑。瑞士导游专家汉斯·乔治·戈根海姆曾谆谆告诫：“我们面前还有各种各样的诱惑：金钱、美女、佳酿……并不是导游员比别人坏些或意志薄弱些，而是由于摆在我们面前的诱饵更芳香一些，机会更多一些。”一些意志不坚、自制能力不强的导游员或多或少会受到各种物质诱惑和精神污染的影响。

导游服务的这一特点要求导游员有较高的政治思想水平、坚强的意志、高度的责任感，能够始终保持清醒的头脑，既要坚持原则、抵制诱惑，又要机动灵活、巧妙应对。

【补充材料】

2004年10月，北京天安门地区公安分局破获了新中国成立以来涉案金额最多的一起故宫假票案。案情经过是这样的：警方在检票口从带团的十一名正规导游员手中查获了假门票，顺藤摸瓜抓捕了三名票贩子。而据三名票贩子交代，他们的故宫假门票是从另外两名女导游那里买来的，她们都是某旅游公司的正规导游员。两名女导游交代，制假窝点制作假门票每张成本不足1元，她们以每张40元的价格从上线手中买得，再以每张50元倒卖给3名票贩子，票贩子则以每张56元或58元不等的价格倒给其他导游员，导游员再以60元卖给旅游者，因而每张假票就让故宫损失60元。至案发时，两名女导游共伪造、倒卖故宫门票900余张，涉案金额达5.4万元左右。故宫门票从不打折导致一部分导游员开始从事倒卖假门票的违法活动，他们用较低的价格从票贩子手中买来假票，然后在旅游者那里收取全额门票费用，这样就可以从中牟利。当然，一些导游员在整个假票的流通过程中，不仅仅是“最后一线”的购买者，而且已经开始充当倒卖的角色，从事违法活动。导游员因为工作的特殊性，直接面对诱惑和污染的机会大大多于常人，如果缺乏高度的自觉性和较强的抵抗力，耳濡目染，往往容易受其影响。所以身处这种氛围中的导游员需要始终保持清醒的头脑，防微杜渐，自觉抵制物质诱惑和"精神污染"。

（四）跨文化性

跨文化性是指跨越不同的文化差异进行文化传播和交流。导游服务工作是传播文化的重要渠道，世界各国、各地区之间的文化传统、民俗风情、禁忌习惯不同，旅游者的思维方式、价值观念、思想意识各异，这就决定了导游工作的跨文化性。导游员必须在各种文化的差异中，甚至在各民族、各地区文化的碰撞中工作，因此应尽可能多地了解中外文化之间的差异，以圆满完成传播文化的重任。

比如在中国文化环境中，我们看到有的小孩长得漂亮可爱，总喜欢抚摸小孩的头部，并赞美几句，这是十分正常的行为，家长也会感到十分高兴，但在泰国，除和尚外，任何人不能触摸别人的头部，尤其是孩子的头，他们认为头部是人体最神圣无比的部位，是神明停留之处。又比如，在多数国家，人们习惯用点头表示同意认可，摇头表示否定反对，但在斯里兰卡、印度、尼泊尔等国，人们却以摇头表示同意，点头表示不同意。印度人表示赞同时，总是先把头往左或右轻轻地斜一下，然后立刻恢复原状，令人以为是"不要"或"不愿意"，其实是表示"知道了"或"好的"。

为了圆满地完成接待任务，满足不同旅游者的需要，导游员在工作中一方面要尊重这种文化的差异性，另一方面又要遵循"以我为主，不强加于人"的原则，努力寻找两种文化的交融点，采取易于为旅游者理解和接受的方式，进行文化传播和提供服务。

导游服务的这一特点要求导游员不仅要有中华文化的扎实功底，而且要有外国文化的广泛知识，根据外国旅游者的心理需求和行为方式，有针对性地采取有效的方法进行文化传播、沟通与交流。

【参考案例】①

西安一位导游员在去兵马俑的路上给一群美国人做专题介绍，只见他高举右手，伸出拇指和食指，做成"8"的手势对老外说："秦始皇兵

① 王连义，《导游技巧与艺术》，125页，北京，旅游教育出版社 2002

马俑堪称世界第八大奇迹……”此时他从老外的眼神中读出了“疑惑”和“不解”。于是他也感到“疑惑”和“不解”,是老外不认同这“世界第八大奇迹”的提法,还是他这句话有什么语法错误?直到有一天,一位会讲汉语的美国领队给他揭开了这个谜,原来老外不明白他做的那个手势的含义,按照老外的理解,这个手势应该是“手枪”,是“枪毙”的意思。说的是“世界第八大奇迹”,做的手势却是“枪毙”,老外能理解吗?至于老外打手势表示“8”,应该是右手伸出一个巴掌表示“5”,左手再伸出3个手指头,而且是伸拇指、食指和中指,而不是像中国人的习惯,伸出食指、中指和无名指来表示“3”。

分析:中西方文化差异不仅表现在精神层面,也会表现在行为层面。精神层面的差异是指旅游者具有不同的价值观,价值观会直接介入人们对人、对事、对行为的评价;行为层面的差异是指人们不同的行为习惯。本案例就是因表示数字的不同行为习惯导致的文化差异。作为导游员,应该对旅游团中存在的文化差异有清醒的认识,帮助旅游者理解和接受非本土文化的内涵。

（五）关联度高

首先,导游员的各项服务需要得到旅游接待服务中有关部门的配合和支持,它们提供的服务对旅游者的旅游活动来说不仅是必不可少的,而且是环环相扣的,其中任何一个环节脱节或出现问题都会对下面的环节造成影响,甚至损失。例如,导游员带领旅游者未能赶上航班或车次,出现误机或误车,或是由于天气或技术原因航班推迟或取消,就会影响到本站和下一站客房、餐饮及旅游活动的安排。显然,导游服务中任何一个环节出现问题都会牵涉到其他方面,都会对全局产生影响。其次,导游服务质量的高低不仅会对相关接待单位的服务产生影响,而且还会使旅游者对整体旅游服务质量的评价产生影响,从而影响旅游目的地和旅行社的形象以及旅游产品的销售前景。

导游服务的这一特点要求导游员要有全局观念,思维缜密,有较强的协调能力和公关能力,以保证旅游者的旅游活动按计划顺利进行。

三、导游服务的原则

导游服务的基本原则是导游员在接待服务过程中必须遵守的准

则。优秀的导游员以既适合自己特点又能令旅游者满意的行为准则作为标准，向旅游者提供优质的导游服务。

（一）“宾客至上”原则

“宾客至上”是服务行业的座右铭，也是导游员的一条服务准则，它不仅是招徕旅游者的宣传口号和宗旨，也是服务工作中处理问题的出发点。

首先，“宾客至上”意味着“顾客第一”，即在顾客与服务行业的关系中，顾客是第一位的，是矛盾的主要方面。旅游者是导游服务的对象，没有旅游者，就没有旅游，也就没有导游服务。旅游者是旅游活动的主体，是旅游产品的购买者和消费者。因此，对旅游目的地和旅游企业来说，旅游者就是“上帝”。其次，“宾客至上”表现在顾客与服务人员的关系上，要尊重顾客，全心全意地为顾客服务。如果导游员服务做得不好，使旅游者没有享受到应享有的服务，这就是对旅游者的不尊重。最后，“宾客至上”还表现在导游员在处理某些问题时要以旅游者利益为重，不能过多强调自己的困难，更不能以个人的情绪来对待或左右旅游者。尤其是旅游者提出口头投诉时，只有从“宾客至上”的原则出发，才能妥善解决问题，“化干戈为玉帛”。因此，“宾客至上”原则是圆满解决问题的前提，也是处理问题的钥匙。

【参考案例】

导游员孙某带了一批散客到浙江的桐庐、富春江游玩，客人中有一位年近七旬的老太太独自带着孙子参加了这个团队。晚上回到酒店，因岁数大身体不灵活，再加上浴室的地面有点滑，老太太洗澡的时候摔了一跤，胳膊疼得厉害，人也站不起来。孙某知道后赶紧过去将老人慢慢地扶起来，帮她把身上擦洗干净，然后找来酒店经理，一起将老人的胳膊暂时固定好，送到镇上的医院拍片检查。检查结果是右上臂骨裂，要上夹板。孙某始终陪同在旁，忙前忙后。老人感激地对孙某说：“谢谢你一直陪着我，请你照应一下我的孙子。”“没问题，这是我应该做的。”安顿好老人，孙某回到酒店已快十二点了。第二天一早，孙某又到老人的房间帮她穿衣、梳洗。回到南京后，孙某又打车将祖孙俩送回家，向他的家人讲诉事情的经过和注意事项。后面的几天里，孙某又打了几个电话去询问老人的情况，一直与老人保持着联系。

分析:在旅游活动中,导游员要把旅游者放在首位,一切为旅游者着想,一切使旅游者满意,使其感到“宾至如归”。本案例中的导游员孙某在带团过程中,把旅游者当成自己的亲人、朋友对待,能细心照顾“老弱病残”旅游者,并尽量帮助旅游者克服旅途中的不便和困难,使他们充分享受到旅游所带来的欢快和乐趣。只有在实际工作中时刻以旅游者的利益为重的导游员才会受到旅游者的欢迎。

(二) 维护旅游者合法权益原则

旅游者的合法权益是指旅游者在旅游目的地应该享受的基本人权和与其购买支出相应利益的权利。前者包括旅游者在旅游目的地受尊重的权利、在法律允许范围内自由旅行的权利、人身与财物安全的权利、与当地人民接触的权利等;后者包括购买的旅游产品必须质价相符的权利、旅游投诉的权利等。

世界旅游组织通过的《旅游权利法案》对旅游者的权利和在旅游目的地应受到的保护做出了如下规定:

(1) 在法律允许的范围内不受约束地自由旅行是每个人的权利;

(2) 对青年、老年人和残疾人旅游应予以特别关注;

(3) 通过预防和保护措施,保证旅游者人身和财产安全;

(4) 尽其可能提供最优良的卫生和医疗条件,以及对传染病和意外事故的预防措施;

(5) 防止利用旅游者进行淫秽活动的可能性;

(6) 为保护旅游者和接待国居民,加强防止吸毒的措施;

(7) 不允许对旅游者采取任何种族歧视措施;

(8) 为迅速解决旅游者的请求,应允许他们尽快与行政、法律和领事机构进行接触,保证他们使用现有的国际公共通讯系统;

(9) 为使旅游者了解过境和逗留地居民的习俗,接待国应为旅游者提供有关情况;

(10) 应该制止利用旅游对他人进行任何形式的盘剥。

我国国家旅游局发布的《旅行社管理条例实施细则》中对旅游者的权益保护也做出了明确规定:

(1) 旅行社为旅游者提供保障旅游者人身、财务安全需要的服务;

(2) 旅行社所提供的服务项目应该明码标价,质价相符,不得有价格欺诈行为；

(3) 旅行社在组织旅游者旅游之前应与其签订合同，合同应就下列内容做出明确的约定：旅游行程（包括乘坐的交通工具、游览景点、住宿标准、餐饮标准、购物次数等）安排，旅游价格，违约责任；

(4) 旅游者的合法权益受到损害时，旅游者有权向旅游行政管理部门或其委托的旅游质量监督机构投诉，证实是因旅行社的过错使旅游者的合法权益受到损害时，旅行社应视情节依法给予赔偿。

按照世界旅游组织和国家有关部门关于保护旅游者权益的规定，上述内容都属于旅游者的合法权益。导游员处在接待旅游者的第一线，必须不折不扣地按照上述规定向旅游者提供导游服务，将维护旅游者的合法权益作为自己服务的准则，并根据这一准则对其他服务的供给进行监督，处理旅游接待过程中的有关问题。

【参考案例】①

某旅行社组织一旅游团在某商场购物时，其中一旅游者王某被商场售货人员叫住，称其偷拿了该柜台内的金戒指。王某矢口否认，售货人员便要求强行搜身，而该旅游团的导游员怕引起事端，也要求王某接受检查。搜查完毕，一无所获，商场保安人员仍强行扣留旅游者两个多小时，导游员也未就此事据理力争，而一味埋怨王某惹是生非。后经查实，戒指实际上掉落在柜台下的角落里。事后，该旅游者就此事要求依法处理，经过多方协商，旅行社责令导游员公开向旅游者道歉、公开检查，并扣罚该导游员当月奖金。当地法院裁决，商场向旅游者公开道歉，赔偿王某精神损失费 2 000 元，并根据《中华人民共和国消费者权益保护法》的有关规定对商场罚款 1 万元。

分析：首先，导游员应该具备相应的法律法规知识，应该意识到商场强行搜身和扣人是不合法的。其次，导游员应当主动维护旅游者的合法权益。本案例中，导游员不仅要求旅游者接受检查，而且在检查无果后也未能就此事据理力争，维护旅游者权益，应该说是摆错了自己的位置。由于摆错了位置，所以对旅游者没有同情之心，没有保护之举，反而怨其“惹是生非”，实质上是忘记了自己应当主动维护旅游者合法

① 张红、李天顺，《旅行社经营管理实例评析》，129 页，天津，南开大学出版社 2000

权益这一职责。再次，导游员面临个人无法调解的纠纷时，应采取果断措施控制事态发展，不能做一个旁观者，因为事态的失控或无序发展必然会影响整个旅游活动的正常进行。

（三）“合理而可能”原则

“合理而可能”原则既是导游服务原则，也是导游员处理问题、满足旅游者要求的依据和准绳。旅游者提出的个别要求，导游员必须认真倾听，冷静、仔细地分析，看是否合理，是否可能实现。只要是合理的，又有可能办到的，即使有一定困难，导游员都应该设法予以满足，如果没有做好就应改正，给予弥补，以使服务过程更富有人情味，使旅游者更加满意。例如，某旅游团离店驱车至机场，行至机场高速公路的中途，一旅游者突然想起照相机遗忘在客房里，要求司机调转车头回饭店，但由于在高速公路上是不允许调头的，此时，导游员应向旅游者做出耐心解释，同时与司机商量尽快赶到机场，然后与饭店有关部门联系，请饭店帮助找到照相机后，在时间允许的情况下送往机场。

对不合理或不可能实现的要求和意见，导游员也要认真对待，看其中是否有合理的成分，绝不能置之不理，更不能断然拒绝、严厉驳斥。导游员要耐心解释，待之以礼，做到有礼、有理，不卑不亢，不伤主人之雅，不损害客人之尊，解释时要实事求是、通情达理，使旅游者心悦诚服。

【参考案例】①

导游员小李作为全陪带一个台湾团到上海旅游，一路上，小李和客人相处得十分融洽。团里有一位七十多岁的老者，说自己以前在上海住过，特别喜欢上海的小吃，尤其爱吃豫园的小笼包子。到了上海，他又提出要吃小笼包子的要求。可是旅游团在上海的日程非常紧张，豫园附近又是繁华的商业区，道路拥挤，容易迷路，让客人自己去买可能会发生意外。于是，小李利用晚餐地点离豫园比较近的机会，打车到那里买了小笼包子。当小李回来的时候，发现这位台湾老人竟一直站在餐厅外面等他，当他们回到座位上的时候，全体旅游者报以热烈的掌声。

---

① 郭赤婴，《导游员职业道德实证分析》，42页，北京，中国旅游出版社 2003

分析：导游员在做好本职工作的同时，如果遇到客人提出额外的愿望和要求，只要是合理而又有可能办到的，应该尽力满足。本案例中导游员小李针对台湾客人想吃小笼包子的要求，仔细分析具体情况后打车到豫园购买，这正是"想客人所想，急客人所急"思想的体现，同时又是导游员提供人情味服务的体现。

（四）规范化和个性化相结合原则

规范化服务又称标准化服务，是国家和(或)行业主管部门为达到某一服务标准而采取的以程序化、定量化、制度化为主要内容的科学方法，从这个意义上说，它具有类似于法规的约束力。为规范导游服务，国家技术监督局发布《导游服务质量》，国家旅游局发布《旅行社国内旅游服务质量要求》，对导游服务程序、服务质量、导游员的基本素质、导游服务过程中若干问题的处理原则做出了明确规定。导游员只有按照这两个标准的要求向旅游者提供服务，才能将自己的服务纳入规范化的轨道。然而，规范化服务并不等于优质服务，它只是导游员在服务中所必须达到的起码要求。导游员应在按照这两个标准的要求向旅游者提供服务的同时，将规范化服务与个性化服务密切结合起来，向旅游者提供优质的导游服务。个性化服务也可称之为特殊服务，是导游员为满足部分旅游者或个别旅游者的合理要求而提供的服务。例如，某旅游者在商场购买了一件大物品，旅途中携带不方便，而该商店又无托运业务，在这种情况下，导游员应该主动协助其办理托运手续。又如，某旅游团抵达某地，恰逢该地举办民族节日活动，有文艺表演，又有篝火晚会，按计划安排，当晚全团观看文艺表演，但部分旅游者要求参加篝火晚会，对此合理要求，导游员应予以安排。

由此可见，规范化服务满足的是旅游者的共同需要，而个性化服务满足的是部分或个别旅游者具体的、特定的需要，导游员只有将这两种服务有机地结合起来，才能令旅游者高兴而来、满意而归。

【补充材料】

全国优秀导游员杨进是无锡市中国旅行社有限责任公司的一名特级导游员。"用心服务"是杨进对自己的要求，为了能为客人提供个性化服务和针对性服务，他在工作中细心观察各种客人的情绪和需求，揣摩客人对导游服务和讲解的兴趣，摸索出了一套行之有效的服务方法。如对老龄团的接待服务重在关心和尊重，要以小辈的身份关怀他们，经常嘘寒问暖，让老年人感到旅游生活具有家庭式的温暖。导游词力求有较强的故事性和情节性，讲解速度要慢，休息和讲解要有机结合。游览线路要短、要精，让老年人在旅游中能够保持较好的体力和精力。针对年轻旅游者活泼、精力充沛、求知欲强的特点，杨进在服务方式上侧重于知识性，让他们多听、多看、多参与。讲解力求知识性强、内涵深，讲解方式活泼、生动，情景交融。杨进在带年轻人组成的旅游团时，总是能以自己的知识面和感染力来吸引旅游者，与他们建立良好的朋友关系，旅游团始终保持活跃的气氛。年轻的旅游者在杨进营造的轻松活泼的旅游气氛中，锻炼了体魄，增长了知识，还学会了怎样更好地与人相处。在 20 年的导游生涯中，杨进没有接到一份投诉，旅游者评价优良率在 99% 以上，这折射出了他在平凡工作中的不平凡。正因为如此，社里总是将一些重点团放心地交给他，而他每次都能出色地完成任务。

（五）经济效益和社会效益相结合原则

导游服务具有双重功能：一是导游员帮助旅游者消费旅游产品和提供服务，使产品和服务的价值得以最终实现，从而创造经济效益；二是导游员作为知识和文化的传播者，既能满足旅游者的精神需要，又能促进旅游者同目的地人民之间的相互了解和友谊，从而产生社会效益。所以，导游员在提供导游服务时，应遵循经济效益和社会效益相结合的原则。

导游服务的经济效益分为直接经济效益和间接经济效益。直接经济效益表现为旅行社的经营收入，其中，导游服务是导游员的劳动耗费，这种劳动能满足旅游者的需要，即对旅游者具有使用价值，其价值补偿以导游服务费的形式表现出来；间接经济效益一方面表现为相关旅游接待部门、单位或个体的经营收入，另一方面表现为导游服务促进了国家或地区之间的投资和经济交流，同时优质的导游服务为旅游目的地和旅行社创造了潜在客源，从而为将来赢得经济效益创造了条件。导游服务除了能产生上述经济效益之外，还能为旅游目的地带来社会效益。导游服务的社会效益一方面表现为提高旅游目的地和旅行社的形象与声誉，另一方面表现为增进不同国家或地区人民之间的了解和友谊，推进不同国家或地区之间科技和文化的传播与交流。

经济效益与社会效益二者对于导游员来说同等重要。只注重经济效益而无视社会效益，导游服务就会偏离方向，满足旅游者的需要就可能成为空话。反过来，只注重社会效益而无视经济效益，导游服务就会脱离市场经济的轨道，失去作为旅游企业一员的价值。导游服务应同时注重经济效益和社会效益的提高，任何一面都不能偏废，这也是导游服务中应遵循的一项原则。

【补充材料】

全国优秀导游员夏军是南京金航假期旅行社有限公司的一名中级导游员。在工作中，夏军特别关心国家大事，尤其关注国家的政策方针和社会建设；在生活中，她还特别关注城市建设中的变化，细心收集相关数据，并熟记在心。在接待一般旅游团体时，她注重历史性、趣味性的讲解；对商务会议或政府的接待，夏军则更加侧重于介绍南京城市的变化和经济发展。2000 年以来，夏军多次担任南京市政府大型活动的导游讲解工作，如 2001 年的第六届世界华商大会、世界华文传媒大会，2002—2003 年国庆市民看璀璨金陵——夜游南京活动，2003 年南京历史文化名城会、宁杭高速公路一期工程通车前的“万人看交通”活动，2004 年底的世界旅游峰会等，均圆满地完成了接待任务。2005 年“十一”前夕，夏军作为南京形象导游员，接受了一项光荣而艰巨的任务：在中国国民党主席连战大陆行的第一站——南京访问期间担任导游讲解工作。为了让来自海峡彼岸的同胞能更好地了解今天的南京，她认真准备，逐字逐句斟酌导游词，出色地完成了任务。此后，夏军又出色地完成了亲民党大陆访问团南京一行的导游讲解工作，为海峡两岸的友好合作贡献出了自己的一份力量。夏军常说，要成为一名好的导游员，不仅仅要带团讲解好，服务热情礼貌好，还要注意导游员作为城市的宣传员，其一言一行都在向旅游者展示着本地的精神风貌。

上述五项原则不是孤立的，而是相互关联、互为补充的。它们既是导游员提供优质服务的原则，又是处理各种问题的基本原则，还是衡量导游员服务态度、服务质量及工作能力的重要标准。导游员必须认真学习这些原则并将其融会贯通，灵活运用于实际工作之中，为旅游者提供高质量的导游服务。

第四节 导游服务的地位、作用和发展趋势

一、导游服务的地位

现代旅游业的三大支柱中，旅行社处于核心地位。外联业务、计调业务、导游业务、会计业务等都是旅行社的服务内容。如果将所有的服务看做一根服务链，那么导游服务就是纽带，它将这些环节连接起来，使相应服务部门的产品和服务得以销售，使旅游者在旅游过程中的各种需要得以满足，使旅游目的地的旅游商品得以消费。可以说，导游服务是旅行社服务中最根本的服务。导游员是导游服务的提供者，具有主导作用。导游员既要做导演，安排旅游者的食、住、行、游、购、娱，又要做演员，直接进行具体琐碎的服务工作。导游员工作的好坏不仅关系到每一次接团的成败，而且关系到旅行社的形象，乃至地区和国家旅游业的声誉及发展。西方旅游专家们认为："一个好导游会带来一次愉快、成功的旅行，反之，肯定是不成功的旅行。"为此，国际旅游界将导游员称之为旅游业的"灵魂"、"旅行社的支柱"和"参观游览活动的导演"。

二、导游服务的作用

导游服务工作是各项旅游服务的联系纽带和中间桥梁，导游服务是旅游服务质量高低的最敏感的标志。

（一）纽带作用

导游服务是旅游接待服务的核心和纽带。导游服务把旅游接待服务中的其他各项服务联系起来，使之相互配合，协同完成旅游接待任务。导游服务在各项旅游服务中的纽带作用具体表现为如下几个方面：

1. 承上启下

导游员代表旅行社执行旅游计划，为旅游者安排和落实食、住、行、游、购、娱等各项服务，处理旅游期间可能出现的各种问题。同时，旅游者的意见、要求、建议乃至投诉，其他旅游部门在接待工作中出现的问题及他们的建议和要求，均需要通过导游员进行反馈。

2. 连接内外

导游员既代表旅行社的利益履行合同,又肩负着维护旅游者合法权益的责任,他们代表旅游者与各旅游接待部门进行交涉,对违反合同的行为进行必要的干预,为旅游者争取正当利益。例如,客房不符合卫生标准,旅游者提出换房,导游员应及时同饭店交涉,以满足旅游者的要求。导游员既是旅行社的代言人,又是旅游者的代言人,必须以自己出色的工作使旅游者满意,从而提高旅行社的声誉,扩大客源,让旅行社的业务不断发展。

3. 协调左右

导游员作为旅行社派出的代表,担负着按照接待计划向各接待单位传递服务信息和检查、督促各接待单位按时、保质、保量地提供相关服务的责任。导游员一方面代表旅行社将旅游者需要相关接待单位提供服务的准确时间、数量和要求的信息及时传递给他们,协助他们处理服务中可能出现的问题;另一方面旅行社也通过导游员了解和掌握各接待单位执行合同的情况。导游员既有义务协助有关旅游服务提供者,同时也有责任对这些部门的服务提出意见和建议,以使旅游者与旅行社签订的合同得以落实。

(二) 标志作用

导游服务质量对旅游服务质量的高低起着标志性的作用。导游员同其他旅游接待单位的人员相比,是与旅游者朝夕相处的,因此旅游者对导游员的服务接触最直接,感受最深切,对其服务质量的反应最敏感。旅游服务中其他服务质量虽然也很重要,对旅游者的旅游活动也会有影响,但除特殊情况外,由于接触时间短,旅游者对其印象一般不如导游服务质量深刻,并且其他服务分别是各个不同环节上的服务,不像导游服务那样覆盖旅游接待服务的全过程。

一般来说,如果导游服务质量高,就可以弥补其他旅游服务质量的某些欠缺。因此,旅游活动的成败更多地取决于导游服务质量,导游服务质量代表着旅游目的地的接待服务水平,起着一定的标志作用。

(三) 扩散作用

优质的导游服务能对旅游目的地的旅游产品和旅行社形象起到扩散或传播作用。旅游产品质量主要由旅游资源质量、旅游服务质量、旅游活动组织安排质量和旅游环境(包括自然环境和社会环境两个方面)

质量组成。除第四项内容外，其余三项都与导游服务密切相关。因为旅游资源质量需要导游员通过讲解表达出来，旅游服务质量在相当程度上取决于导游员及时有效的信息沟通，而旅游活动组织安排更是导游员的本职工作。

导游服务质量的高低在很大程度上决定着旅游产品的使用价值。导游服务质量高，为旅游者提供的特殊使用价值就大，旅游者的满意程度就高，旅游目的地旅游产品在客源市场上的影响力也就大。反之，导游服务质量不高，一方面会使旅游者无法产生重游的欲望，另一方面，他们的抱怨和责怪，必将会使他们周围潜在的旅游者改变主意。由此可见，无论导游服务质量是高是低，都会对旅游产品的销路起扩散作用。不同的是，质量高时起促进销售的作用，质量低时则起阻碍销售的作用。

（四）反馈作用

导游员在导游服务过程中若能较好地处理旅行社同旅游者的关系、旅行社同其他旅游接待单位的关系，以及旅游者同其他旅游接待单位的关系，旅游者和其他旅游接待单位的意见、要求和建议就能比较顺畅地向导游员表达出来。导游员处在接待服务的第一线，应充分发挥自己的工作优势，在旅游接待实践中，收集、整理、综合旅游者的意见，及时反馈给旅行社的有关部门，促进旅行社产品质量的不断提高，从而更好地满足旅游者的需求。

三、导游服务的发展趋势

（一）服务内容的高知识化

随着社会经济、文化的发展与进步，旅游者的知识素质在不断提高，旅游者已经不满足于简单的观光，对知识的要求日益提高和扩展。文化旅游、科研旅游、专业旅游的兴起，对导游员的知识水平提出了更高的要求。因此，要适应未来高素质、高水平旅游者的需要，导游员必须具备相当的知识水平，即要求导游服务内容具备高知识、高技能。

（二）服务手段的高科技化

导游员主要靠生动精彩的导游讲解为旅游者提供导游服务。随着科技的进步，图文声像等导游方式已成为导游服务的重要辅助手段。导游员可以借助各种现代化的手段和设备，让口头讲解方式与图文声像导游方式有机结合,两者相辅相成,向旅游者提供更直观、更生动、更高标准的导游讲解服务,同时也更能吸引旅游者。

（三）服务范围的扩大化

随着特色旅游活动的进一步开展,旅游活动的范围不断地扩大和延伸,个性化的特色旅游活动受到了越来越多的旅游者的青睐。探险旅游、体验旅游、康体旅游等旅游形式异军突起,旅游者的足迹在不久的将来还会深入到洋底,或离开地球遨游太空。这一发展趋势将对导游员提出更高的要求,未来的导游员不仅要能说会道、多才多艺,还要能动手,有勇敢的精神,能和旅游者一起参与各种个性化的特色旅游活动。

（四）服务方式的人情化

导游服务要突出以人为本的理念,提供富有人情味的服务。导游员要根据旅游者需求的差异和旅游产品的不同,因时、因地、因人而异地提供有针对性的服务,同时能处处为旅游者着想,提供个性化的超常服务和超前服务,"于细微处见真情"。

【复习思考题】

1. 导游服务的范围包括哪些方面?

2. 如何理解导游服务的文化特性?

3. 导游服务与其他旅游接待服务相比,有哪些显著的特点?

4. 在导游服务实践中,如何体现规范化和个性化服务相结合的原则?

5. 导游服务对于旅游发展的作用有哪些?

【案例讨论题】

据《青岛晚报》2006 年 7 月 21 日 A6 版的一篇报道,来自天津的旅游者刘老先生怀着对青岛特殊的情怀,特意来到青岛旅游。据刘老先生讲,他的先人曾捐建过青岛湛山寺的藏经阁,这次来青岛旅游是为了找寻先人的足迹。在游览湛山寺的时候,刘老先生在刻有先人姓名的功德榜前留下了自己的身影。可就在老人结束愉快的青岛之行准备回天津的前夜,不想却丢了相机,而最让他伤心的是也因此丢失了那些具有重要意义的相片,刘老先生的心情顿时跌入低谷。青岛华海旅行社的导游员刘先生得知此事后，为了不让老人抱憾离开青岛，第二天一早，开着自己的车带老人重游了湛山，并拍照留念，还自费冲洗照片并刻成光碟赠送给了老人。收到这份礼物，老人的感激之情无以言表："虽然相机丢了，我却依然可以带走青岛的美景，这要感谢导游员刘先生啊！"面对刘老先生不断的感谢，导游员刘先生说："让每一名外地客人来青岛能感受到回家的温暖，是我们服务的宗旨。"

讨论：本案例对于我们导游服务质量的提高有哪些方面的启示？

【模拟操作题】

一位日本游客向陪同的导游员提了一个有关钓鱼岛的问题，他说："中国国土是日本的 26 倍，为什么还要对一个钓鱼岛紧抓不放呢？"教师请学生结合导游服务的性质、特点，讨论导游员应该怎样回答这个问题。

第二章 导 游 员

导游员是导游服务的主体，是旅游业发展的实践者和推动者。导游员能否扮演好自己的角色，履行好自己的职责，是否具有较高的从业素质和良好的职业道德与形象，将直接关系到旅行社的形象，乃至地区和国家旅游业的声誉及发展。本章将阐述导游员的概念和类型，分析导游员必须履行的基本职责，探讨导游员必须具备的从业素质，最后总结导游员必须拥有的职业道德和形象。

【导入案例】

2006年3月27日，国家旅游局在湖南长沙召开了全国模范导游员文花枝命名表彰大会，邵琪伟局长亲自给文花枝颁发了荣誉证书，吴仪副总理也发去贺信，这是国家旅游局首次为先进个人单独举行的表彰大会。

文花枝是湖南湘潭新天地旅行社的一名普通导游员。2005年8月28日下午，文花枝带团赴延安旅游，所带团队乘坐的旅游大巴在延安洛川境内与一辆拉煤的货车相撞，不幸发生了一起夺走六条生命、十四人重伤、八人轻伤的重大交通事故。坐在车门口第一排的文花枝左腿九处骨折，腰部以下被卡死在座位里不能动弹，但她却坚定地对最先到达并要对她施救的救援人员说："我是导游，后面都是我的游客，请你们先救游客。"在等待救援的时候，文花枝多次昏迷过去，但每次醒来她都忍着剧痛给受困的旅游者鼓气："我们一定要坚持，我们一定要活着回去。"直到最后一名旅游者被送上救护车，她才接受救援。最后将文花枝救出旅游车的交警深有感触地说："当我把小文最后一个抱下车时，她还在问我车上是否还有其他人。"在车祸中受伤的湘潭旅游者回忆说："如果当时没有文花枝的先人后己和鼓励，可能自己的命运将会改写。"不管是在等待救援还是在昏迷当中,文花枝一直紧紧地将装有三万多元团款的挎包抱在胸前,直到医院院长亲自给她做了保证,她才将挎包交给院长。最终文花枝由于失血过多,伤口严重感染,错过了最佳救治时机,导致左腿高位截肢。国家旅游局邵琪伟局长高度评价道:"文花枝在平凡的工作岗位上,谱写了完美的人生乐章,表现了一个普通导游员不怕牺牲的忘我境界、先人后己的崇高思想、忠于职守的责任意识和乐观向上的人生态度,其精神是伟大的,是我们旅游从业人员学习的好榜样。"

"我是导游,先救游客",这种先人后己的崇高品质、极强的敬业精神、超凡的坚强毅力,令我们深受感动。新时期的导游员应该履行哪些职责,具备哪些崇高的道德品质和良好的精神风貌呢?这是值得我们认真探讨的问题。

第一节　导游员的概念和类型

一、导游员的概念

历史上,在欧洲把导游员称为"被雇佣照料并陪伴旅客的服务员",在北美洲把带领旅游的人称为"陪同",美国查尔斯·梅特尔卡著的《旅游业词典》对导游员做了如下界定:"已拥有职业特许证并受雇于某公司,带领旅游者在当地进行旅游观光活动的工作人员。"

就我国情况而言,导游员是指依照《导游人员管理条例》的规定取得导游证,接受旅行社委派,为旅游者提供向导、讲解及相关旅游服务的人员。其含义有三层:

第一,导游员必须由旅行社委派,在提供导游服务时,他代表的是被委派的旅行社。未受旅行社委派的导游员,不得私自接待旅游者。

第二,导游员的主要业务是从事旅游者的接待。地方导游员负责的是当地的旅游接待服务;全陪导游员负责的是旅游者整个旅游行程的接待和陪同服务;在旅行社设置于饭店、交通港口或大型商场柜台工作的导游员负责的是向顾客提供旅游咨询和旅游活动洽谈、安排、联络服务。

第三,导游员向旅游者提供的接待服务,对于团体旅游者必须按照组团合同规定的内容和《导游服务质量标准》提供服务，对于散客必须按照事先约定的内容和要求提供服务。

二、导游员的类型

（一）按工作范围分类，导游员分为海外领队、全程陪同导游员、地方陪同导游员和景区（点）导游员

海外领队是指经国家旅游行政主管部门批准可以经营出境旅游业务的旅行社的委派，全权代表该旅行社带领旅游团从事旅游活动的工作人员。

全程陪同导游员，简称全陪，是指受组团旅行社委派，作为组团社的代表，在领队和地方陪同导游员的配合下实施接待计划，为旅游者（团）提供全程陪同服务的工作人员。

地方陪同导游员，简称地陪，是指受接待旅行社委派，代表接待社实施接待计划，为旅游者（团）提供当地旅游活动安排、讲解、翻译等服务的工作人员。

这三类导游员必须通过省级旅游局组织实施的考试，获得相应的资格证（领队需考领队证），并受旅行社委派从事导游活动。

景区（点）导游员，亦称讲解员，是负责其所在景区景点向旅游者（团）提供导游、讲解的人员。景区景点包括风景名胜区、自然保护区、森林公园、主题公园、博物馆、纪念馆、名人故居等。这一类导游员须通过景区（点）所在地旅游行政部门会同景区（点）主管部门组织的考试，景区（点）导游资格证书由国家旅游局统一印制，省级旅游局核发，证书在本景区（点）有效。

前两类导游员的主要业务是进行旅游活动的组织和协调；第三类导游员既有当地旅游活动的组织、协调任务，又有进行导游讲解或翻译的任务；第四类导游员的主要业务是从事所在景区（点）的导游讲解。

（二）按职业性质分类，导游员分为专职导游员和兼职导游员

专职导游员是指以导游为职业，与旅行社签订了劳动合同的导游员。

兼职导游员，也称业余导游员，是指不以导游作为其主要职业，而利用业余时间从事导游工作的人员。他们必须挂靠在旅行社或在导游

服务管理公司登记注册，以便于管理。

目前，还有一种导游员，称为“自由职业导游员”，他们以导游工作为主要职业，但同时为若干家旅行社服务，不是某一家旅行社的正式员工，也就是说，他们既不是专职导游员，也不是兼职导游员。

在我国台湾省，导游员被称为“接待来台观光客之人”，领队被称为“带团出国之人”。导游员和领队各有两类：

导游员分为专任导游员和特约导游员。专任导游员指长期受雇于旅行业（台湾称旅行社为旅行业），执行导游业务的人员；特约导游员指临时受雇于旅行业或政府机关、团体为举办国际性活动、接待国际观光旅客而临时招聘来执行导游业务的人员。

领队分为专任领队和特约领队。专任领队指经由任职的旅行业向台湾交通观光主管部门申请领取领队执业证，执行领队业务的旅行业职员；特约领队指经由观光领队协会向台湾交通观光主管部门申请领取领队执业证，临时受雇于旅行业，执行领队业务的人员。

（三）按导游员使用的语言分类，导游员分为中文导游员和外语导游员

中文导游员按使用的语言又分为普通话导游员、方言导游员和少数民族语言导游员。其服务的对象为港澳台同胞、海外华侨、外籍华人和国内旅游者。

外语导游员是指能够运用外国语言从事导游服务工作的人员，其服务的对象是入境旅游的外国旅游者和出境旅游的中国公民。

（四）按技术等级分类，导游员分为初级导游员、中级导游员、高级导游员和特级导游员

初级导游员：获导游员资格证书一年后，技能、业绩和资历方面考核合格者自动成为初级导游员。

中级导游员：获初级导游员资格两年以上，业绩明显，考核、考试合格者晋升为中级导游员。中级导游员是旅行社的业务骨干。

高级导游员：取得中级导游员资格四年以上，业绩突出，水平较高，在国内外同行和旅行商中有一定影响，考核、考试合格者晋升为高级导游员。

特级导游员：取得高级导游员资格五年以上，业绩优异，有突出贡献，有高水平的科研成果，在国内外同行和旅行商中有较大影响，经考核合格者晋升为特级导游员。

除了以上分类的导游员,还有“段陪”这一新的提法。“段陪”即指在某一条旅游路线(涉及多个城市),将地陪和全陪工作兼于一身的导游员。

【补充材料】①

近年来,随着我国旅游业的快速发展,导游队伍呈现快速增长趋势,与此同时,我国导游队伍呈现年轻化、平均学历偏低的状况。在32万名执业导游员中,30岁以下的占80%,大专及以下学历者占80%。我国导游队伍的整体素质还不能适应旅游业发展需要,与我国旅游产业素质全面提升的要求不相适应,与建设世界旅游强国要求不相适应。

当前我国导游队伍中,初级导游员占97%,高级导游员和专家型导游员人数少,与海内外旅游者市场对导游员的知识和阅历要求明显不相适应,不利于旅游服务质量的整体提高。同时,我国的外语导游员比重下降,2002年我国外语导游员占导游员总量的16.7%,2005年下降到10%。其中小语种导游员尤其不足,一是越南语、泰语、蒙古语等周边市场语种导游员少,二是韩语、德语、法语、西班牙语、意大利语等新兴市场和潜力市场语种导游员少。例如,近年韩国旅华市场急剧增长,但韩语导游员明显不足,已成为影响韩国旅华市场持续发展的因素之一。目前我国外语导游员不足、语种结构不合理已经成为制约我国新兴客源市场发展的重要因素,一定程度上影响到我国国际旅游市场的竞争力。此外,导游员平均素质的地区差异拉大,不利于区域旅游协调发展和全国旅游市场整体水平的提升。

随着我国旅游业发展和改革开放的推进,现阶段我国导游管理体制和机制明显与导游队伍发展状况不相适应。一方面,我国兼职导游员比例越来越高。据统计,目前兼职导游员已超过60%,导游员日益成为自主择业、分散执业的群体。但是与之相适应的导游服务管理体制和机制不健全,对导游员的管理服务跟不上,致使部分导游员的服务水准下降。另一方面,我国导游员的薪酬机制、激励机制,特别是劳动保

① 邵琪伟,在全国导游大会上的讲话,2006-10-27, http://www.cnta.com/news_detail/newsshows.asp?id=A2006122611283541315

障机制不健全、不完善，部分导游员甚至没有劳动合同、没有固定薪酬、没有劳动保险，致使导游队伍职业稳定性下降，并导致部分导游员在带团过程中降低服务水平或减少服务提供，以获取收入。这种情况已经影响我国导游队伍的整体发展。

……

科学合理的结构是提升导游队伍整体素质的重要条件。面对快速发展的旅游业和日益多样化的旅游市场需求，要有计划地调整和优化导游队伍结构，建立以中级导游员为主体，全国导游员、省区导游员和景区导游员相区分又相衔接的分级分类、类级结合、多层次多元化的导游队伍。要改革导游职业等级考核办法，拓宽渠道，促进有实践经验的人才进入中高级导游队伍。要加强对特种旅游、专项旅游所需的专业技能型导游队伍建设。加强对复合型导游员、小语种导游员、专家兼职导游员的培养和吸纳。要积极吸纳社会专门人才进入导游队伍，对于园林、风景、人文、宗教等旅游景点的资深专业讲解人员，可以探索授予荣誉性的导游资质。

三、导游员的角色定位

"角色"这一概念是社会心理学者从戏剧舞台用语中借来的。社会心理学中的"角色"是指个体在特定的社会团体中所占的适当位置及与之相联系的行为模式。每一个人在一定的时间和场合下都会处于社会中的某一位置，承担着一定的社会角色，而每一种社会角色都代表社会行为模式及行为标准，即行为规范。

导游员也是一种社会角色，导游员根据社会和旅游者对他们工作的普遍期望和要求来规范自己的服务行为。导游员的社会角色是在旅游活动中同旅游者建立的相对关系，是一种"提供服务者"与"接受服务者"之间的角色关系。对导游员的角色定位，是导游员实现角色化的基础。

（一）导游员的角色

1. 向导

导游服务的雏形是向导服务。随着时代的发展，现代导游服务的内容已远不止向导服务，但向导服务依然是导游服务的一项基本内容。特别是在地陪导游服务中，导游员要在景区景点内引领旅游者沿着最佳游览线路活动。

【参考案例】①

1998年6月，广东某公司十几名职员利用假期到湖南南岳衡山旅游。在与广东一家旅行社联系后，旅行社派给了他们一位导游员，湖南人，据说很熟悉衡山。于是这些旅游者在导游员的带领下去了衡山，看了南岳大庙和麻姑仙境。导游员劝这些旅游者夜登祝融峰，于是旅游者听从了导游员的建议。可是导游员却带他们走岔了路，晚上山上大雾夹杂着雨水，把旅游者淋得够呛。旅游者提议下山，不想导游员又是一通乱走，走岔了路，翻到了山的另一边，一直走到山下一个村子。村民告诉他们那里根本没有其他的路走出去，只有往回走再上祝融峰，然后从山的另一边下去。于是旅游者不得不冒着大雨翻过南岳最高峰再下山。有几位旅游者因淋雨而感冒发烧，其他旅游者也被折腾得不能动弹。

分析：导游员的基本角色就是向导，当不了一个好向导，不知道路有几条，哪条好走，甚至领错了路，实在是一件令人遗憾的事情。特别是登山，一是要走路，一旦多走冤枉路就会多耗费体力；二是山间多阴雨，且常见的安排是黑夜登山、清晨看日出，阴雨加黑夜易走错道，也怕走错道；三是迷路危险，有可能走进原始森林，亦有可能碰上野兽袭击。所以，对于第一次走的路线导游员一定要事先踩点，时间安排要有富余，绝不可以想当然。

2. 讲解员

导游服务的中心内容是导游讲解，即以口头语言辅以身体语言向旅游者传递关于旅游目的地及所游览景点的人文和自然环境，介绍风土人情，让旅游者在游玩的同时，能够真正了解和体会当地的特色与地方的文化、历史。作为一个成功的讲解员，需要掌握高超的讲解艺术，具有良好的语言表达能力，能够使用通俗易懂、富有感染力的语言，深入浅出地讲明事物的性状和知识内涵。

3. 服务员

在旅游活动中，导游员担负着安排旅游者起居休息、日常餐饮、娱

① 张红、李天顺，《旅行社经营管理实例评析》，90页，天津，南开大学出版社 2000

乐购物等旅行生活服务，扮演着生活服务员的角色。旅游者在旅游过程中遇到的生活问题，如饮食不习惯、突然患病等，都需要导游员协助处理。导游服务质量是衡量旅行社整体服务质量的主要标志。在现代旅游活动中，导游员已成为整个旅游服务工作运转的焦点和轴心，导游服务也成为旅游服务的关键环节。

4. 安全保卫员

在旅游活动中，导游员要时时刻刻关注旅游者的人身和财物安全。在可能发生危及旅游者人身、财物安全的情况时，导游员应向旅游者如实说明和明确警示，并及时采取防止危害发生的措施。在拥挤的场所，导游员要经常提醒旅游者看管好自己的物品；在旅游者入住宾馆后，导游员要检查宾馆安全设施，适当提醒旅游者注意安全通道的位置；在发生危及旅游者生命和财产安全的紧急情况时，导游员要挺身而出，采取果断措施，保护旅游者的生命和财物不受损害。

5. 促销员

导游员在进行导游讲解时，同时也是对自己所在的旅行社和旅游目的地的人文、风俗及景观景点进行着促销。卓有成效的导游服务不仅可以使旅游者满意而归，而且可以起到良好的宣传促销作用，许多旅游者之所以指定到某国、某地旅游，就是由于有亲身体验的亲友的举荐。如果经过导游员的讲解和服务，旅游者在旅游目的地获得了丰富的旅游经历和体验，返回居住地后，他们就会向周围的人和亲朋好友做口头宣传。这种口头宣传既有利于提高旅行社的形象和知名度，又为旅游目的地争取了潜在客源。

6. “民间大使”

导游员服务质量的好坏，不仅影响旅行社的声誉，还影响一个地区甚至一个国家旅游业的形象。导游员在工作中与不同地区和国家的旅游者进行交往，同来自五湖四海的旅游者结为朋友，增进友谊，实际上起着“民间大使”的作用。

要做好“民间大使”，导游员一方面要加强自身形象的塑造，通过细致周到的服务和精彩的讲解把旅游目的地的良好形象展示给旅游者；另一方面要参与旅游目的地的形象建设，其最重要的形式就是解说，导游员应主动热情地向旅游者宣传旅游目的地悠久的历史文化、人民的生活情况和经济建设取得的巨大成就等方面的内容。

【补充材料】

柴运鸿是吉林省四平市叶赫那拉影视城的一名满族导游员，在2006年全国导游大会上他被评为“全国优秀导游员”。柴运鸿出身于纯朴的农家，在从事导游工作的十几年时间里，他爱岗敬业，文明服务，曾多次被吉林省旅游局评为“吉林省最佳导游员”称号。柴运鸿还特别喜爱读书，刻苦钻研业务，多年来靠拣矿泉水瓶子换来的钱，购买并收藏了9 000多册关于历史、文化、文学等方面的书籍。柴运鸿的讲解生动流畅，诙谐自如，旅游者尊称他是叶赫满族文化的“民间大使”。著名剧作家何庆魁先生到叶赫旅游区采风时，为他亲笔题词：“叶赫奇才，晓古通今”，以示激励。柴运鸿的模范行动和先进事迹在社会上产生了良好的影响，为吉林省的旅游行业争了光。

（二）导游员的角色转换

在现实生活中，处于一定地位的个体通常都不只是扮演一种角色，而是要扮演好几种角色，同一个人在不同时间扮演的社会角色也可能不一样，这是由社会地位的特点和社会的多元性决定的。个体在社会中所扮演角色的多样性和易变性要求导游员具备角色转换的能力。

导游员的角色转换有两种类型：平行型的“角色转换”和逆向型的“角色转换”。① 平行型的“角色转换”就是导游员根据旅游者的特殊要求，在特定的环境里，暂时退出原有角色的扮演，转入新的角色；逆向型的“角色转换”就是导游员把自己放在旅游者的位置，通过想象或亲身体验，理解旅游者在特殊环境下的心理和感情，了解他们对导游员的期望和要求，为旅游者排忧解难。

【参考案例】

例1　西班牙商人米盖尔·贝尔特拉在沪逗留期间，不幸遇上车祸，生命垂危，上海国旅八位翻译导游员一连十多个日夜守候在抢救室里，不怕脏，不怕累，为病人端屎端尿、翻身，成了特别护理员，使病人深深感受到中国人民对他的深厚感情。游船上的外国客人希望了解中国

---

① 肖潜辉，《特级导游论文点评》，376页，北京，中国旅游出版社2002

的改革开放，上海国旅翻译导游员郑某多次上船为客人举办专题讲座，他凭借手中翔实的材料和良好的语言表达能力，以一个“外交部发言人”的姿态，向旅游者展现了中国改革开放带来的巨大变化，受到一致好评。为了满足外国旅游者学习太极拳的愿望，上海国旅翻译导游员田某成了传授太极拳的老师，她清楚的讲解，耐心的示范，使中国这一独特的健身运动通过旅游途径传播得更广。

例 2　南京国际翻译导游服务公司的女导游员陈某在盛夏负责接待 51 名台胞赴北京旅游。团里两名患过小儿麻痹症的残疾人行动困难，陈某在照顾好全团的同时，重点照顾两位残疾人，让他们同全团客人一样参观每一个景点：故宫、十三陵地下宫殿……在每一个景点，陈某搀上搀下，使出了全身解数。旅游者们来到长城脚下，健康人对那高高的烽火台也望而生畏，更何况是残疾人。两位残疾人望望远处的烽火台，再望望脚下的千百级台阶，又望望导游员，不禁直摇头。导游员陈某用信任和鼓励的语气一直给他们打气，并抢先跨上台阶，扶着两位残疾人一步一步地向长城顶端攀登。这时偏偏天公不作美，下起了雨且越下越大，雨水、汗水流到一起，三个人的衣服全湿透了。团里其他人早已登上了烽火台，远远地望着他们三个人一步一步向目标挺进。不知道过了多久，三人最终都登上了顶峰。这时，所有的人，认识的、不认识的、团里的、其他团的，都情不自禁向他们欢呼。望着长城内外，两位残疾人激动地哭了起来，他们今生的一大愿望终于实现了。他们紧紧地握着陈某的手，连连说：“今生难忘，今生难忘。”陈某也激动得流下了眼泪。

分析：例 1 属于平行型的“角色转换”，是导游员工作中最常见的一种转换，这种转换是由导游工作全方位服务的性质所决定的。例 2 属于逆向型的“角色转换”，就是站在客人的立场，想他们所想，急他们所急，在他们愁的时候主动寻求解决问题的方法，在他们高兴的时候与他们同享欢乐。

第二节　导游员的职责

一、导游员的基本职责

导游员的基本职责是指各类导游员都应该履行的共同职责。根据当前我国旅游业发展的实际和各类导游员的服务对象情况可概括如下：

(1) 根据旅行社与旅游者签订的合同或约定，按照接待计划组织和安排旅游者参观、游览；

(2) 负责为旅游者导游、讲解，介绍中国(地方)文化和旅游资源；

(3) 配合和督促有关单位安排旅游者的交通、食宿等，保护旅游者的人身和财物安全；

(4) 耐心解答旅游者的询问，协助处理旅途中遇到的问题；

(5) 反映旅游者的意见和要求，协助安排旅游者会见、座谈等活动。

二、全程陪同导游员的主要职责

全程陪同导游员是组团旅行社的代表，对所率领的旅游者(团)的旅游活动负有全责，因而在整个旅游活动中起主导作用。其主要职责是：

1. 实施旅游接待计划

按照旅游合同或约定的内容，实施组团旅行社的接待计划，监督各地接待单位的执行情况和接待质量。

2. 联络工作

负责旅游过程中同组团旅行社和各地方接待旅行社的联络，做好旅行各站的衔接工作。

3. 组织协调工作

协调领队、地陪、司机等接待人员之间的合作关系；配合、督促地方接待单位安排好旅游者(团)的食、住、行、游、购、娱等旅游服务，照顾好旅游者的旅行生活。

4. 维护安全，处理问题

维护旅游者旅游过程中的人身和财物安全；处理或协助处理好旅途中的有关问题和突发事故；转达和处理旅游者的意见、要求及建议。

5. 宣传、促销和调研

耐心解答旅游者的询问，介绍和传播中国文化与旅游资源；开展市场调研，协助开发旅游产品，参与市场促销。

三、地方陪同导游员的主要职责

地方陪同导游员是接待旅行社的代表，是旅游接待计划在当地的

执行者,是当地旅游活动的具体组织者。其主要职责是:

1. 安排旅游活动

地陪须按照接待计划的要求,合理安排旅游团在当地的旅游活动。

2. 做好接待工作

认真落实旅游者(团)在当地的接送服务和食、住、行、游、购、娱等方面的服务,与全陪、领队密切合作,做好当地的旅游接待工作。

3. 负责导游讲解

负责旅游者(团)在当地参观游览中的导游讲解,介绍和传播中国(地方)文化和旅游资源。

4. 维护安全

维护旅游者在当地旅游过程中的人身和财物安全,做好事故示范和安全提示工作。

5. 处理问题

妥善处理旅游者与相关服务部门之间的协作关系,以及旅游者在当地旅游过程中发生的各类问题和事故。

四、领队的主要职责

出境旅游领队是依照规定取得领队资格,经国家旅游行政主管部门批准可以组织出境旅游的旅行社委派,从事领队业务的工作人员。他们是出境旅游团的领导者和代言人。其主要职责是:

1. 介绍情况,全程陪同

出发前向旅游团介绍旅游目的地国家或地区的概况及注意事项,陪同旅游团的全程参观游览活动。

2. 落实旅游合同

监督和配合旅游目的地国家或地区的全陪、地陪全面落实旅游合同,安排好旅游计划,组织好旅游活动。

3. 联络工作

负责旅游团与旅游目的地国家或地区接待旅行社的联络与沟通,转达旅游者的意见、要求、建议,乃至投诉,维护旅游者的合法权益,必要时出面斡旋或帮助解决。

4. 组织和团结工作

全面关心旅游者,做好旅游团的组织工作,维护旅游团内部的团结，调动旅游者的积极性，保证旅游活动顺利进行。

五、景区景点导游员的主要职责

景区景点导游员是该景区景点的讲解员。其主要职责是：

1. 导游讲解

负责所在景区景点的导游讲解，解答旅游者的问题。

2. 安全提示

提醒旅游者在参观游览过程中注意安全，并给予必要的协助。

3. 宣传知识

结合景物向旅游者宣讲保护环境、生态和文物等方面的知识。

第三节 导游员的从业素质

现代导游既是一种服务，又是一门艺术，引导旅游者寻觅美、探究美、欣赏美。导游工作的性质、任务决定了从事这项工作的人必须具备较高的素质。一名合格的导游员既要有导演的水平，又要有演员的本领，必须具备高尚的思想品德、合理的知识结构、较强的业务能力以及健康的身心等多方面的从业素质。具体地说，可归纳为如下几个方面。

一、高尚的思想品德

高尚的思想品德是社会主义社会对其成员的共同要求，也是导游员应具备的基本素质之一。导游员的思想品德不仅关系到导游员的个人形象，而且代表着一个国家、一个地区居民的基本素质。

（一）具有爱国主义精神

热爱祖国，热爱社会主义是成为中国合格导游员的首要条件。只有热爱祖国，才会对自己的祖国有深刻的了解，才会以热情的导游服务感染旅游者。

在导游工作中，导游员发扬爱国主义精神，首先表现在要热爱祖国的社会主义制度，在导游讲解过程中通过向旅游者介绍祖国的社会主义建设所取得的辉煌成就，加深旅游者对中国社会主义制度的了解。导游员应时时处处自觉维护祖国的尊严和民族的尊严，绝不以损伤国家、民族的荣誉来讨好旅游者，获取私利；其次表现在热爱祖国的悠久历史、灿烂文化和壮丽河山。在游览过程中，导游员要满怀激情，通过生动的讲解，向旅游者介绍中国五千年的历史文化，并提醒旅游者在游览过程中爱护景区的一草一木。很难设想一名不爱祖国、不爱家乡、不爱人民的导游员会热情洋溢地向旅游者介绍祖国和家乡的伟大创造与辉煌成就，也很难设想他的导游讲解能给旅游者留下深刻的印象，为祖国和家乡赢得荣誉。

【参考案例】

某国际旅行社接待了一个二十多人的日本曹洞宗旅游团，带领他们去宁波参观旅游。在宁波游览期间，地陪导游员为了“讨好”旅游者，在讲解中，对日本大加赞赏，而对宁波则肆意诋毁，车上的日本领队听后脸色凝重。晚上，日本领队找到全陪导游员，对地陪导游员表示了不满与抗议，他气愤地说：“宁波是曹洞宗的发祥地，宁波也是美丽的地方，我多次带团来宁波。这几年宁波各方面的变化极大，正是因为这地方不错，我才多次组织客人来了解宁波。然而今天，地陪导游员却当着我的旅游者的面诋毁宁波，这是对我的不尊重，也是对我工作的不支持。”日本领队要求全陪导游员立即打电话给宁波地接社，撤换地陪，同时要求该地陪导游员向车上的旅游者道歉。

分析：导游员必须热爱祖国，不仅自己要是坚定的爱国主义者，而且要通过自己的讲解和服务，使旅游者深深体会到中华民族的自尊心和自信心。该案例充分说明了导游员热爱自己的祖国和家乡的重要性，如果连自己的家乡都不热爱，当然也不会赢得别人的尊重。

（二）遵守社会公德

导游员在导游服务中要有明辨是非、识别善恶、分清荣辱的能力，自觉遵守社会公德。要讲究文明礼貌，养成良好的生活习惯，不乱扔废弃物，不随地吐痰，不在公共场所高声喧哗和城市禁烟区吸烟。在导游讲解中用语文明，不宣传封建迷信的东西，不讲低级庸俗的故事，不开黄色玩笑，不参与“黄、赌、毒”活动，也不带领旅游者到“黄、赌、毒”场所。总之，导游员不能有破坏环境、损害别人权益、妨碍别人的不文明行为和违反社会公德的错误行为。同时，导游员作为“游人之师”，在旅游活动过程中，还要正确引导和教育旅游者遵守社会公德。

【补充材料】

全国优秀导游员丁虹是南京国际翻译导游服务公司的一名中级导游员。在工作中丁虹具有较高的导游业务水平，应变能力很强。接团时，她能针对不同地区、不同年龄、不同职业、不同文化层次的旅游者开展导游服务，很受旅游者欢迎。山西作家闫文秀曾感受过丁虹的导游服务，事后他在作品《感恩》中写道："小丁普通话讲得字正腔圆，并且很有学养。"丁虹还善于用生动形象、幽默风趣的语言向旅游者传递文明。一次，一位旅游者在游船上想把烟头扔进西湖，丁虹开着玩笑说："先生，手下留情，你这一扔，我的饭碗都快没了。这里要是成了烟灰缸，我们导游哪里还有客人带啊，那我也要下岗了。"她的环保意识让身边的旅游者们对她更多了几分敬佩。

（三）遵纪守法

遵纪守法是每个公民的义务，作为旅行社代表的导游员尤其应树立牢固的法纪观念。导游员应自觉遵守国家的法律、法规，遵守旅游业的规章制度，严格按照《旅行社管理条例》、《导游人员管理条例》和《导游人员管理实施办法》等法规从事导游服务工作，而且还要严守国家机密和商业秘密，维护国家和旅行社的利益。对于提供涉外导游服务的导游员，还应牢记"内外有别"的原则，在工作中多请示汇报，切忌自作主张，更不能做违法乱纪的事。

【参考案例】①

导游员小凌在接团时迟到了，为此，旅游者对他很不满意。为了弥补自己的过失行为，在以后的带团过程中小凌很卖力，可是，就是得不到旅游者的谅解。一天，旅游团有八名散客向小凌提出要把晚餐改成吃"野味"，小凌明知这种做法不妥，但为了讨好旅游者，也就违心地同意了。经过一番努力，小凌终于在朋友的介绍下认识了一家餐馆老板，并根据旅游者的要求预订了穿山甲、果子狸、娃娃鱼、发菜以及熊胆酒

① 蒋炳辉，《旅游案例分析与启示》，149 页，北京，中国旅游出版社 2003

等十几道野味。但由于野味较为紧张,餐馆老板只搞到三四种野味,虽然价格偏高了些,但旅游者吃得很满意,他们当场表态不投诉小凌的失职行为。谁知旅游结束后,旅行社收到另外几位旅游者的投诉,信中说导游员破坏了我国《野生动物保护法》,要求对他进行必要的处分。

分析:这起案例主要是由于导游员小凌为了掩盖自己的过失行为,生怕旅游者投诉而无原则地讨好旅游者造成的违规行为。我国颁布了《野生动物保护法》,穿山甲、果子狸等都是我国的珍稀动物和受保护动物,爱护和保护野生珍稀动物是每个公民的职责,而导游员小凌为了达到个人的目的,不顾国家的有关法纪法规,做了不该做的事情。尽管《导游人员管理条例》中没有类似的条例,但是,导游员的行为已经触犯了我国的相关法律法规,同样是违规行为。根据我国有关法律规定,导游员小凌要承担法律责任,并且要受到必要的处罚。

（四）具有敬业精神

导游工作是一种服务性劳动,要求导游员有尽职尽责的服务意识和无私的奉献精神。导游工作是一项既“劳心”又“劳力”的脑力劳动和体力劳动高度结合的工作,工作强度较大,没有吃苦耐劳的精神和恪尽职守的工作态度,是无法胜任导游任务的。导游员应该有很强的事业心,对事业有追求,应立足本职工作,热爱本职工作,能够以饱满的热情和充沛的精力投入工作,积极发挥自己的聪明才智和主观能动性,刻苦钻研业务,不断进取,勇于实践,勇于创新。

【补充材料】

颐和园,这个凝聚着中华民族园林艺术精髓的古典皇家园林,一向是中外游人了解京华,了解中国悠久灿烂的历史文明的重要窗口。而对于许多曾经来颐和园参观的外国客人,征服他们心灵和情感的,不仅是颐和园明艳秀美的湖光山色和博大深厚的文化内涵,还有一位英语流利、笑容甜美、执著敬业的导游员——魏红。

魏红是颐和园第一个用英语讲解的导游员,曾先后接待过两万余名来自世界各地的国际友人,多次接待联合国、国际奥委会官员及各国首脑。1993 年北京申办奥运会期间,50 多位国际奥委会官员到颐和园考察,作为颐和园外语导游第一主力的魏红身着清代宫廷礼服,以其热情的服务、丰富的历史和园林知识以及出色的外语水平赢得了奥委会官员的赞誉。国际奥委会副主席金云龙先生赞扬魏红说:"申办奥运会,就应该有颐和园导游员这样的英语讲解能力。"葡萄牙奥委会委员将一枚精美的奥运纪念章放到魏红的手里:"感谢你们对我的热情接待,今天,我第一次将我们国家的奥运纪念章赠送给中国的接待人员。"

当年的"宫女"如今成了颐和园的导游"状元"。拿颐和园园长的话来说,魏红是"颐和园内能够出色承担和组织国家重大内外事接待任务的中英文全能导游队伍的带头人"。从接待国际铁人三项联盟主席麦克唐纳德考察,到安排射击联合会秘书长施赖伯参观,刚送走国际篮联主席罗伯未尔,又迎来柔道联合会主席贝松……第四届世界妇女大会秘书长蒙盖拉夫人在游园时,对慈禧太后的身世表现出极大的兴趣,屡屡向魏红提出各种问题,魏红的详尽回答和讲解让蒙盖拉夫人非常满意,她赞扬魏红说:"你是一位非常好的老师,今天我在颐和园学到了许多东西,让我终生难忘。"

很难相信,如今的导游"状元"曾经只是一个高中文化程度的普通服务员。1985 年,高中毕业的魏红走进了颐和园。她做过宾馆客服员、餐厅服务员、大门检票员、殿堂讲解员,几乎做遍了颐和园的服务职位。由于工作需要,魏红经常要和外国客人打交道,而自己的外语水平极为有限,每次面对外宾的问题往往不知所云,当看到有求于自己的客人一个个摇头而去,窘迫不安的魏红终于立下了自学外语的决心。通过通宵达旦的拼命学习,并在工作中不断找机会锻炼,魏红终于在颐和园选拔英语导游员的考试中,以优异成绩胜出,从此与导游工作结下了不解之缘。

然而,在颐和园当导游,仅仅具备极高的外语水平是不够的。"认识颐和园,必须具备广博的历史文化知识,应是一位杂家;理解颐和园,必须用心灵去体悟,需要成为一名艺术家。"为了成为一名颐和园的"杂家"、"艺术家",魏红开始学《清朝历史》,了解中国古代建筑艺术,收集与颐和园有关的历史、建筑、园艺、文物等知识,几年下来,魏红已分门别类积累了百万余字的相关文字资料。这些知识让魏红对颐和园深湛精妙的造园艺术有了深深的感悟,颐和园在魏红心里成了活的园林艺术,这里的花鸟鱼虫、山水风景、长廊彩画,在魏红心里都成了一个个活的故事。她讲解颐和园的沧桑变迁,讲述有趣的稗官野史时,典故、数据脱口而出,《诗经》、《论语》信手拈来,而且英语和中文同样的流利。

天道酬勤,魏红以自己执著的追求成为北京园林行业中英语导游讲解领域的"明星"。早在1995年,魏红就获得了北京园林行业英语导游讲解第一名,并被评为市园林局中、英文导游讲解行业状元,后又相继获得全国"五一"劳动奖章、全国先进工作者等荣誉。面对这些荣誉,魏红淡定地说道:"导游事业没有尽头,我要尽量读懂颐和园,读懂它的一草一木,一山一水。"

二、合理的知识结构

随着文化旅游新时期的到来,人们出游除了消遣,还想通过旅游来增长知识、丰富阅历、获取教益,这就对导游员提出了更高的要求。实践证明,丰富的知识是做好导游服务工作的前提,导游员的讲解和日常交谈,是旅游者获取知识的主要来源。为了适应旅游者的这种需要,导游员要具有合理的知识结构。导游员合理的知识结构既不是"通才"式的,更不是"专才"式的,而是"T型人才"式的,即这类人才不仅要有宽广的知识面,而且还应在某一知识领域有较深的研究。也就是说,导游员的知识目标是"杂家加专家"。

(一) 政治、经济、社会知识

各国(地)政治、经济、文化的差异常常会使旅游者对旅游目的地的政治、经济和社会问题产生兴趣与关注。旅游者在游览过程中,会针对随时可能见到或听说的目的地的某些社会现象,要求导游员给予相应的解释。如果导游员对这类问题事先没有知识准备,就不可能给旅游者满意的答复。因此导游员应该掌握相关的社会学知识,熟悉国家的社会、政治、经济体制,了解当地的思维方式、风土民情、礼仪禁忌、宗教信仰等知识,这样才能有的放矢地为客人服务,加强与旅游者的思想沟通。

(二) 史地、文化知识

一名称职的导游员必须是一位有文化、有教养、有学识的人,要通晓包括历史、地理、民族、风物特产、古典园林、文学艺术等诸方面的知识。这些知识是导游讲解的素材,是导游服务的原料,是导游员的看家本领。优秀的导游员应该上知天文、下晓地理,对本地及相邻省、市、地区的旅游景点、历史典故、民间传说等了如指掌,对国内外的主要名胜也要有所了解。导游员要善于学习和积累，以便在不同景点的讲解中灵活运用、融会贯通、引古喻今，提高导游讲解水平，使旅游者从讲解中学到新的知识，得到美的享受。

（三）政策法规知识

导游员工作在旅游第一线，既代表着旅游企业的形象，也代表着国家的形象。导游员在导游服务过程中遇到的许多问题，解决和处理的依据就是与旅游服务密切相关的国家的法律法规，特别是旅游业的法规和规章，如《旅行社管理条例》、《导游人员管理条例》、《导游人员管理实施细则》、《旅游安全管理暂行办法》、《旅游投诉暂行规定》等。所以，为了使自己的言行符合国家法律规章的要求，导游员必须努力学习和掌握有关政策法规知识。

对于涉外导游员来说，还应注意我国有些旅游者不拘"小节"的行为，在中国只属于不讲社会公德的范畴，而在某些国家就属于违法行为。例如，旅游者在国内禁烟场所吸烟，通常只是受到管理人员的劝阻，但在新加坡则算违法行为，要罚款 1 000 新加坡元；在公共汽车上吃东西、喝饮料，在中国不算什么大问题，最多算不雅行为，但在新加坡则要罚款 500 新加坡元。又如，在希腊参观古迹，旅游者如果随便拣块石头带走留作纪念，就可能被警察逮捕，以盗窃文物罪论处，因为这块石头很可能是某个古建筑构件上掉下来的碎片。

（四）心理学和美学知识

导游员的工作对象主要是形形色色的旅游者，除此之外还要与各旅游服务部门的工作人员打交道，因此，对导游员来说，掌握一定的心理学知识是十分必要的。首先应该掌握导游心理和服务心理知识，做到"知己"，学会自我心理调节；其次导游员要学习旅游者心理学、消费心理学和行为心理学等知识，只有随时了解旅游者的心理活动，才能有的放矢地做好导游讲解和旅途生活服务等工作，才能有针对性地提供心理服务，从而使旅游者在心理上得到满足，在精神上获得享受。

旅游活动是一项寻觅美、欣赏美、享受美的综合性审美活动。在旅游审美活动中，导游员起着重要的引导和调节作用，是审美信息的传递者和审美行为的调节者。导游员必须懂得什么是美，知道美在何处，并善于用生动形象的语言向具有不同审美情趣的旅游者介绍美。此外，导游员要有较高水平的艺术鉴赏力，因为这不仅能使导游员的人格更加完善，还能使导游员讲解的层次大大提高，从而在文化交流中发挥更为重要的作用。

（五）旅行交通、食宿等业务知识

导游员在旅游的整个行程中，除了带领旅游者参观游览外，还要安排好旅游者的交通、食宿等生活事宜，并维护旅游者的安全。为此，导游员要掌握必要的入(出)境知识、海关知识、交通知识、通信知识、货币知识、保险知识、救护常识、卫生常识、生活常识等，这不仅能为工作提供便利，提高工作效率，还能提高导游服务的水平，保障旅游活动的顺利进行。

（六）国际知识

涉外导游员应掌握必要的国际知识，要了解国际形势和国际上的热点问题，以及我国的外交政策和对有关国际问题的态度；同时，导游员作为联系旅游客源地和旅游目的地的文化使者，不仅要熟悉目的地国家的历史、文化、民俗等情况，还应了解客源地国家的历史、文化、民族、风土人情、宗教信仰、民俗禁忌等。

【参考案例】

小陆是南京某旅行社新招聘的导游员，对南京城游览点的导游词已经背得滚瓜烂熟，他对自己的工作充满了信心。

一天，他带领旅游者去游览中山陵。在碑亭，小陆讲解道："亭中石碑正面刻着国民党元老、国民政府首任行政院长谭延闿手书的'中国国民党葬总理孙先生于此，中华民国十八年六月一日'24个镏金颜体大字。"团中一位老年人不解地问小陆："孙中山只当过临时政府大总统，并没有担任过政府总理，为何碑文称他为'总理'而不称为'总统'呢？"小陆考虑了一会儿，支支吾吾道："这个，我不知道。"

出了碑亭，登上石阶，小陆先让旅游者猜中山陵究竟有多少级台阶，接着就介绍到："从博爱坊到祭堂总共有392级台阶。"一位旅游者听后就问小陆："为什么是392级台阶，而不是391或是393？这有什么讲究吗？"小陆倒是很爽快，回答说："这个我不清楚，应该没什么讲究吧！"

来到祭堂和墓室，小陆讲解道："祭堂正中的中山先生长袍马褂坐像是世界著名雕刻家保罗·兰窦斯基用意大利白石雕刻而成的，墓室中的中山先生着中山装的汉白玉卧像是捷克雕塑家高琪创作的。”一位旅游者提出了疑问：“为什么祭堂内的坐像身穿长袍马褂，而墓室内的卧像却改穿中山装了呢？”小陆不耐烦地说：“这应该没什么区别吧，反正它们都是中山先生的雕像。”那旅游者还想说些什么，小陆却喊到：“走了，走了，我们去看看后面的墓堡花园。”

分析：导游员在旅游者心目中应当是“学者”、“老师”，若一问三不知，何谓导游员？导游员要胜任这项工作，就必须做到韩愈《师说》中所说的“传道、授业、解惑”，可见，对导游员来说，知识面要尽可能宽广。导游员一方面要有“善于钻研、勤学好问”的治学态度，要勤动眼、勤动手、勤动口、勤动脑；另一方面要养成良好的学习习惯，遇到不会回答的问题，下团后一定要下决心搞清楚、弄明白，下次遇到时就能给予圆满的回答。只有通过不断的积累和学习，才能使自己具备较广的知识面。

三、较强的业务能力

导游员除了应具备上述各种知识外，还应具有导游服务必需的各种能力，即导游讲解能力、导游服务技能、人际交往能力、组织协调能力和应变能力等。

（一）导游讲解能力

导游讲解能力是指将旅游目的地的景区、景点内容通过语言传递给旅游者的能力。导游讲解，首先要以良好的语言表达能力为基础。导游员如果没有扎实的语言功底，就不可能顺利地进行文化的交流，也就不可能完成导游工作的讲解任务。导游员要有较强的口语表达能力，能够熟练地使用外语、普通话或方言，做到发音标准、语调优美、语法准确、词汇丰富、语能达意。其次还需要导游员熟知所讲解的景区、景点各方面的情况。导游讲解是导游服务的核心内容，导游讲解能力也是导游员应具备的各项能力中的核心能力。

【参考案例】

小徐是位刚从旅游学校毕业的导游员，这次他带的是来自某地区的旅游团。上车后，与前几次带团一样，小徐按照导游书上的程序向大家认真介绍所在城市的历史、地理、政治、经济等情况，然而旅游者对他的讲解似乎并无多大兴趣，不但没有报以掌声，坐在车子最后两排的旅游者反而津津乐道于自己的话题，相互间谈得非常起劲。小徐征求了全陪的意见，全陪告诉他要多讲一些轻松的话题，如老百姓的吃、穿、住、行、收入、工作，以及这个城市一些独特的风俗习惯等，多讲一些笑话、趣闻，不必讲太多书本上的东西，因为旅游者是出来散心游玩的，不是来上课的。听了全陪的意见，小徐注意改变讲解的内容，果然得到了较好的回应，旅游者越听越感兴趣，注意力逐渐被他的讲解所吸引。

分析：导游在讲解过程中，最好不要千篇一律地按书上的导游词来讲，否则会显得机械和死板，应根据旅游者的爱好和特点不断改变讲解内容，做到因人而异、因景而异。当发觉旅游团中有旅游者不爱听自己的讲解时，应该反省，是讲解的内容旅游者不能听懂，还是自己的讲解缺乏吸引力。总之，导游员应该在讲解的语言、内容、趣味性、技巧上多下功夫，不断提高自己的导游讲解能力。

（二）导游服务技能

导游界有句行话，叫做“全凭导游一张嘴，调动旅游者两条腿”。为此，导游员应在熟悉、精通业务的基础上，从方法、气质和思想等方面不断地培养和提高自己的导游技能，在实践过程中慢慢形成并创造性地发展自己的导游风格。导游员应具备的服务技能包括智力技能和操作技能两类。智力技能主要包括带团的技能、安排参观游览活动的技能、应急技能、处理客人要求及投诉的技能等。同时导游员应掌握一些实用的操作技能，如摄影、急救、驾驶等，例如，河南内乡县衙博物馆的导游员学习宛梆、豫剧、曲剧、舞蹈等技艺；焦作影视基地、南京中山陵等景点的导游员利用业余时间学习哑语。

【参考案例】①

某年秋天，北京的周先生作为全陪导游员接待了一个来自台湾省的旅游团，一行十五人，没有领队。按照旅游日程，该团要到京、沪、杭、三峡、西安、桂林、广州等地参观游览。一路上，周先生与客人们朝夕相处，在食、住、行、游、购、娱等旅游活动中，充分发挥职业导游员的作用，得到了大家的信任和爱戴。

① 程新造，《导游接待案例选析》，57页，北京，旅游教育出版社 2004

在游览过程中，他根据古都和风景地的不同类别，为大家介绍了相关的文化、历史、生活和风光特色等知识。讲解中加了一些野史、趣闻轶事，分别突出了各地“古”、“全”、“美”的特点，使旅游者产生了浓厚的兴趣。他还根据各地接待条件和环境的不同特点，为大家全面介绍各地的风味食品、生活习惯和商品特色，使大家对祖国的生活和文化的发展状况有了充分的了解。他根据客人的爱好特点，为大家讲幽默故事、传说，唱歌，变魔术，表演书法，同客人下棋、打牌，打太极拳，从而减少了旅游者在旅途中等候的烦躁，活跃了旅游的气氛，丰富了大家的文娱生活。

离别时旅游者们纷纷上前与他握手、拥抱，依依不舍。有人说：“周先生，你是我们见到过的最好的导游员。你的多才多艺给我们留下了深刻的印象，我们从你身上学到了不少的东西。”

分析：周先生的多才多艺为旅游者带来了欢乐，在旅游者中树立了威信，为旅游活动的顺利进行打下了良好的基础。一名职业导游员应该掌握过硬的服务技能，除了具有扎实的语言基础，积累广博的知识外，还应学习与旅游活动有关的各种技艺，诸如表演、烹饪、书画、古董鉴别和棋艺等。如果在旅游者旅途疲劳时，导游员能适时地为他们表演一些“拿手绝活”，就能消除疲劳，愉悦心情，还能充分展示其魅力。所以，导游员要多学一些“绝活”，以便能在关键场合“露一手”。

（三）人际交往能力

导游员的工作对象形形色色，因此，善于和各种人打交道是导游员最重要的素质之一。导游员需要研究与不同类型旅游者接触和交往的技巧，以便为提供有针对性的服务创造条件。同时，导游员还要同领队、其他导游员以及旅游接待单位的人员打交道，处理好与他们之间的关系。这一切都要求导游员拥有较强的理解能力和适应各种氛围的能力，掌握一定的公共关系学知识和心理学知识，并能熟练运用。导游员只有具备了较强的人际交往能力，在工作时才能得心应手、游刃有余。

【补充材料】①

导游员针对不同的旅游者，应该采取不同的人际交往方式，以使旅

① 蒋炳辉，《导游带团艺术新篇》，179页，北京，中国旅游出版社 2005

游者在心理上获得满足感。那么，在与不同性格的旅游者打交道时，怎样做好区别对待工作呢？

(1) 对沉默寡言的旅游者：要主动问他，引他开口。

旅游者不开口，导游员就很难知道旅游者内心的想法，也就难以进行交流和劝说工作。但是，旅游者不愿说话并不等于拒绝开口，只要话题对路、心情良好，他们也是能说得很开心的。因此，导游员与沉默寡言型的旅游者进行交流，一是不能太随便，二是要采用提问式的方法引其开口，三是所提问题应是旅游者较为熟悉的，四是要乘旅游者高兴和得意之时进行交流。

(2) 对待能说会道的旅游者：要善于听及点到为止。

与能说会道的旅游者交流，首先要力争做一个"听话高手"，并且从旅游者口若悬河、滔滔不绝的语言中寻找他们的欲望和要求。其次，导游员并不是只听不说，而是多听少说，在旅游者讲到关键的时候，导游员要适当插话，其目的是转移话题或点到为止。

(3) 对待喜欢钻牛角尖的旅游者：要给予心理上的满足。

一般来说，旅游者喜欢钻牛角尖有多种原因：其一，具有孩子般的童心和好奇心。这些旅游者往往不注意事实，导游员只需讲明其知识点，并给予心理上的满足即可。其二，具有一定的文化素养，往往见多识广。这些旅游者需要的是"出典"和科学依据，导游员必须以事实为依据，以理服人，不弄虚作假，不言过其实，更不能说错讲错。其三，本性就属于喜欢钻牛角尖的人。这些旅游者往往爱聊天，导游员与他们交流时应该把事情说得详细些，同时还要风趣幽默些，这是他们比较乐意接受的方法。

(4) 对待急性子的旅游者：少啰唆，多礼貌。

面对急性子的旅游者，导游员千万不可"以急对急"，而是应该"以柔克刚"。正确的对待方法应是先头脑冷静地听他们讲，必要时做些笔录。轮到自己讲话时，导游员要少啰唆，进入正题的时间要短，同时要有礼貌。在交流过程中如需插话，导游员可以这么说："请您先等一下，让我谈一下对您刚才提出问题的解释，好吗？"这样做的目的是把旅游者的注意力转移到导游员的话题上来，同时也简明扼要地说明了最重要的内容。

(5) 对待心直口快的旅游者：要谦让与谅解。

旅游团中心直口快的旅游者为数不少，这些人往往是一根肠子通到底——直来直去。他们与对方交流时，一般都不顾他人的面子和自尊，或许他们认为性格豪爽干脆才是做人的准则。对待心直口快的旅游者应该“以爽对爽”，同时态度要谦虚，他们有时能成为导游员的知心朋友。

（四）组织协调能力

在整个旅游行程中，导游员担任着组织者和协调人的角色。导游员的主要任务是实施旅游接待计划，为旅游者提供导游讲解服务和相关的生活服务，由于旅游活动是一个动态过程，涉及食、住、行、游、购、娱等多方面，这种协调可称为对外协调。另外，决定导游服务是否成功还有一个关键因素，即内部协调，也就是地陪、全陪、领队，有时也包括定点讲解员之间的相互协作与配合。为使旅游活动的各个环节能够紧密衔接，旅游接待计划的内容顺利得以实施，导游员必须具备较强的组织协调能力。

【参考案例】①

导游员小吴刚从学校毕业，接待了一个20人的西班牙旅游团，团里旅游者的年龄两极分化，7名旅游者是超过60岁的老年人，而其余13名旅游者是30岁以下的年轻人。在旅途中，老年旅游者和青年旅游者在能否准时集合这件事情上出现了矛盾。早上7位老人准时到达集合地点，而13位年轻人一个也没到，在等了将近35分钟后，他们才三三两两、大大咧咧地走过来，脸上没有丝毫的歉疚之意。于是矛盾爆发了，老年旅游者要投诉小吴，说导游员耽误了他们的游览时间，青年旅游者则认为导游员等待多数旅游者到齐是履行职责，理所当然。小吴意识到必须及时协调、化解旅游者之间的矛盾。因此，一天的行程结束后，小吴先找到7位老人，为早上的事情向他们道歉，并保证明天一定准时出发，得到安抚的老人们表示可以接受。随后，小吴找到13位年轻人，首先提醒他们早上晚出发对一整天活动的影响。接着小吴主动揽下责任，说旅途疲劳，时差没有倒过来，偶尔睡过头是难免的事情，主

① 郭赤婴，《新导游带团案例》，132页，北京，中国旅游出版社 2006

要怪他考虑不周全。随即小吴提出了建议:明天叫早的时间比那些老年人稍早一点,并且由他亲自打电话。最后,小吴再次重申了步调一致才能维护团队每一名成员的利益,恳请这些青年旅游者支持他的工作。第二天早上,这些年轻人都准时来到了集合地。在后面的行程中,老少搭档在小吴的协调下一直彼此谅解、相安无事。

分析:导游服务的对象往往很复杂,旅游者的职业、性别、年龄、受教育程度,乃至性格、习惯、爱好等都是千差万别的,这就要求导游员具备较强的组织协调能力,安排好各项活动。本案例中旅游团内的成员因年龄悬殊而导致行为习惯上的差异,的确考验了导游员协调化解矛盾的能力。导游员小吴先做老年人的工作,突出真实情感,再做年轻人的工作,先摆出后果,后分析原因,接着揽下责任,随即提出建议,最后再重申要求,可以说协调工作的招法和顺序恰到好处,也取得了良好的效果。

(五)应变能力或紧急问题处理能力

在旅游活动中,免不了会遇到某些始料未及的突发事件或紧急情况,如在旅途中遇到山体坍塌、泥石流阻塞道路,发生交通事故导致旅游者伤亡,旅游者食物中毒,旅游者财物被盗等,都需要导游员具有应变能力,即处理紧急问题的能力。能否妥善处理问题和意外事故是对导游员的一种严峻考验,在处理问题和意外事故时,要求导游员做到积极主动、头脑清醒、遇事不乱、处理果断、办事利索、随机应变。

【参考案例】

南京某旅行社导游员张某要到镇江火车站接一个三十多人的团队,客人到站时间是上午九点多钟。张某从南京带车到镇江接站,一般情况下,早上七点从南京出发,八点半左右就能到达镇江火车站广场。这次,张某带的车刚出发,就出现了故障,司机修了二十多分钟还没修好,张某立即报告了旅行社,并提出建议:他一人先乘长途客运车去镇江接站。如果司机修好了车,并能在九点钟前赶到镇江火车站,就将车开到火车站广场停车场;如果九点赶不到,就把车开到镇江金山公园停车场等他,他与旅游者因此产生的费用由误车方负责。旅行社同意了他的建议,并指示他见机行事,灵活处理。张某立即乘上长途车,九点钟到达镇江火车站，准时接到他的团队。这时他的车还没到，张某就如实向他的客人说明了情况，并就地找了一辆公交车，先把客人送到金山公园浏览，共用去车费八十元。待游览完金山，安排客人用中餐时，旅游团的汽车到了，下午就正常游览了。产生的八十元车费由司机负责，司机对他这样的处理也很满意，说："否则，由于漏接引起投诉和赔偿，经济损失何止八十元?!"旅行社对张某这样的处理，给予了肯定和表扬，并在一次导游业务学习会上，让张某向大家介绍了他的经验。

分析：在导游服务过程中，往往会遇到一些意想不到的事情，导游员要思路清晰、判断准确、果断行事。本案例中的导游员张某在车辆发生故障后，预料到如果等车修好，已经不能准时抵达接站地点时，果断地提出了几套应急方案，事实证明是行之有效的，也把损失和影响降低到了最低限度，体现了较好的应变能力和处理紧急问题的能力。

四、健康的身心

导游服务是一项脑体结合的工作，既需要高度的智慧，又需要充沛的体力，所以导游员必须是一个身心健康的人。

导游服务的特殊性质，要求他们能跋山涉水、连续不断地工作，体力消耗大，再加上现在的一些特色旅游产品、体验性产品，如攀岩、探险等，都要求陪同的导游员有健康的体魄。不仅如此，导游员要陪同旅游团周游各地，各地的气候、水土、饮食，对导游员的身体条件都是严峻的考验。

导游员还要具有良好的心理素质，在工作中精神饱满愉快、状态良好。导游员应该是一个乐观开朗、积极向上的人，在遇到困难和挫折时，不是愁眉苦脸、唉声叹气，而是积极应对、寻求转机；导游员应该是一个可以让人信赖的人，有负责精神，能给旅游者以安全感；导游员应该是一个拥有较强心理承受能力的人，善于调整自己的心态和控制自己的情绪，能保持一颗平常心，以豁达包容的心态做好服务工作；更重要的是，导游员应该是一个拥有很强自控能力的人，要明辨是非、识别善恶、分清荣辱，自觉地抵制形形色色的诱惑和精神污染，做到"财贿不足以动其心，爵禄不足以移其志"。

最后，用一位旅行社负责人的话来概括导游工作对从业人员的素质要求："作为导游员，应该肩挑四'千'斤，即'千'方百计、'千'言万语、'千'山万水、'千'辛万苦。""千方百计"意味着碰到各种问题能灵活处理，善于与人打交道，有较强的独立工作能力；"千言万语"是指能说会道，有良好的语言表达能力，善于做对方的工作；"千山万水"是指身体健壮不怕跋山涉水；"千辛万苦"是指工作中不怕苦，不怕累，任劳任怨。

第四节 导游员的职业准则

一、导游员的职业道德

导游员的职业道德是指导游员在职业活动中应当遵循的道德规范。长期以来，我国广大导游员经过一次又一次的工作实践，已经形成了自身的职业道德规范。

（一）热爱祖国、自尊自强

一名合格的导游员首先必须是一个爱国者，应当具有民族自尊心和自豪感，在向旅游者提供导游服务时，要自觉维护祖国的利益和民族的尊严；同时，导游员要通过自己的讲解和服务，使来华访问的旅游者深深体会到中华民族的自尊心和自信心，体现爱祖国、爱民族、爱人民、爱家乡的美好情感。导游员应该培养和树立集体主义思想意识，只有努力将个人的利益与国家的利益、集体的利益融合起来，融于集体，依靠集体，通力协作，导游员的聪明才智才能得到充分发挥。

《导游人员管理条例》规定："导游员进行导游活动时，其人格尊严应当受到尊重，其人身安全不受侵犯。导游员有权拒绝旅游者提出的侮辱其人格尊严或违反其职业道德的不合理要求。"自尊是表示尊重、维护自己的尊严和人格的道德概念；自强是一种道德情感，指对自己的能力和行为所产生的信任感。导游员只有热爱祖国、自尊自强，才能在旅游者心目中牢固地树立光辉形象。

（二）遵纪守法、敬业爱岗

旅游活动接触面广、流动性大、享受性强、消费档次高，导游员在这样的环境中，不但接触的各类人员多，而且拜金主义、享乐主义、极端个人主义和假冒伪劣、"黄赌毒"、欺诈行为等腐败丑恶现象也会不断侵袭，稍不留意就会掉进染缸，一失足成千古恨。无论是面对来自旅游者方面，还是来自其他方面的诱惑，导游员都应遵守国家的法律法规，严格执行旅游行业和所在旅行社的各项规章制度，用法律法规以及导游道德规范和标准来严格要求自己，使自己在形形色色的环境中，懂得什么该做、什么不该做，什么是对的、什么是不对的，什么该提倡、什么该反对，这样就能做到“常在河边走，就是不湿鞋”，在导游工作中尽量少犯错误或不犯错误。

对导游员来说，敬业就是敬重所从事的旅游服务业，爱岗就是热爱自己的本职工作，这是从事导游职业的人都应遵守的基本道德规范。一个敬业爱岗的导游员，以从事导游事业为荣，以从事旅游事业为乐，干一行爱一行，专一行成一行，乐于为广大旅游者服务，有职业荣誉感，为努力培养和塑造敬业爱岗、勤业爱岗、乐业爱岗和创业爱岗的精神做出自己的贡献。

（三）公平守信、诚实善良

对于从事服务行业的人员来说，公平守信、诚实善良显得尤为重要。导游员对待旅游者，要真诚公道、信誉第一、言行一致、表里如一。在带团过程中严格执行接待计划，不弄虚作假，不欺骗旅游者，约会要守时、说话要算数、承诺要兑现、交易要诚心、协议要履行、规定要遵守……同时每一位导游员都要把国家、企业、个人的声誉放在十分重要的位置，无论对旅游者还是对旅行社都必须做到“言必信，行必果”，不能有任何欺诈行为，公平合理，买卖公道，赚取合理合法的利润，既不能“宰”旅游者，也不能让旅游企业吃亏。

在职业活动中，导游员还应与人为善、诚实可靠，要把旅游者看成是朋友，尊重他们、关心他们、热心帮助他们，做到急客人所需，想客人所虑，谋客人所求。导游员应该是旅游者最值得信任的人，只有这样才能树立良好的信誉形象，最终取得良好的经济效益。

（四）文明礼貌、亲切服务

文明礼貌、亲切服务是旅游业的共同规范，也是旅游从业人员的道德义务。文明礼貌要求导游员在服务过程中做到“德诚于中，礼形于外”，对待旅游者要有源自内心的真诚，要举止端庄、讲话和气、态度友善、服务周到，坚决克服导游服务中的“冷、硬、顶”和粗心大意、办事拖拉、推卸责任等消极现象，让旅游者感受到礼貌、亲切的服务。

导游员为旅游者提供亲切服务，既是对远道而来的旅游者表示礼貌和尊重，也是维护祖国的荣誉和名声，还关系到旅游业的命运与前程。为此,导游员要以文明礼貌的良好服务来规范自己,在带团过程中,全心全意地为旅游者服务,细心照顾"老弱病残"等特殊旅游者,尽量减少旅游者在旅途中的不便和困难,使他们充分享受旅游所带来的乐趣。

(五)热情友好、宾客至上

热情友好、宾客至上是服务行业一项最基本的道德规范,也是旅游职业道德中最具特色的道德规范。国际上许多学者把"好客"视为导游员的职业准则,因为充分满足宾客需要,既是服务企业一切工作的出发点,也是一切工作的归宿。为此,在旅游职业活动中,导游员要把旅游者看成朋友、亲人,要把宾客放在首位,一切为宾客着想,努力满足旅游者合理、正当的要求,克服冷淡、粗暴、懒散等违反旅游职业道德的行为。导游员还要牢记"只有旅游者才有我"这一道理,将"令旅游者满意"作为导游服务成功的首要标准。导游员有了这种境界,才会受到旅游者的欢迎。

(六)不卑不亢、一视同仁

不卑不亢、一视同仁是导游职业活动中导游员民族自尊心、自信心以及国格、人格的体现,是正确处理主客关系的重要道德规范。

所谓不卑不亢,就是不自卑、不高傲,对人的态度或言语有分寸。导游员在带团过程中,既要做到热情友好、尊重他人,又要做到自尊自爱、落落大方,体现出一名导游员的主人翁精神以及国格、人格。当对方的言行有损我们的国格、人格时,导游员应理直气壮,坚持有理、有节的原则,维护祖国的尊严;同时导游员也不可妄自尊大、贬低别人。总之,导游员应做到"四不",即不盲目崇外,不妄自尊大,不妄自菲薄,不强加于人。

所谓一视同仁,就是对人不厚此薄彼,一样看待。旅游者不管来自哪个国家、地区,属于哪个民族,不管其社会经济地位高低,不管其年龄大小,都是导游员的服务对象,要全心全意地为他们服务,切实维护他们的合法权益,关心他们的切身利益,尊重他们的人格。切忌亲疏偏颇,厚此薄彼;切忌以地位取人、以钱财取人、以貌取人或以肤色取人。

(七)团结协作、顾全大局

团结协作、顾全大局是导游员正确处理同事之间、部门之间、行业之间以及局部利益与整体利益之间、眼前利益与长远利益之间等相互关系的道德行为规范，也是旅游业发展的可靠保证。

旅游服务是关联性强的综合性服务，导游员要完成旅游计划，必须处理好与有关旅行社及其他接待单位的关系，地陪、全陪、领队、司机及其他接待人员之间要融洽相处。在一些非原则性的问题上，导游员要尽量做好解释工作，争取各方的谅解和合作，特别是碰到特殊情况、遭遇突发事故时，要能够从大局出发，通力协作，迅速妥善处理，避免发生推诿责任现象，这样才能建立起团结友爱、平等互助的新型人际关系。为了在工作中更好地体现团结协作、顾全大局的原则，导游员必须具备较强的公共关系能力与组织协调能力，处理问题时，要相互理解、谅解，要相互支持不拆台，要与人为善。

（八）身心健康、好学向上

导游员既要向旅游者提供大量的讲解服务，又要向旅游者提供生活服务和安全服务，还要协调各方关系，面对各种各样的困难和问题，有时还面临气候、水土、饮食不习惯等考验。所以，导游员必须是一个身心健康的人。对于导游员来说，心理健康更为重要。导游员外出带团，往往承担着很大的精神压力，担心不能很好地完成带团任务，担心不能得到旅游者的认同，担心领队不会配合自己的工作，凡此种种，都可能成为导游员的心理负担。这就要求导游员能进行自我心理调适，化解或分散种种心理负担，保持良好的精神状态。

好学上进、积极向上既是旅游从业人员事业心的具体体现，又是导游员做好本职工作的关键。随着我国旅游事业的不断发展，旅游消费者对导游员的服务质量和服务水平的要求也越来越高，为此，导游员要加强学习，不断开拓进取，以广博的文化知识和熟练的服务技能来满足旅游者的不同需求。为了达到这一目标，每一位有责任感的导游员都要把掌握丰富的业务知识和高超的职业技能作为自己的职业道德的一部分，认真钻研导游业务，不断提高导游服务水平。

二、导游员的行为规范

我国旅游界不仅形成了适合我国国情和导游工作特点的导游员的职业道德，也形成了一套导游员的行为规范，即为约束导游员的行为而必须遵守的纪律和守则。

（一）忠于祖国，坚持“内外有别”的原则

导游员要严守国家机密，时时、事事以国家利益为重。导游员不得有损害国家利益和民族尊严的言行，不得擅自带领旅游者进入保密禁区和军事要地参观、游览。不得泄露旅游团收费细目，在旅游者面前，不谈论内部情况，在涉外场合，不携带内部文件。

（二）严格按规章制度办事，执行请示汇报制度

导游员应严格按照旅行社制订的接待计划，安排旅行、游览活动，不得擅自增加、减少旅游项目或者中止导游活动；在旅行、游览中，遇到有可能危及旅游者人身安全的紧急情形时，经征得多数旅游者的同意，可以调整或变更接待计划，但应当立即报告旅行社；在引导旅游者旅行、游览过程中，应将可能发生危及旅游者人身、财物安全的情况，向旅游者做出真实说明和明确警示，并按照旅行社的要求采取防止危害发生的措施。

（三）自觉遵纪守法

导游员应自觉执行“七不准”：

(1) 严禁嫖娼、赌博、吸毒，也不得索要或接受反动、黄色书刊画报及音像制品；

(2) 不得套汇、炒汇，也不得以任何形式向海外旅游者兑换、索取外汇；

(3) 不得向旅游者兜售物品或者购买旅游者的物品，不偷盗旅游者的财物；

(4) 不能欺骗、胁迫旅游者消费或者与经营者串通欺骗、胁迫旅游者消费；

(5) 不得以明示或暗示的方式向旅游者索要小费，不准因旅游者不给小费而拒绝提供服务；

(6) 不得收受向旅游者销售商品或提供服务的经营者的财物；

(7) 不得营私舞弊、假公济私。

（四）自尊自爱，不失人格、国格

(1) 不得“游而不导”，不擅离职守，不懒散松懈，不本位主义，不推诿责任；

(2) 要关心旅游者，不态度冷漠，不敷衍了事，不在紧要关头临阵脱逃；

(3) 不要与旅游者过分亲近;不介入旅游团内部的矛盾和纠纷,不在旅游者之间拨弄是非;对待旅游者要一视同仁,不厚此薄彼;

(4) 有权拒绝旅游者提出的侮辱其人格尊严或者违反其职业道德的不合理要求;

(5) 不得迎合个别旅游者的低级趣味和在讲解、介绍中掺杂庸俗下流的内容。

(五) 注意小节

(1) 不要随便单独去旅游者的房间,更不要单独去异性旅游者的房间;

(2) 不得携带自己的亲友随旅游团活动;

(3) 不与同性外国旅游团领队同住一室;

(4) 在必须饮酒时,饮酒量不要超过自己酒量的1/3。

【参考案例】

某旅行社一名女导游带团到外地旅游。由于该导游个性豪爽,又与团里客人相处不错,到临别前的一晚,几位客人请其到某酒家吃饭,导游员自恃酒量好,席间客人敬酒总是来者不拒,结果喝的酩酊大醉。几个旅游者扶着她出了酒家的门,让她一人先等一会儿,其他人负责去叫出租车。由于喝酒过量,该导游员已无法站稳,于是躺在了身旁一辆崭新的私家车上。恰好此时车主人从酒家走出来,看到这一幕,不由分说就找了个水桶将水劈头盖脸朝导游员身上泼去。导游员惊醒过来连忙走开,但迷信的车主还是觉得不够,又打了几次水在该导游员躺过的地方不断冲刷,场面非常尴尬。

分析:该案例中的女导游由于在饮酒方面没有加以节制,结果造成非常恶劣的影响。作为一名导游员,时刻不能忘记自己的身份,在各方面都应严格规范自己的行为,本案例实在是一个深刻的教训。

三、导游员的职业形象

导游员的职业形象是指导游员在导游服务中所呈现出来的与其从事的职业相匹配的外部特征,即导游员的仪容、仪表、仪态和礼节礼貌。导游员的职业形象不仅仅是个人行为,在宣传旅游目的地、传播精神文明等方面也起着重要的作用。

（一）仪容

容貌反映了一个人的精神面貌，对于导游员来说，容貌端庄是其从业的基本要求。因此，导游员应注重自己的容貌修饰，给旅游者留下较好的印象。

具体来说，导游员面容要保持光泽，女性可施淡妆，简约、清丽、素雅，具有鲜明的立体感，切忌浓妆艳抹。男性鼻毛要修短，要常刮脸，不要留胡须。导游员的头发要经常梳理，保持干净、清爽、卫生、整齐的状态；要选择恰当的发型，同自己的职业、脸型、身材、气质相协调，给旅游者以愉悦的美感。牙齿要保持洁净，要坚持早晚刷牙，饭后漱口；带团前最好不要吃葱、蒜、韭菜等有异味的食物，必要时可嚼口香糖来清除口腔异味。指甲要常修剪，保持指甲清洁，不要留长指甲，也不要涂过艳的指甲油。

（二）仪表

在旅游活动过程中，导游员的服饰也是旅游者审美的一部分。为此，导游员的衣着要整洁、大方、得体，和自己的年龄与身份相匹配，既讲究内在舒适，又讲究外在美观。

导游员的着装，一要整洁、卫生、干净、利索，给人一种朝气、文明的印象。衣服要常洗常换，尤其是衬衣的领口和袖口要保持清洁，袜子要常换，不要有异味。二要协调，要根据场合、地点、情境、身份、体形、肤色、季节等不同来穿衣服。导游员的夏装要透气吸水，但不能暴露过多，更不能太“透”，导游员的冬装要柔和保暖，不能过于臃肿。三要有风度，服装款式要符合自身的文化底蕴。因为不同的服装样式、线条和结构，组合起来会形成不同的风格，而风格与人的气质相关，表现为一定的风度。因此，导游员服饰不可太时髦和怪异，也没有必要太庄重。怪异和过度时髦的服饰在旅游者眼中不仅没有美感，还可能使旅游者产生反感。而导游员的穿着过于庄重，旅游者会感到不自在，拉大了导游员和旅游者之间的距离。同时，除必要的饰物，如手表、领带夹、项链、戒指外，导游员不宜佩戴耳环、手镯等饰物。

（三）仪态

仪态是指人的姿态，即人们日常行为中的姿势和风度。仪态是一种不说话的“语言”，它真实地反映了个人的素质、受教育水平及能够被人信任的程度。导游员具有良好的仪态，有利于赢得旅游者的信任和

尊重。仪态包括以下几个方面:

1. 站姿

导游员的站姿要挺拔笔直、舒展俊美、庄重大方、精力充沛、信心十足、积极向上。导游员在站立时身体重心要放在两脚之间,不能偏左或偏右;表情要自然,两眼平视,面带笑容;胸要微挺,腹略收缩,腰板挺直;双肩舒展,两臂自然下垂。应避免一些不良的站姿,如双手叉腰、横抱胸前、插入口袋,或探脖、塌腰、耸肩、弯腿、抖足,这会给旅游者造成一种傲慢或漫不经心的感觉。

2. 坐姿

导游员的坐态要给旅游者一种端正、优雅的感觉,其目的是为了表示对客人的尊重。要求上体自然挺直,两腿自然弯曲,双脚平落地上,臀部坐在椅子中央;两手放在膝上,或搭在扶手上,或相交于腹部前;胸微挺,腰伸直;目平视,面带笑容。男性坐下时,两膝可适度张开,以显示其自信、豁达;女性双膝应并拢,以显示其庄重、矜持。不论男性或女性,坐下时均不应前倾后仰、歪歪扭扭、高跷二郎腿。

3. 走姿

导游员在带领旅游者前行时应保持轻盈、稳健、自然、大方的步态。行走时,要保持上体正直,不低头,双臂自然前后摆动,肩部放松,步伐要适中均匀。侧身行走时,一面讲解,一面目光要注视旅游者,必要时可转过身来观察旅游者能否跟上。行走时切忌内八字和外八字,不能弯腰驼背、低头无神、摇头晃肩、扭腰摆臀、左顾右盼、步履蹒跚。

4. 手势

导游员可以依靠必要的手势语言来辅助导游讲解,以增加讲解的效果和魅力。导游员运用手势时要自信、明确,要与全身的动作相协调,不能僵硬、机械,缺乏热情。

一般认为,掌心向上的手势有诚恳、尊重他人的含义。因此,导游员在介绍某人、为某人引路指示方向、请人做某事时,应该掌心向上,以肘关节为轴,上身稍向前倾,动作要舒展,以示尊敬。同时,导游员在打招呼、致意、鼓掌时,要注意手势力度大小、速度快慢、时间长短。应该避免一些带有消极信号的手势,如打响指,用食指戳他人或自己的鼻尖,当众搔头皮、掏耳朵、抠鼻孔、剔牙、咬指甲、搓泥垢、修指甲、揉衣角等,这些不文雅的表现,会让人产生不信任感。

总之,导游员的仪态要给旅游者以精力充沛、精神饱满、落落大方、彬彬有礼之感,要以自己优美的举止赢得旅游者的信赖,令旅游者身心愉悦。

(四) 礼貌礼节

讲究礼貌礼节是社会文明的一种体现,也是社会对每一个公民的基本要求。导游员的工作是旅游服务行业的窗口岗位,更应以身作则,讲究礼貌礼节。具体地说,主要有以下几个方面:

1. 见面礼节

见面礼节包括介绍和自我介绍、握手、交换名片、拥抱、鞠躬、合掌等。

(1) 介绍和自我介绍。

介绍和自我介绍是人们交往的开端。在做自我介绍时要自信,切忌羞怯;要有自知之明,对自己做出正确的评价;要自谦,对自己的评价留有余地,不要自吹自擂。在介绍他人时要热情、客观,掌握分寸,同时掌握介绍的先后顺序,一般是先把男子介绍给女子,先把职位低的人介绍给职位高的人,先把年轻人介绍给长者,先把主人介绍给客人。

(2) 握手。

握手是较为常见的见面礼节形式。握手时行至距握手对象约1米处,双腿立正,上身略向前倾,伸出右手,四指并拢,拇指张开与对方相握,双目注视对方并微笑,说问候语或敬语。握手时应用力适度,上下稍许晃动三四次,随后松开,恢复原状。

握手同样要掌握先后顺序,一般主人、身份高者、年长者和女士应先伸手;朋友平辈间以先伸手为礼;男子与女子握手时,一般等女方先伸手,且只握一下女方的手指部分即可。

握手时切忌一脚站在门里,另一脚站在门外。握手时应目视对方,不要旁顾他人。多人同时握手时注意不要交叉,可等别人握完再伸手。不要在握手时将另外一只手插在衣袋里。不要在与人握手后,立即揩拭自己的手掌。

(3) 交换名片。

交换名片是现代人越来越常用的一种见面礼节。递名片时,要微笑着注视对方,双手或用右手将名片递给对方,名片的正面向上,名片上的文字正对对方。同时口头应有所表示,可以说“请多多关照”,或是先进行自我介绍。当他人表示要递名片给自己或交换名片时,应立即停止自己所做的一切事情,起身站立,面含微笑,目视对方。接受名片时,要用双手。换过名片后,当即用半分钟左右的时间,从头至尾将其认真默读一遍。接受他人名片时,应口头道谢,或使用谦词敬语,如"请您多关照",不可一言不发。

与多人交换名片要讲究先后次序,如由近而远,一定要依次进行,切勿挑三拣四,采用"跳跃式"。切勿用左手递交名片,也不得将名片背面面对对方或颠倒着面对对方。若接过他人名片后看也不看,或手头把玩,或装入衣袋,或交给他人,都算失礼。

(4)其他。

拥抱是欧美国家通行的见面形式,以表示亲热。拥抱的方法是右手扶住对方左后肩,左手扶在对方右后腰,以"左—右—左"交替的方式进行。一般礼节性的拥抱多用于同性之间。

鞠躬礼盛行于日本、朝鲜、韩国等东方国家,欧美国家较少采用。行鞠躬礼时需脱帽,呈立正姿势,两眼注视对方,面带微笑,上身前倾15—30度,而后恢复原状并致问候。平辈应还礼,长辈和上级欠身点头即算还礼。

合掌礼盛行于信奉佛教的南亚、东南亚国家,泰国尤盛。行礼时,两只手掌在胸前对合并微微上举,同时头微向前俯下。对年长者双手举得越高越有礼,但是手指尖不能超过额头。在对外交往中,当对方以这种礼节致礼时,我们也应以合掌礼还礼,但不宜主动向对方行此礼。

2. 交谈礼节

交谈是导游员和旅游者交往的一种普遍形式,一个人的教养和为人在交谈中会自然流露出来。导游员在与旅游者交谈时,态度要诚恳,表情自然大方,目光注视对方的眼睛,不要左顾右盼,不要时时看表。交谈的语言要文雅、得体,掌握好分寸,谦虚和赞语都不要过分。在与多人交谈时,不要只同一两个人说话而冷落在场的其他人。交谈中,要认真倾听客人讲话,不得随意打断,待客人讲完后再谈自己的意见。如要插话,应客气地提出并表示歉意。交谈过程中如有急事要离开时,应向客人表示歉意,并说明原因。

交谈时,交谈双方要视具体情况保持一定的空间距离,不同文化背景的人对此有不同的习惯。若与美国人交谈,必须保持60厘米左右的空间距离,这是他们认为最有分寸、最友好的空间;若与一名阿拉伯人谈话,就要小于这个距离,否则就会出现你往后退、他往前追的滑稽场面。此外,交谈时最好有一定的角度,两人可斜站对方侧面,形成 30 度角,避免正对。

交谈要选择双方感兴趣的话题,避免谈论容易引起争论或过于严肃的问题,如非特殊场合不要涉及疾病、死亡等不愉快的话题以及荒诞离奇、耸人听闻、黄色淫秽的事情;注意回避对方的隐私,一般不应问女士的年龄、婚姻、服饰价格,不应问男士履历、工资收入、家庭地址等私人问题;对方不愿意回答的问题不要刨根问底,一旦提出令对方反感的问题则应表示歉意或立即转移话题;与外国旅游者交谈时,要慎重考虑政治、民族、宗教等方面的问题;注意不谈论他人隐私,不议论第三者。

3. 赴宴礼节

宴请是常见的交际活动,也是旅游活动中常见的活动。在参加宴请时,导游员应注意遵循以下礼节要求:

(1) 自助餐。

自助餐形式活泼,不设固定席位,参加者可随意走动、站坐两便,不受拘束便于彼此自由交流。一般自助餐取菜时的先后顺序是:冷菜、汤、热菜、点心、甜品和水果,因此在取菜前,最好先在全场转一圈,了解一下情况,然后再去取菜。在就餐取菜时,要自觉地维持公共秩序,讲究先来后到,排队取菜,不允许乱挤、乱抢、乱加队,更不允许不排队。轮到自己取菜时,应用公用的餐具将食物装入自己的食盘之内,然后迅速离去。在根据个人的口味选取食物时,必须量力而行,一次不宜取太多食物,不够可再添加,切不可浪费。在用餐结束之后,应该对餐具稍加整理,或自觉地将餐具送至指定之处。在餐馆用完自助餐后,不能将食物带出餐馆。

(2) 中餐。

参加宴请时,应准时抵达宴会地点。抵达赴宴场所后,要主动向主人问好,如是节庆活动应表示祝贺。就座时应听从主人的安排,不可随意乱坐;不可玩弄餐桌上的酒杯、刀叉等餐具。落座之后,待主人招呼后方可进餐。

用餐时坐姿要端正,肘部不可放在桌沿,餐巾应放在膝上而不能挂在胸前,餐巾可用来擦嘴,但不能用来擦汗或擦鼻涕。握筷的姿势要规范，需要使用汤匙时，应将筷子放在筷架上。夹菜应从自己一端开始，如菜不慎掉在桌上，切不可再放回盘内。夹菜时，每次夹菜不要太多，偶尔可转盘，应注意是否有人正在夹菜。吃东西时不要咂嘴，以免发出怪声，也不要伸舌舔嘴。喝汤时不用嘴啜，以免发出声响，汤太热，可用汤匙轻轻搅，可待稍凉再饮，但不能用嘴吹，喝汤不能就着盆喝，而要用汤匙。用餐时吐出的骨头、鱼刺等应留在自己面前的小盘中，不能直接外吐，以免污染台布。在主人或宾客致辞、祝酒时，应暂停进餐，停止交谈，并注意倾听。在席间，不可只顾低着头吃，要尽量和左右邻座客人谈论一些愉快的话题，口中有食物时不应谈话。在宴会过程中一般不吸烟，除非主人请客人吸烟，敬烟时，应先敬长者和女士。女士不要在餐桌上化妆，饭后需化妆时应去洗手间。进餐时不要咳嗽、打喷嚏、擤鼻涕，如果不能控制，应用手帕或餐巾纸掩住口鼻，转过身，尽量压低声音，并向左右客人致歉。席间、饭后，不要当着大家的面剔牙，也不要边走边剔牙，不得已剔牙时，要用手或餐巾遮口。席间碰翻酒水、打碎或掉落餐具时，不要手忙脚乱，也不要自己处理，而应让侍者收拾、调换餐具，但要对邻座道声“对不起”。

宴会结束，主宾退席后其他宾客方可陆续告辞。宴会逗留时间不能太短，若确有事需提前退席时，应先与主人打招呼，届时悄悄离席。散席离开时，不必向众多宾客一一告别，但必须向男女主人辞别。

(3) 西餐。

用西餐时，要注意坐姿，身体应与餐桌之间保持适当距离，姿势端正。西餐的上菜顺序为：开胃酒和汤、鱼、水果、肉类、色拉和干酪、甜点、咖啡，没有必要全部都点，点太多吃不完反而失礼，前菜、主菜(鱼或肉择其一)加甜点是最恰当的组合。入席前每位客人面前放置餐巾，主要用来进食时避免弄脏衣服及用餐完毕擦手和嘴角。在重要礼节场合将餐巾放于胸前；在轻松场合将餐巾斜放于胸前的桌上，其中餐巾一角用自己的碗碟压住；一般场合放在膝上。主人拿起餐巾，这是进餐的信号，散席前收餐巾也以主人为先。

餐刀和汤匙应放在餐盘的右边，餐叉放在餐盘的左边，吃点心用的小匙放在前面，餐盘前还需放两个不同的玻璃杯，分别为斟红葡萄酒和白葡萄酒备置的，还要外加一个斟水的玻璃杯。用餐时右手拿刀左手拿叉，对摆在面前的刀叉，要从外向里取用，这样的顺序正是每道菜上桌的顺序。刀叉以八字形平摆在盘边,表示用餐尚未完毕;刀叉朝自己并列排放,表示应该撤盘。如是谈话,可以拿着刀叉,无须放下,但若需是做手势时,就应放下刀叉,千万不可手执刀叉在空中挥舞摇晃。

喝酒时,正确的握杯姿势是用大拇指、中指和食指握住杯脚,小指放在杯子的底台固定。喝酒时绝对不能吸着喝,而应倾斜酒杯,好像将酒放在舌头上似的喝。一饮而尽、边喝边透过酒杯看人、拿着酒杯边说话边喝酒、吃东西时喝酒、口红印在酒杯沿上等,都是失礼的行为。喝汤时,要由里向外舀起送入口中,避免出声,不能用嘴吹汤,不能端起汤盘来喝,也不能吸着喝。吃水果时,不要整个拿着吃,应先用水果刀切成小块状,去皮去核后再吃,香蕉剥皮后,用刀切成小块再吃。吃肉类时,用刀在盘内将食物割成一块块(大小应能以一口吃下为宜),用叉挑起适量食物,一次性放入口中,嘴唇只碰食物,不能咬叉,不能用刀挑起食物往嘴里送,也不能让刀叉在牙齿上或盘中发出声响。吃面条、通心粉之类的食物时,可用叉叉上,然后卷起送入口中,不可吸食。面包应切成小块放入口中,不应拿起整个面包啃嚼。喝咖啡时,不可用咖啡匙一勺一勺舀着喝,小匙只用来搅拌咖啡让糖溶化,喝的时候,咖啡匙应放在茶盘上而不能放在茶杯里,左手端盘右手拿杯。

4. 日常交往礼节

日常交往礼节是指导游员在日常活动中和旅游者交往时所应遵循的礼节,主要包括以下一些方面:

在迎接旅游者时,导游员应主动为旅游者拎拿行李,不过对旅游者手中的外套、提包或密码箱,则没有必要为之“代劳”。导游员引导旅游者上车时,应主动在外侧行走,请旅游者行走于内侧。在转弯处或有阶梯处,导游员要示意或提醒旅游者。旅游者上车时,导游员要恭候在车门旁,搀扶或协助老、弱、小旅游者上车。上车后,导游员应协助旅游者就座,待旅游者坐稳后,再检查一下行李架上的物品是否放稳。导游员在清点旅游者人数时,应礼貌地清点,不可用导游旗来回比画,也不可用手对着旅游者指指点点,而应采用默数,或右手自然垂下,用弯曲手指来记数。旅游者到齐坐稳后请司机开车,在司机发动车辆之前,导游员应再次提醒旅游者:“车就要开了,请您坐好,抓好扶手。”

在旅游车上讲话或讲解时,导游员应微笑着面对全体旅游者,不应始终把眼睛盯住一个地方或看着车顶。注意声音要悦耳，语调要有节奏，说话要清晰，尽可能使全体团员都能听到。调试车上扩音器音量时，不能用手拍扩音器，也不能用嘴吹扩音器，以免引起旅游者的不快。导游讲解时可适当做些手势，但动作不宜过大，不要用手指指人，更不要手舞足蹈。导游员讲解时不得抽烟。

出入无人控制的电梯时，导游员须先入后出，以操纵电梯；出入有人控制的电梯时，导游员则应后入先出。导游员进入旅游者房间，一般应事先电话约定，进门前按铃或敲门，不得擅自闯入。在旅游者房间内，不要触摸客人的行李物品和书籍等，不要随意借用客人的电话。

男性导游员要自觉遵守西方社会人际交往中"女士优先"的传统礼仪。在过道上相遇时，男士要为女士让道；两人同行，男士要走在外侧。上楼时，女前男后；下楼时，男前女后。进入电梯时，女士在前，男士在后；出电梯时，男士应让女士先行。进入室内时，男士应为女士开门，让女士先行。坐车时，男士要给女士开车门，让女士先上，男士则绕到另一侧的车门上车；下车时，男士先下，为女士打开车门，协助女士下车。女士入座时，男士要帮助其入座；女士起立离座时，男士要帮助把椅子先往后拉，待其离座后，再把椅子推回原位。与女士共餐时，让菜和敬酒都要先女后男；男士要吸烟，应征得女士的同意。

【参考案例】①

时逢暑假，南京某中学的马老师带领学生参观中山陵。由于当天最高温度达到了 36 ℃，马老师发现，为游客提供服务的导游员们穿着的衣服是"五花八门"，有长衫、有短裙……只见一位男导游，穿着露双臂的大背心和休闲裤，脚下穿着一双拖鞋，脖子上挂着一条毛巾，看起来像是街边卖西瓜的生意人，正滔滔不绝地向大家讲解呢。从这位男导游身边过去的游客，都不经意地回头看看，像是看一个"有吸引力的景点"。一些外国游客还停下脚步，拍下了照片。马老师发现在旁边还有一个女导游，一只手用小扇子扇着风，一只手打着太阳伞，身上穿的更是"通透"，一层薄纱下面的吊带小衫看得清清楚楚。没过几天，网络上就出现了"男导游不注重自身形象"的文章，还附上了那位赤膊导游的照片，点击

① 李娌、王哲，《导游服务案例精选解析》，13 页，北京，旅游教育出版社 2007

率位居前列。随后在整个行业掀起了一股争当文明导游员的热潮。

分析：导游员既是旅行社的代表，又是某地区甚至是国家形象的代表。在本案例中，导游员因不得体的装束引来外国游客对其驻足拍照，无疑是有损中国导游整体形象乃至国家形象的。在2006年10月黄金周到来之前，国家旅游局发起"提升中国公民旅游文明素质"的活动，因为此前在出境旅游中常会见到中国游客食用自助餐浪费、抢座、大声喧哗、衣冠不整、随地吐痰等现象，并引发了不小的争议。作为整个团队的核心人物，导游员首先应该以良好的个人形象出现在游客面前。

【复习思考题】

1. 按照工作范围分类，导游员可以分为哪几类？
2. 导游员如何进行角色定位？
3. 导游员的基本职责是什么？
4. 一名优秀的导游员应该具备哪些从业素质？

【案例讨论题】

小李从事导游工作以来，总是觉得自己提供的服务得不到客人的承认。比如住酒店，客人常会说："不怎么样嘛，还不如上次旅游时住的那一家呢！"带客人品尝风味餐，客人不说"吃得好"，而说"马马虎虎"。游览景点时，客人不说"这一次玩得很开心"，而说"上一次玩得很开心"，还常常会问："小李呀，还有什么地方我们没有玩到的？"有时候，小李为了能让客人感到满意，就主动与有关方面联系，联系的结果是，只要增加一点费用，就能让客人住上更好的酒店、品尝更好的风味、游览更多的景点……但是，一听到要增加额外费用，客人又不愿意了，并提出种种行不通的方案，让小李感到十分为难。小李真不明白，这些客人怎么这么不知足？

讨论：请运用本章所学知识，分析应该如何帮助小李走出这样的困惑。

【模拟操作题】

请收集国内外模范导游员或优秀导游员的先进事迹，组织讨论新时期的导游员应该具备的从业素质和精神风貌。

第二篇　实践操作篇

第三章　导游服务程序和规范

导游服务程序是导游服务标准化的具体实施过程，它为导游员的服务操作提供了可遵循的依据。导游员在服务过程中，必须按照国家和行业的规定为旅游者提供规范化的服务。本章从团体旅游和散客旅游两个角度介绍了导游服务的程序和规范，还介绍了导游服务规范化的必要性和导游服务集体的职责及协作方法。

【导入案例】

某旅行社导游员小高为同一单位的两批职工提供接待服务，两个旅游团分别于10月26日和11月2日到达。小高在10月26日22:30准时到达机场迎接了第一个团，并以周到的服务圆满地完成了接待任务。送走第一个团后，小高开始准备接待第二个团，他认为上周刚接的飞机，接机时间心中有数，于是就没有在接团前再次落实飞机抵达时间，想当然地准备22:30去机场接团。然而晚上21:00，他所在的旅行社接到了该团全陪的电话，称团队已于20:40抵达，机场所有客人都走光了，也没见到接团导游员。旅行社立即与小高联络，告知其旅游团正在机场等候，请马上到机场接团。待小高赶到机场时，已经是22:00。在机场等候了一个多小时的旅游团客人情绪非常激动，纷纷对导游员小高进行质问，并扬言要投诉。

经验丰富的导游员为什么漏接了旅游团？导游员应如何弥补这次服务的缺陷？我们应该如何规范自己的工作？这些问题将在下面的学习中得到解决。

第一节 导游服务规范的必要性

一、导游服务规范的含义

规范化又称为标准化，是确保服务型产品质量的前提和基础。导游服务作为典型的服务型产品，因为其独特的工作性质和特点，在具体接待中容易产生不确定性，因此，导游服务规范化显得尤为重要。

导游服务规范是由国家和(或)旅游行政主管部门制定并发布的导游员向旅游者提供服务的统一标准。它是国家对导游服务水准的标准化要求，是指导和督促导游员向旅游者提供服务的依据。具体地说，就是要规范导游员提供什么服务、向谁提供服务、何时提供服务、在何处提供服务、如何服务、为何服务和服务应达到什么要求。

为此，1995 年国家技术监督局发布了《导游服务质量》国家标准，1997 年国家旅游局又针对国内旅游服务中出现的问题，制定并发布了《旅行社国内旅游服务质量要求》的部门标准，规定了每个导游员向旅游者提供服务时必须达到的标准，是导游员应遵循的最基本的要求。导游员应该以此为基础，将规范化服务与个性化服务结合起来，向旅游者提供优质的服务。

二、导游服务规范的必要性

(一) 消除导游工作的随意性，保证接待质量

导游员流动性较大，导游服务随意性较强，导游服务水准往往受导游员的情绪和外界的影响而呈现不同程度的波动。即使是同一个导游员，在不同的时间和场合，对不同旅游者或旅游团所提供的导游服务也会表现出差异。讲解景点时，导游员心情好可能会多讲一些，不好时则会少讲一些；游览景点时，可能游逛一会儿匆匆离去，也可能磨蹭半天。因此，对导游接待过程做规范化、标准化的处理，就等于为导游员的服务树立一个标尺，符合这个标尺水准的导游服务才是合格的，这在一定程度上可以约束导游员的接待行为，减少导游工作的随意性。

(二) 指导导游活动的正常进行

导游服务国家标准和部门标准是在参考国际导游服务的基本做法和结合我国导游服务的实际情况下制定的，是具有权威性的能代表国

家导游服务水准和导游员职业形象的规范性文件。按照这两个文件的要求，规定导游员各接待环节的工作内容、顺序和标准，同时对导游员的穿着打扮、导游语言做出了相应的规范，具有指导性的作用，保证导游活动正常进行。

（三）规避风险的必要手段

从某种程度讲，规范就是规定，导游员按照规范做了，若出现问题，导游员是可以减轻责任或免除责任的。导游服务环节的规范化教会导游员该做什么、不该做什么、先做什么、后做什么，以及怎么去做等，可以最大限度地减少服务过程中出现的错误。因此，导游服务规范是导游员规避风险的必要手段。

第二节　导游服务集体

一、导游服务集体的任务

广义上的导游服务集体是指为旅游团队或旅游者服务的工作集体，由领队、全陪、地陪、司机、外勤、内勤等人员构成。服务集体中的领队、全陪、地陪、司机是前方工作人员，外勤、内勤是后方工作人员。

狭义上的导游服务集体是由全陪、地陪和领队构成，他们工作的好坏是旅游接待质量高低的决定性因素。

入出境旅游中，导游服务集体中的领队是旅游客源地组团旅行社的代表，全陪是旅游目的地组团旅行社的代表，地陪则是旅游目的地地接旅行社的代表。国内旅游中，领队多由旅游者代表充当（本书所述领队均为旅行社委派，而非旅游者），全陪是组团旅行社委派的导游员，地陪是地接旅行社委派的导游员。其中，地陪是导游服务集体的中心人物。

导游工作内容繁多，一次旅游活动只靠一名导游员很难做好服务，需由导游服务集体协同完成。导游服务集体的任务就是实施旅游接待计划，沟通旅游服务各方面关系，为旅游者提供或落实食、住、行、游、购、娱等方面的服务，保证旅游活动的顺利进行。

二、导游服务集体的协作

（一）导游服务集体成员间的关系

全陪、地陪和领队的密切协作至关重要，是顺利完成旅游计划，使旅游团愉快安全地旅游的重要条件，直接关系到导游工作的服务质量和接待效果。他们之间是合作共事、分工协作的关系。

首先，全陪、地陪和领队有共同的工作对象——同一团队的旅游者；其次，他们有共同的工作任务——执行该团队的旅游计划，为其安排落实各项旅游服务；最后，他们有共同的努力目标——组织好该团队旅游者的旅游活动，为其提供满意的服务。

旅游目的地的全陪、地陪和旅游客源地的领队之间的合作关系，实际上就是旅游目的地旅行社与旅游客源地旅行社之间的合作关系。在导游服务过程中，全陪、地陪和领队三者之间可能会遇到问题，出现矛盾和分歧，但是都必须以全面执行旅游企业之间、旅行社与旅游者之间签订的协议为原则，因为旅游协议书中的各项规定是全陪、地陪和领队应共同努力完成的任务，是他们合作共事、分工协作的基础。

（二）导游服务集体协作的方法

只有全陪、地陪和领队之间密切协作、共同努力，旅游活动才能顺利和谐地进行，良好的协作精神是组织好旅游活动，高质量地完成导游服务的前提。

1. 主动争取各方的配合

在向旅游团队提供导游服务时，全陪、地陪和领队各方都应主动争取其他两方的配合，使之形成合力，共同努力完成旅游接待任务，反对短期行为和本位主义。争取各方配合的主要途径是及时沟通信息、交流思想、团结互助，在求得意见一致的基础上协同行动。

2. 尊重各方的权限和利益

为旅游团队提供导游服务的三人虽然代表着三方的利益，工作也各有侧重，但关系是平等的。三者之间的配合应本着互惠互利的原则，统筹兼顾各方的利益，切忌无理干扰对方的活动，侵害他方的利益。

3. 建立友情关系

全陪、地陪和领队都应本着平等真诚的原则，运用公共关系中的工作关系（即理性关系）和情感关系（即人情关系）相统一的方法，建立起良好的理性的人情关系。同时，要把握好三者之间友情关系的尺度和距离，尊重彼此的隐私权，不涉及工作上的保密禁区。

4. 彼此尊重，相互学习，勇担责任

全陪、地陪和领队由于共同的任务聚合在一起，因此在工作中应本着相互尊重的原则，互相学习、取长补短、共同进步。工作中若出了问题或事故，都应从做好旅游团队服务工作的大局出发，在分析原因的基础上，分清责任，并勇于承担属于自己的责任，切忌相互指责和推诿。

【参考案例】

导游员小马是个从事导游工作时间不长的小伙子，一次，正值旅游旺季，他担任全陪带一个二十人的海外旅游团去黄山。依照计划，该团在黄山住某饭店，客房由黄山地方接待社代订。上山进了饭店，小马把旅游者安顿在大厅，就随地陪、领队来到总台拿客房。地陪刚报完团号，总台小姐就不好意思地说："对不起，今晚饭店客房非常紧张，原订十间客房只能给八间，有四个客人要睡加床，但明天就可以给十间客房了。"小马一看附近没有其他饭店，而索道已停开，下山找饭店也不可能了，转过身对地陪脱口说道："你们社怎么搞的，拿客房能力那么差！"地陪听了这话马上针尖对麦芒地回了一句："有本事，你们社可以自订啊，何必委托我们订房呢？"说完，地陪离开了总台，赌气地在大厅沙发上坐了下来。领队看到小马、地陪闹意见，也没多说什么，拿了八间客房的钥匙，把情况和旅游者解释了一下，然后态度诚恳地说："各位，情况就是这样，希望大家能相互体谅，也能帮我的忙。有愿意睡加床的客人请举手。"说完，领队自己先举起了手，跟着好几位旅游者都举起了手。就这样，领队轻而易举地解决了一个令小马恼火为难，又让地陪赌气的问题。

分析：导游服务集体三成员间的关系告诉我们，工作中若出现问题或事故，全陪、地陪和领队只有协作共事，才能摆脱困难，解决问题。本案例中的小马应该和地陪、领队紧密配合，商量解决问题的方法，埋怨、赌气不但无济于事，反而会加剧双方的矛盾，在工作中这种做法是绝对不可取的。

第三节 团体导游服务程序和规范

导游服务程序是指导游员从接受接待任务起，到送走旅游者(团)并做完善后工作为止的工作程序。

虽然领队、全陪、地陪服务程序和规范的侧重点有所不同，但在区域性"无障碍旅游"的推进过程中，旅行社为降低运营成本，减少接待周转环节，领队、全陪、地陪彼此的角色有时是互换的，其基本的服务环节及内容都是一样的。

一、服务准备

导游员从接到旅行社下发的接待任务开始，到前往接站地点之前，均为服务准备阶段。导游员应做好各项准备工作，做到心中有数，要能够掌握服务的主动权，这些是提供良好服务的重要前提。

（一）熟悉接待计划

接待计划是组团旅行社委托各地方接待旅行社组织落实旅游团活动的契约性安排，是导游员了解该团基本情况和安排活动日程的主要依据。导游员应在旅游团抵达之前，认真阅读接待计划和有关资料，详细、准确地了解旅游者（团）的服务项目和要求，重要事宜要做记录并弄清以下情况：

1. 组团社概况

组团社名称（计划签发单位）、组团社和接待社的业务关系状况、联络人姓名及电话号码；客源地组团社名称、国别、语种、旅游团名称、代号、电脑序号、收费标准和领队姓名。

2. 旅游团成员的基本情况

该团的人数、姓名、性别、年龄、民族、职业、宗教信仰、旅游目的等。

3. 该团的全程旅游路线、入出境地点

4. 所乘交通工具情况

该团抵达或离开本地时所乘飞机（火车、轮船）的班次、时间和机场（车站、码头）的名称。

5. 交通票据的情况

（1）该团去下一站的交通票据是否已按计划订妥，有无变更及更改后的落实情况；

（2）有无返程票；

（3）有无国内段国际机票；

（4）出境机票的票种（OK 票还是 OPEN 票）。

6. 掌握特殊要求和注意事项

（1）该团在用餐、住房、用车、游览等方面是否有特殊要求；

（2）该团是否有老、弱、病、残等需要特殊服务的旅游者；

(3) 该团是否要求有关方面负责人出面迎送、会见或宴请;

(4) 该团的旅游线路中有无需要办理通行证的地区,如有则需要提前办好相关手续。

(二) 落实接待事宜

导游员在旅游团抵达的前一天,应与各有关部门或人员落实旅游团的交通、食宿、行李运输等事宜。

1. 落实接待车辆

(1) 与汽车公司调度员和接团司机联络,记住司机名字、电话、车型、车号;

(2) 确定与司机的接头地点、时间;

(3) 接大型旅游团时,车上应贴编号或醒目的标记。

2. 落实住房与用餐

(1) 熟悉旅游团所住饭店的位置、概况、服务设施和服务项目;

(2) 核实该团客人所住房间的数目、级别,是否含早餐(是西式早餐还是中式早餐)等;

(3) 与各有关餐厅联系,确认该团日程表上安排的每一次用餐的情况:团号、人数、餐饮标准、日期、特殊要求等。

3. 掌握联系电话

导游员应备齐有关旅行社各部门、餐厅、饭店、车队、剧院、购物商店、组团人员、行李员和其他导游员的通讯联络方式及号码,并随身携带。检查自己的手机是否正常好用,电力是否充足,以保证与有关单位的联系畅通。

4. 落实游览事宜

(1) 对不熟悉的景点应事先了解有关情况,包括景点开放时间、游览最佳路线、游览所需时间、厕所位置、停车场位置、车辆途中行驶时间、途经风光等。

(2) 对旅游团在游览中的特殊要求提前与景点方面联络。例如,宗教团体需在某寺庙从事法事活动;夏令营团队需在某景点举行开营、闭营及其他仪式活动;红色之旅需在纪念地活动等。

(三) 物质准备

1. 个人工作必备物品

导游员应准备好在工作中需要的有关物品,除接待计划与派团单、结算单、现金、导游证(胸卡)、导游旗、接站牌外,还应备带喇叭、导游图、旅游车标志、名片、记事本,有时还要准备洗漱工具、旅行帽、衣服、雨具等物品。领队还要带上领队证、护照、(团队)签证、团队名单、机票等。

2. 旅游团需要的物品

因团队要求不同,准备物品也不完全相同,主要有:发放给旅游者的旅游资料;需要为残疾人预备的轮椅、拐杖;供应范围内的饮用水、水果、小食品;探险旅游团所需的帐篷、防寒衣物、防雨用具及有关工具;佛教团队所需的供品、鲜花;应不时之需的手电筒、手机充电变压器等物品。

(四) 语言和知识准备

(1) 根据接待计划确定的参观游览项目,对应翻译的内容做好准备,对重点内容准备好介绍资料;

(2) 接待有专业要求的团队,要做好相关专业知识、词汇的准备;

(3) 对当前热门话题、国内外重大新闻等旅游者可能感兴趣的话题做好相应准备。

(五) 心理准备

1. 准备面临艰苦复杂的工作

在做准备工作时,导游员不仅要考虑按照常规的工作程序如何为旅游者提供热情的服务,还要考虑如何为特殊旅游者提供个性化的服务,以及如何处理在接待工作中发生的问题或事故。有了这些方面的心理准备,导游员才会做到遇事不慌,遇到问题也能迅速妥善地解决。

2. 准备承受抱怨和投诉

导游员的工作繁杂辛苦,有时还会遇到这样的情况:导游员已尽职尽责、尽其所能为旅游者提供服务,但还有一些旅游者挑剔、抱怨、指责导游员的工作,甚至提出投诉。对于这种情况,导游员也要有足够的心理准备,冷静、沉着地面对和处理,无怨无悔地为旅游者服务。

二、迎接服务

迎接服务是导游员的初次亮相,应给旅游者留下良好的第一印象。对此,在迎接过程中,导游员应及时、热情、友好地接待旅游者(团),让他们了解在当地参观游览活动的概况。

(一) 旅游团抵达前的服务安排

1. 确认旅游团所乘交通工具抵达的准确时间

接团当天,地陪应提前到旅行社全面检查准备工作的落实情况。出发前,要向机场(车站、码头)问讯处问清飞机(火车、轮船)到达的准确时间(一般情况下应在飞机抵达的预定时间前 2 小时,火车、轮船到达的预定时间前 1 小时向问讯处询问)。

2. 与旅游车司机联系

通知司机出发的时间,确定接头地点。在接站途中,导游员应详细告知司机该团的日程安排。接大型旅游团时,导游员应将所领的旅游车编号或标志交给司机,请其贴在旅游车上。

3. 提前抵达迎接地点

地陪应提前半个小时抵达接站地,找好停车位置,记清车号。

4. 再次核实旅游团抵达的准确时间

5. 持接站标志迎候旅游团

旅游团所乘飞机(火车、轮船)抵达后,导游员应在旅游团出站前,举导游旗(保持旗面面向旅游者)或接站牌站立在出站口醒目的位置,热情迎候旅游团。接站牌上要写清团名、领队姓名或全陪姓名,接小型旅游团或无领队、全陪的旅游团时要写上客人姓名。

(二) 旅游团抵达后的服务

1. 认找旅游团

旅游者出站时,导游员应尽快找到旅游团,认找的办法是:站在明显的位置举起接站牌,以便领队、全陪(或客人)前来联系;同时地陪应主动地从旅游者的民族特征、衣着,组团社的标志、徽记等分析判断或上前委婉询问,主动认找自己的团队。

地陪应问清该团来自哪个国家(地区)、客源地组团社名称、领队及全陪姓名等。如该团无领队和全陪,地陪应与该团成员核对团名、国别(地区)及团员姓名、人数等,确定是否为自己应接的旅游团,防止错接事故发生。

【参考案例】①

一台湾旅游团一行 26 人从广州飞至西安,旅游团出站后一直不见导游员来迎接,全团只好在出站口等候。30 分钟过后,见一年轻姑娘急匆

① 马树生、许萍,《模拟导游》,第 9 页,北京,旅游教育出版社 2004 年

匆地跑到旅游团前,将导游旗展开,气喘吁吁地与全陪接洽,并不时地向旅游者道歉。事后,这位导游员向全陪说明了原因:她很早就来到机场等候接团。当旅游者纷纷出站时,她迎上去向一台湾旅游团询问:你们是台湾的旅游者吗?你们是乘广州来的飞机吗?你们是26个人吗?问题的回答都是肯定的,于是她便带领客人登车。当到停车场准备登车时,她发现有一部分旅游者跟着另一位导游员走向了另一辆旅游车。经过认真询问,才知道接错了旅游团,这才又从停车场跑回出站口,造成了接团的延误。

分析:看似偶然的巧合,实际上存在着必然的结果。尤其是在旅游旺季,在客流量较大的航空港,同时出站的旅游者会有多个来自相同国家和地区的旅游团,仅仅凭客源地和人数判断是不是应接的旅游团是不够的。这位导游员犯了确认旅游团方法过于简单的错误,几乎造成错接。因此,在接站时,认找旅游团一定要认真、谨慎、细致。

2. 核对人数

导游员接到团后,要立即与领队或全陪核对实到人数。如出现人数增加或减少,要及时通知接待社的有关部门。

3. 集中清点行李

在核实人数后,导游员要协助本团旅游者将行李集中放在比较宽敞、安全的地方,并提醒旅游者检查行李有无破损。

4. 集合登车

(1) 导游员提醒客人带齐手提行李和随身物品,引导旅游者前往乘车处。客人上车时,要面带微笑恭候在车门旁,搀扶或协助客人上车,尤其要对年老体弱者、孕妇、儿童、残疾人给予特殊的照顾,并借此机会向每一位旅游者问好,熟悉旅游者的面孔。

(2) 上车后,应协助旅游者就座,检查一下旅游者放在行李架上的物品是否稳当,礼貌地清点人数,人员到齐坐稳后请司机开车。

(三) 赴饭店途中服务

赴饭店途中服务是指旅游者从接站地点至下榻饭店之间的沿途导游服务。在这段行程的服务中,导游员讲解时要面带微笑,声音柔和甜美,音量以使用话筒后旅游者能听清为宜。如果旅游车的车型允许,导游员宜采取面向旅游者的站立姿势(两腿稍稍分开,上身自然挺拔),位置应选在车厢前部靠近司机,全体旅游者都能看到的地方。

1. 致欢迎辞

欢迎辞内容应视旅游团的性质及其成员的文化水平、职业、年龄及居住地区等情况而有所不同，但一般应包括以下内容：代表所在接待社、本人及司机欢迎客人光临本地；介绍自己的姓名及所属单位；介绍司机；表示提供服务的诚挚愿望；预祝旅游愉快顺利。

例如：尊敬的各位领导，辛苦了！首先我代表××旅行社欢迎大家光临宝岛台湾！我是导游员×××，今天非常高兴和大家一起游览台北"故宫博物院"、士林官邸、台北101观景台、士林夜市等景点，晚上我们会住在北投温泉酒店。为我们开车的马师傅，已经有十几年的驾车经验了，技术十分娴熟。咱们中国人有句老话叫做"有朋自远方来，不亦乐乎"，我和马师傅有缘和大家认识，真是感到十分荣幸。在未来的几天里，各位如果有需要服务和帮助的，请尽管提出来，我和马师傅将竭尽所能。我们衷心希望各位在台湾玩得开心愉快！

有时，在致欢迎辞时，还要告诉客人自己的联系方式和接待车辆的车牌号，说明从车站到饭店的行车时间，提醒旅游活动中的注意事项。例如，上车之后座位尽可能固定下来；车辆行驶时不要将头和手伸出窗外；务必妥善保管好自己的随身物品和贵重物品；要有时间观念等。

规范式的欢迎辞，中规中矩，浅显直白，但在实践操作中往往显得过于平淡单调，且各地千篇一律。因此，致欢迎辞时应在此基础上，结合所接旅游者的特点和心理，采取有特色的形式，体现出对旅游者的尊敬之情、关切之意并突出游览目的的要义。但要注意的是，欢迎辞不能故弄玄虚，例如："各位朋友，今天我们将要游览的是一处独具特色的旅游景点，它位于北京城的中心，殿宇千门万户，楼阁巍峨庄严，红墙黄瓦，金碧辉煌，素有'金色的宫殿之海'的美称。您一定猜到了，这就是驰名中外的故宫博物院。"这一段云山雾罩地绕着弯子请旅游者猜测是什么地方的解说，不仅显得多余，还可能会使旅游者反感。

2. 调整时间

接入境旅游团或带出境旅游团时，导游员要介绍两国(两地)的时差，请旅游者调整好时间。

3. 首次沿途导游

首次沿途导游是导游员在机场(车站、码头)接到旅游团后前往饭店途中的第一次导游讲解。旅游者初到一地，一般什么都想问，什么都想知道，导游员应选择旅游者最感兴趣、最急于了解的事物进行讲解，以满足旅游者的求知欲和好奇心。

(1) 风光导游。

导游员做沿途风光导游时，要以所见事物为介绍内容，见人说人，见物说物，讲解的内容与旅游者的观赏同步。同时，对沿途的所见景点应该取舍得当，平淡无奇的不讲、旅游者忌讳的不讲、看不清楚的不讲、有损当地形象的不讲，要讲那些旅游者感兴趣的、能体现当地特色的、具有标志性意义的内容。总之，沿途风光导游讲解的内容没有固定模式，贵在灵活，要时机恰当、反应敏锐、指示明确、语言精练。

(2) 城市概况介绍。

导游员向旅游者介绍当地的概况，包括历史沿革、行政区划、人口、气候、社会生活、文化传统、土特产品等。城市概况介绍是在风光导游基础之上的进一步发挥和延伸，一般可采取借题发挥的方式，如从路边的行道树、花卉引入本地的气候特点，从宽阔的街道引出城市改造的总体规划，从一尊历史人物的塑像联系本地历史沿革等话题。城市概况介绍要根据旅游者的反应灵活掌握，不能抓住某个话题一直讲到底，要做到放得开，收得住。

(3) 介绍下榻饭店。

导游员应向旅游者介绍该团所住饭店的基本情况：饭店的名称、位置、距机场(车站、码头)的距离、星级、规模、主要设施和设备及其使用方法、入住手续等。(这部分内容导游员可根据路途距离和时间长短酌情删减或在“入店服务”时向旅游者介绍)

在介绍饭店时，导游员要突出下榻饭店的特点。例如，老饭店具有历史悠久、牌子响亮、服务规范等特色，新饭店具有设备齐全、装潢考究、虽不知名但住起来实惠舒适等特色；闹市区的饭店交通方便、商铺集中、夜生活丰富，是自由活动好去处，僻静区的饭店闹中取静、环境幽雅、空气清新，是休闲度假的最好选择。其他如依山傍水、风景独特，有异国情调、民族风格，甚至连早餐品种丰富、电视频道较多等都可以成为饭店的优势条件。

4. 宣布集合地点及停车地点

旅游车驶至下榻饭店，导游员应在旅游者下车前向全体成员讲清车牌号码、停车地点和集合时间,并请其记住。

三、入店服务

导游员应在旅游者抵达饭店后尽快办理好入住手续,让旅游者及时了解饭店的基本情况和住店注意事项,熟悉当天或第二天的活动安排。

(一) 协助办理住店手续

旅游团抵达饭店后,导游员要协助领队或全陪办理住店登记手续,并请领队分发房间钥匙或房卡。导游员要记住领队、全陪和团员的房号,并将自己的联系办法如房间号、电话号码告诉领队或全陪,以便有事尽快联系。

(二) 介绍饭店设施

如果机场(车站、码头)距饭店很近,途中来不及介绍下榻饭店的情况,旅游者到达饭店后,导游员应予以弥补。此时,由于身处饭店,可用手指点主要设施的方位,如饭店内的外币兑换处、中西餐厅、娱乐场所、商品部、电梯、公共洗手间等设施的位置,并讲清住店注意事项。

(三) 提供旅游者入住后的服务

旅游者进入房间后,不等于一切都好了。有责任心的导游员,会在饭店停留半小时,或告诉客人自己所住的房间号,有事可找他解决,防止发生如打不开门、房间未打扫、有异味、空调失灵、卫生间用品配备不齐、浴室无热水、水龙头漏水、房间不达标等意外问题,有时还可能出现旅游者要求调换房间等要求,这时,导游员应及时与饭店有关部门联系,尽快予以解决。

【参考案例】

经过一路颠簸,小蔡的旅游团总算到了下榻的饭店,然而旅游者进入客房不久,就有几位跑来抱怨,这个说客房冷气不足,那个说客房没热水,还有的说客房太潮湿,纷纷要求换房。因为当时是旅游旺季,要换房间困难比较大,所以小蔡先到有问题的几间客房查看情况,发现冷气不够是因为刚进客房,冷气才打开,且温度开关没有调到位;没有热水是因为热水龙头坏了;而客房潮湿则是因为这间房紧挨山崖。小蔡赶紧通知饭店工程部来检修房间的空调和水龙头,然后与饭店销售部协商调换旅游者的潮湿房间，销售部人员在小蔡的一再要求下，终于让旅游者换了客房，问题得以圆满解决。

分析：在旅游者入住酒店后，导游员要积极协助旅游者解决遇到的各种问题，这不仅是导游员的职责所在，也是考验导游员处理问题和与人打交道的能力。

（四）带领旅游团用好第一餐

旅游者进入房间之前，导游员要向客人介绍饭店的就餐形式、地点、时间及餐饮的有关规定。客人到餐厅用第一餐时，地陪应主动引进，并将领队介绍给餐厅经理或主管服务员，告知旅游团的特殊要求。

（五）宣布当日或次日的活动安排

导游员应向全团宣布当天和第二天的活动安排，集合的时间、地点。

（六）安排叫早服务

导游员在结束当天活动离开饭店之前，应与领队商量第二天的叫早时间及用餐时间，并请领队通知全团。导游员应通知饭店总服务台或楼层服务台安排叫早。

四、核对、商定日程

旅游团开始游览之前，导游员应与领队、全陪或旅游者核对、商定活动日程。

核对、商定日程是旅游团抵达后的一项重要工作，它标志着旅游团与地陪实质性合作的开始。核对日程是面向绝大多数旅游团队和散客旅游者的，因为旅游团在一地的参观游览内容一般已明确规定在旅游协议书上，而且在旅游团到达前，旅行社已经安排好该团在当地的活动日程，导游员只需核对日程即可；而商定日程只针对特种旅游团（如学术团、记者团、专业团、旅行家团）、重点旅游团（旅行社代理人旅游团）等。

在核对日程时，针对出现的不同情况，地陪要采取相应的措施。

1. 地陪接待计划中旅游行程与旅游者或全陪、领队手中的行程出现不同

(1) 地陪应与旅行社联系，告之情况，请求核实；

(2) 在征求旅行社的意见后，进行调整。

2. 旅游者提出小的修改意见或要求增加新的游览项目

(1) 及时向旅行社有关部门反映，对合理而可能满足的项目应尽力安排；

(2) 如需增加费用，要向领队或旅游者事先说明，按有关规定收取费用；

(3) 对确有困难无法满足的要求，要详细解释原因，耐心说服，指出其可能带来的不良后果。

3. 旅游者提出的要求与原日程不符且又涉及接待规格

(1) 一般应婉言拒绝，并说明导游员不便单方面不执行合同；

(2) 如有特殊理由，并由领队提出时，地陪要请示接团社的有关部门，视情况而定。

导游员在核对、商定日程时，必须做到心中有数。对调整后的日程，导游员要有充分的预见和足够的准备。对于重大的日程调整，一定要经组团社与地接社的同意，变更及调整的项目或计划要由领队及地接社业务人员或授权导游员签字确认。涉及新产生的费用要与领队和旅游者认真协商或按有关规定予以确认。

【参考案例】①

北京某旅行社导游员小夏担任一新加坡旅游团的地陪。旅游团到了饭店后，小夏就和领队商谈日程安排。在商谈过程中，小夏发现领队手中计划表上的游览点与自己接待任务书上所确定的游览景点基本一致，只是领队的计划表上写得更详细，细致到每个景区的每个景点，而小夏的计划只是把每个景区最著名的景点标注上，小夏心想新加坡的团队做得真细致。在游览颐和园时，小夏按计划买了普通门票(颐和园分为普通门票和联票，联票包括苏州街、德和园等景点)。小夏带领游客游览到了苏州街，让游客在外面留影，这时领队却提出他们的计划里颐和园的景点包括苏州街，且坚持要按他手上的景点来安排行程。为了让领队和游客没有意见，小夏答应了。游览结束后，领队和游客都较满意，但小夏回旅行社报账时却被经理狠狠地批评了一顿，并责令他赔

① 孔永生，《导游细微服务》，37页，北京，中国旅游出版社 2007

偿这个景点的门票费用。

分析:旅行社计划单上的游览景点与游客手中计划书上的景点不符,这种情况的出现,基本上有两种原因:一是双方在沟通的过程中发生了误会,二是对方旅行社为掩盖其克扣游客费用的行为而采取的一种不正当的手段。导游员碰到这类问题时,必须弄清事实,否则会给旅行社或者游客带来损失。处理的步骤是:第一,应在第一时间与旅行社联系,请计调指示应按哪份计划实施接待;如确认按我方旅行社计划单上所规定的景点游览,则除了重点游览、讲解规定景点外,还应尽量能让游客看到没有安排的那些景点,并做必要的指点和讲解。第二,如果游客愿意自费游览没有安排的景点,在收取费用后,应予满足。

五、参观游览服务

参观游览是旅游者旅游活动的核心内容,也是导游服务的中心环节。因此,导游员应认真准备、精心策划、热情服务、生动讲解,保证参观游览全过程安全、顺利,使旅游者详细了解参观游览对象的特色、历史背景等内容。这阶段的工作以地陪为主,领队、全陪做好配合工作。

(一) 出发前的准备

1. 提前10分钟到达出发地点

提前到达不仅是为了在时间上留有余地、以身作则遵守时间、应付紧急突发的事件,也是为了礼貌地招呼早到的旅游者,询问旅游者的意见和建议,同时有一些工作必须在出发前完成。

【参考案例】

小杨从旅游学院毕业后,分配到旅行社从事导游工作。有一次,他担任地陪接了一个旅游团,和旅游者商定早上八点在饭店集合。从家里到饭店平时乘车最多二十分钟就能抵达,早上七点半,小杨乘公交车赶往旅游者下榻的饭店,然而途中正好碰上了堵车,当时正是上班高峰期,大家都急着赶时间,自行车、汽车全然没有了秩序,越是没有秩序,就越混乱,待交通警察赶来把道路疏通,这时已过了八点。小杨比原定集合时间晚到了十多分钟,只见等候在大厅里的旅游者个个脸露不悦,有的旅游者甚至扬言要投诉他。

分析：导游员带任何一个旅游团，都要守时，绝不能迟到，这是导游员起码的素养。本案例中，小杨应该预料到早高峰的情况，留出充裕的时间赶往饭店。当然，如果因为不可预见的因素而迟到了，则应该诚恳地向旅游者表示道歉，如实地说明前因后果，以求得旅游者的谅解，并在以后的工作中更加努力，将功补过。

2. 站立车旁，礼迎旅游者上车

3. 核实、清点实到人数

若发现有旅游者未到，地陪应向领队或其他旅游者问明原因，设法及时找到；若有的旅游者愿意留在饭店或不随团活动，地陪要问清情况并妥善安排，必要时告知饭店有关部门；若有人生病，一定要告诉后勤人员派专人去照顾，待游览归来，去探望一下为好。

4. 提醒注意事项

地陪要向旅游者预报当日天气、游览点的地形、行走路线的长短等情况，必要时提醒旅游者带好衣服、雨具、鞋子等。假如是去郊外山区，还须告诉旅游者山区气温，提醒大家加衣服、穿胶底鞋或旅游鞋等。这些提醒工作看起来是小事，但会使旅游者感到地陪服务的周到细致，也能减少或避免旅游者生病、扭伤、摔伤等问题的发生。

5. 开车前，要再次清点人数

（二）途中导游

1. 重申当日活动安排

开车后，地陪要向旅游者重申当日活动安排，包括午、晚餐的时间和地点；向旅游者说明到达游览参观点途中所需的时间；视情况介绍当日国内外重要新闻等。导游员应当天天看报，听广播，了解国内外大事，把重大新闻，特别是来自客人所在国家的新闻向旅游者报告。实践证明，客人对每天的“车上新闻”是非常感兴趣的。

2. 风光导游

在前往景点的途中，地陪应选择时机向旅游者介绍目的地的风土人情、沿途景观，回答旅游者提出的问题。介绍沿途景观时，车速不能太快，要注意车外景物与车内介绍的一致性。

3. 介绍游览景点

抵达景点前，地陪应向旅游者介绍该景点的简要情况，尤其是景点的历史价值和特色。讲解要简明扼要，目的是为满足旅游者想事先了解有关知识的愿望，激发其游览景点的兴趣，同时可节省到目的地后的讲解时间。

4. 活跃气氛

如旅途较长，可以讨论一些旅游者感兴趣的话题，或组织适当的娱乐活动来活跃气氛。例如，唱歌、讲故事、学说地方话、猜谜语、讨论问题等互动式的娱乐活动。

【补充材料】①

唱歌在导游的带团活动中十分重要，如果导游能感情充沛、高歌一曲，无疑会给游客的旅游经历增添精彩的一笔。不管导游的嗓子是否真能唱歌，准备一两首歌还是很有必要的。能不能唱是一回事，肯不肯唱是另一回事。导游可以唱一些民歌，可以唱旅游目的地的民歌，也可以唱游客家乡的民歌，还可以唱导游自己家乡的民歌小调。现将各地民歌的歌名列举如下：

——《北国之春》、《四季歌》、《铃儿响叮当》、《三套车》、《喀秋莎》、《莫斯科郊外的晚上》、《军港之夜》、《乌苏里船歌》、《我爱你塞北的雪》、《太阳岛上》、《一条大河》、《松花江上》、《白桦林》。

——《长城谣》、《九九艳阳天》、《北京的金山上》、《孟姜女》、《黄河黄》、《黄河流》、《爱江山更爱美人》、《牡丹之歌》、《长城长》。

——《蒙古人》、《草原上升起不落的太阳》、《草原恋》、《草原之夜》、《美丽的草原我的家》、《牧歌》、《敖包相会》、《马儿啊你慢些走》、《马铃儿响来玉鸟唱》、《草原牧歌》。

——《吐鲁番的葡萄熟了》、《花儿为什么这样红》、《掀起你的盖头来》、《阿拉木罕》、《边疆处处赛江南》、《冰山上的雪莲》、《新疆好》、《达坂城的姑娘》、《克拉玛依之歌》。

——《青藏高原》、《珠穆朗玛》、《走进西藏》、《金瓶似的小山》、《翻身农奴把歌唱》。

——《走西口》、《人说山西好风光》、《南泥湾》、《信天游》、《黄土高坡》、《梦驼铃》、《半个月亮爬上来》、《山丹丹开花红艳艳》、《谁不说俺家

① 黎泉，《导游趣味讲解资料库》，295页，北京，中国旅游出版社2005。

乡好》、《兰花花》、《沂蒙山小调》、《妹妹找哥泪花流》、《月亮走我也走》、《牧羊曲》、《青海青》、《绣荷包》、《绣金匾》。

——《东方红》、《十送红军》、《一条大河》、《毛主席的光辉》、《浏阳河》、《映山红》、《小小竹排》、《唱支山歌给党听》、《古丈茶歌》、《霸王别姬》、《龙船调》、《在那桃花盛开的地方》、《世外桃源》。

——《弯弯的月亮》、《采红菱》、《凤阳花鼓》、《茉莉花》、《采蘑菇的小姑娘》、《洪湖水浪打浪》、《太湖美》、《上海滩》、《莫愁湖》、《天仙配》。

——《乡情》(昭君故里)、《康定情歌》、《辣妹子》、《下四川》、《飞越大渡河》、《长征组歌》、《长江之歌》、《神奇的九寨》、《太阳出来喜洋洋》。

——《大地飞歌》、《八月桂花遍地开》、《我要去桂林》、《渔光曲》、《深深的海洋》、《纷飞燕》、《帝女花》、《七子之歌》、《走进虎门》、《东莞大道》。

——《思乡曲》、《蝴蝶泉边》、《小河淌水》、《月光下的凤尾竹》。

——《采槟榔》、《请到天涯海角来》、《红色娘子军》、《万泉河》、《南海姑娘》。

——《阿里山的姑娘》、《外婆的澎湖湾》、《乡愁四韵》、《雨中即景》、《爱拼才会赢》。

导游在接团时可以唱的歌有:《请跟我来》、《小城故事》、《我一见你就笑》;在送团时可以唱的歌有:《好人一生平安》、《祝你平安》、《友谊之光》、《送别》、《思念总在分手后》、《祝你一路顺风》、《千万不要把我来忘怀》。

(三) 景点导游、讲解

1. 交代游览注意事项

(1) 抵达景点时,地陪要讲清参观游览所需的时间和结束后集合的地点,下车前提醒旅游者记住旅行车的型号、颜色、标志、车号和停车地点、开车的时间。若下车与上车不在同一地点,导游员更应提醒旅游者注意。

(2) 在景点示意图前,地陪应讲明游览路线,并对景点作一概括性介绍,如景点的历史背景或自然成因、景点的规模和主要特色、各景观的名称与含义等,使旅游者对景点有一个大概印象。

(3) 地陪还应向旅游者讲明游览参观过程中的有关注意事项,如安全、环境保护、文物保护、禁止拍照、禁止吸烟、不要走散等事项。

【参考案例】①

西安某旅游团前往桂林旅游。在阳朔大榕树旁(相传这是刘三姐抛绣球定亲的地方),几位旅游者被所谓的“少数民族姑娘”强行戴上荷包绣球,举行“拜堂成亲”的游戏,末了不仅要付出寓意吉利的49元钱,而且还要付给“新娘”小费。虽然地陪进行多方协调,但几位旅游者最后还是被迫拿出了七八十元。

分析:导游员应该具备超前的服务意识,在旅游团去之前,应提醒旅游者一些景点周围的欺诈行为,让旅游者不要轻易上当受骗。本案例中的导游员,在看到部分旅游者被迫参与“成亲”活动时,应及时制止,讲清利害关系。在事件发生后,导游员则应及时与景区管理人员联系,使旅游者的损失减少到最低限度。

2. 游览中的导游讲解

抵达景点后,地陪应对景点进行讲解。讲解内容应繁简适度,包括该景点的历史背景、特色、地位、价值等方面的内容,还可以介绍传说典故,以增加趣味性。导游员有时还要多讲一些书上没有的内容,这样会引起旅游者的兴趣。总之,导游讲解语言要生动流畅,内容要知识性、趣味性兼顾。

这里还应强调一下,导游员应当宣布照相时间。有时旅游者不跟导游员走,是担心没有照相时间,因为照相得选角度,很费时间。所以导游员应当让客人先听讲解,再留时间摄影,或者索性先让客人照个够,再集中起来听讲解。

在景点导游的过程中,地陪应保证在计划的时间与费用内,旅游者能充分地游览、观赏景点,做到讲解与引导相结合,适当集中与分散相结合,劳逸适度,并应特别关照老弱病残的旅游者。

3. 留意旅游者的动向,防止旅游者走失

在景点导游过程中,地陪应注意旅游者的安全,并自始至终与旅游者在一起活动;注意旅游者的动向并观察周围的环境,和全陪、领队密

① 张红、李天顺,《旅行社经营管理实例评析》,88页,天津,南开大学出版社 2000

切配合并随时清点人数，防止旅游者走失和意外事件的发生；游览中应多加注意并提醒旅游者提高警惕防止小偷行窃，对有人强行向旅游团兜售物品的行为应提前提醒旅游者。

（四）参观活动

这里所说的参观，是指到工厂、农村、医院、学校、街道等处参观，特别是近年来兴起的工业游、农业观光游、生态游。旅游团的参观活动一般都需要提前联络，安排落实并有主人接待。一般是先介绍情况，然后引导参观。

（五）返程中的工作

1. 回顾当天活动

返程中，地陪应回顾当天参观、游览的内容，必要时可补充讲解，回答旅游者的问询。

2. 风光导游

如旅行车不从原路返回饭店，地陪应做沿途风光导游。

3. 调节气氛

返程途中，旅游者一般都比较累，导游员应适时调节气氛，或让旅游者小憩，或自由观景。

4. 宣布次日活动日程

返回饭店下车前，地陪要说明晚上或次日的活动日程、出发时间、集合地点等，提醒旅游者带好随身物品。若返店时间较早或晚上无活动安排，旅游者可能会外出自由活动，对此导游员应提醒旅游者外出时最好结伴同行，或乘出租车前往，并带上饭店的地址与电话号码。地陪要先下车，以便照顾旅游者下车，最后向他们告别。若第二天需要叫早，地陪还需在离店之前进行安排。

六、旅途服务

这里的旅途服务是指导游员在带团前往旅游目的地途中的交通工具上所提供的服务。其主要事宜由全陪或领队承担。

（一）旅途生活服务

要求导游员根据具体情况安排途中餐饮服务，解答旅游者的问询，并在可能的条件下解决旅游者途中提出的要求。领队在出境游的旅途生活服务中，还应帮助旅游者填写出境卡、入境卡、黄皮书，并协助进行行李物品的申报工作。

（二）旅途讲解服务

旅途对旅游者来讲是漫长而枯燥的，导游员应尽可能提供途中讲解。讲解的内容应包括沿途城市、沿途景区、目的地景区的宏观介绍以及沿途所见景致，适当的时候还要表演节目，调节气氛。旅途讲解服务应适度，不宜影响客人的休息，应根据乘坐交通工具时间的长短，分若干个讲解时段进行专题讲解。

（三）上下站联络与服务再确认

旅途中的导游员应在抵达目的地之前，根据接待计划与地接旅行社的相关人员联络，以保证团队准确交接；根据接待计划对各项服务进行再确认，以保证服务能到位。

（四）旅途安全服务

导游员要与交通工具上的服务人员密切合作，保证旅游者的人身安全、行车（飞行）安全、行李物品安全；并时常进行旅游者人数的清点工作，关注旅游者动向；保管好行李托运单和机、车、船票等单据，抵达下一站时将其交给地陪。

七、其他服务

旅游活动是丰富多彩的，旅游者除了进行主要的参观游览活动之外，还会参与一系列其他活动。这些活动是旅游者旅游需要的一部分，是参观游览活动的延续和补充，导游员要以饱满的热情做好这些方面的服务工作。

（一）社交活动

1. 宴请、品尝风味

这类活动包括宴会、冷餐会、酒会、风味餐等。其中，品尝具有地方特色的风味餐是旅游者经常要参加的活动。旅游者品尝风味餐有两种形式，一种是计划内的，一种是计划外的。

对于计划内的风味餐，导游员要像对待游览节目一样做好工作。在具体吃每一道菜时，要为旅游者讲来历、讲吃法、讲特色。如广东名吃脆皮乳猪、荔浦扣肉、东江春卷；山东名菜曲阜孔府三大宴（家宴、喜宴、寿宴）；江南名菜西湖醋鱼、南京板鸭、无锡脆鳝、苏州卤鸭；浙江名菜龙井虾仁、绍式小扣、西湖莼菜汤；安徽名菜黄山炖鸡、芙蓉蹄筋、符离烧鸡。此外,还有北京烤鸭和涮羊肉、天津“狗不理”包子和十八街麻花、西安的饺子、云南的过桥米线等等。

计划外的风味餐是客人自发组织的,客人付钱,请导游员参加。这时导游员是客人,应当像客人一样,注意不要反客为主,但是适当讲讲风味菜的情况还是会受欢迎的。

2. 会见

在旅游过程中,旅游者的会见活动也常有发生,如会见同行、会见某方面负责人、会见亲友等,在这些会见活动中,导游员应提供相应的服务。若是外国旅游者,还要提供翻译服务。当外国旅游者会见中国同行或中国某方面负责人,导游员充当翻译时要注意不能喧宾夺主,翻译要忠于原话,尽可能与讲话人的风格保持一致;若讲话人的言语有明显错误,要予以提醒或不译;若会见时另有翻译,导游员可坐一旁静听。在会见时,导游员要了解是否互赠礼品,礼品中有无应税物品,若有应提醒其办妥必要的手续。入境旅游者若要会见亲友,导游员应协助安排,但一般情况下无陪同前往或充当翻译的义务。

3. 舞会

遇有重大节庆活动,有关单位组织社交性舞会,邀请旅游者参加时,导游员应陪同前往;旅游者自发组织参加娱乐性舞会,导游员可代为购票;如果旅游者邀请导游员参加,若不愿可婉言谢绝,若参加,应注意适度,但无陪舞的义务。

(二) 餐饮服务

导游员应提前按照接待社的安排落实本团当天的用餐,对午、晚餐的用餐地点、时间、人数、标准、特殊要求与供餐单位逐一核实并确认。了解客人的口味和特殊要求,如果客人中有少数民族,应尊重其民族信仰;对饮食有特殊要求者,应安排特别用餐。向领队讲清司陪人员的用餐地点及用餐后全团的出发时间。

用餐时,导游员应引导旅游者进餐厅入座,介绍餐饮及其菜肴特色,向旅游者说明酒水的类别。用餐过程中,导游员要巡视旅游团用餐情况一两次,解答旅游者在用餐中提出的问题,监督、检查餐厅是否按标准提供服务并解决出现的问题。若发现质量问题,或旅游者提出合理而又可以办到的要求,要及时同餐馆联系,进行纠正或调整;若旅游者提出加菜、加酒、加饮料,费用自理,可予以满足;若个别旅游者因团内矛盾不愿与大家一起用餐,应请领队予以调解;若旅游者坚持单独用餐,费用自理,可与餐馆联系予以解决。但是,如果旅游者提出推迟用餐、换餐或自行用餐并要求退还餐费,应进行耐心解释。

用餐后,导游员应严格按实际用餐人数、标准、饮用酒水数量,填写结算单与餐厅结账。若有客人自理部分,则由旅游者直接与餐厅结算自理部分的费用。

（三）文娱活动

文娱活动一方面可以向旅游者传播文化知识,另一方面可丰富旅游者的旅行生活。文娱活动的主要形式有:观赏传统地方剧目(如京剧、晋剧、黄梅戏)、历史性的歌乐舞(如唐宫乐舞)、民间娱乐表演(如武术、摔跤、骑马、对歌会),还有垂钓、蹦极、漂流、山坡滑翔等等。

对于计划内的文娱活动,导游员要陪同前往,并在途中就节目的内容和特点向旅游者做概要介绍,与司机商定返程时间和停车位置;入场时,要引导旅游者入座,介绍剧场的设施和位置,回答旅游者的问题;观看节目时可适当指点,不宜逐一解说,并自始至终坚守岗位;中间休息和剧终散场时,提醒旅游者注意安全,不要走散和遗忘物品。在大型娱乐场所,导游员应时刻注意旅游者的动向和周围的环境,以防不测。

对于旅游者自费进行的文娱活动,导游员一般应予协助,如帮助购票、租车等,提醒旅游者注意安全,但通常不陪同前往。若旅游者要求去不健康的娱乐场所,导游员应有礼貌地进行劝阻,指出参加不健康的娱乐活动是违法行为。

对于旅游者在文娱活动方面提出的个别要求,导游员应酌情处理。若旅游者提出不看计划内的文娱节目,而要观看另一场演出,如时间许可且又能调换,可请接待社调换。如无法安排,要耐心向旅游者解释,告之票已订好,不能退换,请其谅解;若旅游者仍然坚持,可予协助,但费用自理。若部分旅游者要求观看另一场演出,处理方法同上。若决定分路观看两个演出,如两个演出地点在同一线路,导游员可与司机商量,尽量为他们提供方便;如不同路,可协助安排车辆,但车费自理。

【参考案例】①

某年五月的一天，桂林的导游员张先生接待了一个从西安来的美国太平洋企业旅游公司的旅游团。当他询问旅游者晚上是否愿意观看歌舞节目时，客人们告诉他已经在其他地方观看了京剧、杂技、歌舞等节目，希望他能安排带有地方特色和民间风俗的节目。张先生灵机一动，询问大家对“鱼鹰捉鱼”的节目感不感兴趣？接着，他把这个节目的内容简单地向大家做了介绍。旅游者一听能够观看漓江的夜景，还能欣赏到当地渔民的作业过程，顿时兴趣盎然，请求张先生立即安排。张先生告诉大家，由于该项活动属于计划外的内容，所以要收一定的费用，客人们欣然同意。

晚饭后，张先生带着十几名旅游者登上一条渔船，船载着充满好奇心的旅游者驶到江心。只见几条渔船围住了一片水面，船上的灯光照射到水面上，水面上一片明亮，伴之以皎洁的月光和若隐若现的岸边灯火，这“渔场”显得格外神秘。突然，几名旅游者兴奋地叫了起来，原来他们看到一只站着鱼鹰的竹筏开进了渔场。紧接着，几只鱼鹰矫健地跃入水中，此时捕鱼的声音、旅游者的叫喊、照相的声音、浪花激荡船体的声音响成一片，渔场顿时热闹起来。这次活动一直延续了三十多分钟。在观看了几条鱼鹰竹筏捕鱼表演后，旅游者仍意犹未尽，恋恋不舍地返回了江岸。回饭店的途中，他们纷纷向张先生表示感谢，感谢他为大家安排了到中国旅游以来最有特色的节目。

分析：文娱节目是一种旅游资源，能起到丰富旅游者生活的作用。如果旅游者游览的地方很多，那么安排起来就有一定的难度，在与旅游计划不冲突的情况下，导游员应该尽量为旅游者安排一些具有地方特色和民族风情的节目，这样才能收到意想不到的效果。本案例中的导游员张先生非常敏锐地捕捉到旅游者不愿看“正规”节目而对“土”节目感兴趣的心理，为大家安排了一次计划外的、最受欢迎的节目。

（四）购物服务

购物是旅游者旅游消费的一个重要组成部分。旅游者购买的商品大多是当地最知名或最有特色的商品或旅游纪念品，例如，去景德镇安

① 程新造，《导游接待案例选析》，34 页，北京，旅游教育出版社 2004

排购买瓷器，去宜兴安排购买紫砂壶，去杭州安排购买丝绸，去太原安排购买老陈醋等。旅游购物对于开发旅游目的地的传统工艺及名优土特产品，提高经济发展水平等方面起着重要的作用，因此，导游员做好购物服务意义重大。

购物前，地陪应慎重选择购物商店，带旅游团到旅游定点商店或信誉较好、物价相符的商店购物，并且要合理安排购物时间，避免安排次数过多、购物时间过长等问题。在向旅游者介绍当地产品时，首先要熟悉商品的性能、工艺特点、特色及功效，讲解中要突出其文化内涵，而不是孤立地讲商品本身，更不能直接推销和兜售。地陪应向旅游者讲清停留时间及购物的注意事项，如购买古玩和中草（成）药说明我国海关的有关规定。

购物时，地陪要当好旅游者的参谋，真实客观、详细具体地介绍商品，坚决杜绝不负责任、无限夸大的讲解，以免误导旅游者，更不能怀着私心进行欺骗性的宣传。在购物中，如有个别旅游者购买了商店中的大件商品，如家具、地毯、花瓶等，导游员要与商店积极联系，协助办理托运手续。

若商店向旅游者出售伪劣商品、不按质论价或不提供标准服务时，导游员应同商店负责人交涉，以维护旅游者的合法权益；在参观游览点或自由活动时购物，导游员要提醒旅游者注意保护自己的人身和财产安全，说明详细的集合时间与集合地点，密切注意旅游者的动向。如遇小贩强拉强卖时，导游员有责任提醒旅游者不要上当受骗，而不能放任不管。

【补充材料】①

苏州文化国际旅行社要求新导游员讲解丝绸商品的方法就是：要求每个新导游员必须深入到丝绸定点店去做3个月时间的导购员。这些新导游员通过不断听店内专业人士的介绍，学习导购员促销丝绸商品的技巧和相关的文化知识。由于经常性地接触丝绸织品，了解和学习丝绸织品的由来以及产品生产的全过程，他们很快掌握了旅游者在购买丝绸织品时想要了解的一些相关的知识。之后，这些经常到定点店去学习的新导游员，很快就成为促销丝绸商品的行业高手，为旅行社

---

① 李灵资，《导游促销艺术一本通》，13页，北京，旅游教育出版社2006

取得了较好的经济效益。因此，导游员只有真正掌握产品的特点，才能相信自己促销的产品，从而做好旅游者的购物参谋。

八、送客服务

旅游者(团)结束本地参观游览活动后，导游员应做到使旅游者顺利、安全地离站，遗留问题得到及时妥善的处理，其工作以地陪为主。

(一) 送行前的业务

1. 核实交通票据

旅游团离开的前一天，地陪应该核实旅游团的机(车、船)票，核对团名、代号、人数、全陪姓名、人员去向、航班(车次、船次)、起飞(开车、起航)时间、在哪个机场(车站、码头)起程等事项。如果航班(车次、船次)和时间有变更，应当问清内勤是否已通知下一站接待社，以免造成漏接。若是乘飞机离境的旅游团，地陪应提醒或协助领队提前72小时确认机票。

2. 商定集合、出发时间

由于司机比较了解路况和行程，地陪应首先告诉旅游车司机旅游团离开当地所乘的交通工具(飞机或火车)，所乘航班或车次的离站时间、地点，同其商定该团离店时间，然后再同领队、全陪商议，确定后及时通知旅游者。

3. 商定叫早和用早餐时间

地陪应与领队、全陪商定叫早和用早餐时间，并通知饭店有关部门和旅游者。如果该团是乘早班飞机或早班火车，则需改变用餐时间、地点和方式(如带盒饭)，地陪应及时做有关安排。

4. 协助饭店结清与旅游者有关的账目

(1) 地陪应及时提醒、督促旅游者尽早与饭店结清与其有关的各种账目(如洗衣费、长途电话费、饮料费等)，最好在离站的头一天晚上结账，以免耽误时间。若旅游者损坏了客房设备，地陪应协助饭店妥善处理赔偿事宜。

(2) 地陪应及时把叫早、用餐及出行李时间通知饭店的有关部门，并尽量提前结清账目或签单，以免第二天因结账影响团队出发。

5. 及时归还证件

一般情况下，地陪不应保管旅游团的旅行证件，用完后应立即归还旅游者或领队。在离站前一天，地陪要检查自己的物品，看是否保留有旅游者的证件、票据等，若有应立即归还，当面点清。出境前还要提醒领队准备好全部护照和申报单，以便交边防站和海关检查。

6. 如有旅行社负责人送行，要认真做好欢送的具体组织工作

（二）离店服务

1. 交接确认行李

离开饭店时，导游员要按照约定好的时间与行李员交接行李，并请全陪、领队共同确认托运行李的总件数，检查行李是否上锁、有无破损等，以便及时处理。有可能的话，在行李装车之前，再请旅游者确认，做到万无一失，然后交付饭店行李员，填写行李运送卡。行李件数一定要当着行李员的面点清，同时告知领队和全陪。

2. 办理退房

出发前地陪应询问旅游者是否与饭店结清账目，提醒旅游者检查有无遗漏物品，请旅游者将房间钥匙交回服务台。通常情况下，无特殊原因饭店的退房手续应在中午12:00以前办妥，如旅游者损坏了房间设备，导游员应协助饭店妥善处理赔偿事宜。

3. 集合登车

等旅游者放好随身行李入座后，地陪要仔细清点实到人数。全体人员到齐后，提醒旅游者再检查清点一下随身携带的物品，如无遗漏再开车离开饭店。同时自我检查是否保留有旅游者的证件。

（三）送行服务

1. 致欢送辞

欢送辞和欢迎辞首尾相接、遥相呼应，是旅游活动的“句号”。如果你的第一次亮相是成功而精彩的，那么你在送别客人时留给旅游者的印象则是深刻而长久的。导游员应精心设计，切不可虎头蛇尾、前功尽弃。致欢送辞的地点既可在行车途中，也可在机场(车站、码头)。若在行车途中，要考虑不要在欢送辞致完后还留下较长的时间。

就共性而言，欢送辞一般应包括以下内容：表示惜别；回顾行程、感谢合作，请留下宝贵意见；介绍未去之景点；希望再度光临；预祝下一行程顺利等等。

然而就个性而言，每个旅游团的情况都不一样，地陪应根据旅游者

的满意程度、旅途中遇到的问题,以及客人的不同国度和文化层次等方面的情况,有针对性地调整欢送辞的内容和所运用的语言。

2. 提前到达交通港

地陪应确保团队提前到达机场(车站、码头),具体提前时间要求是:

团　队	机　场	火车站
出境团队或出境散客旅游者	120 分钟	
国内运作团队旅游者	90 分钟	60 分钟
散客旅游者	60 分钟	40 分钟

旅行车到达交通港后,下车前导游员要提醒旅游者带齐随身行李物品;照顾全团旅游者下车后,迅速再检查一下车内有无遗漏物品。

3. 办理离站手续

(1) 送乘坐国内航班(火车、轮船)离站的旅游团。

① 到机场(车站、码头)后,地陪应迅速与旅行社行李员联系,将行李员交来的交通票据和行李托运单或行李卡一一清点无误后交给全陪(无全陪的团则交给领队),请其清点核实。

② 地陪与全陪按规定办理好财务拨款结算手续,妥善保管好单据。

③ 地陪应在站台或适当的位置招手示意与客人告别,等旅游团所乘交通工具起动后,地陪方可离开。若航班因故推迟,地陪要关注变动的起飞时间,必要时协助机场安排旅游者的食宿事宜。

(2) 送乘坐国际航班(火车、轮船)出境的旅游团。

① 地陪、全陪和领队一起与旅行社行李员交接行李,清点核实后协助旅游者拿走自己的行李。

② 地陪应向领队或旅游者介绍如何办理出境手续。

③ 地陪与全陪办理好财务拨款结算手续,妥善保管好单据,回旅行社凭票报账;将返程交通票交给全陪。

④ 待旅游者进入隔离区后,地陪方可离开。

4. 与司机结账

送走旅游团后,地陪应与旅游车司机结账(如过路、过桥、停车费),在用车单据上签字,并保留好票据。

九、后续工作

（一）处理遗留问题

认真处理好旅游团的遗留问题，按有关规定办理旅游者托办的事宜，必要时请示领导后再办理，增加旅游者的满意度。

（二）归还物品

向旅行社借用的导游旗、接站牌、喇叭等应及时归还，以保证旅行社业务的正常运行。

（三）财务结算

按旅行社的具体要求并在规定的时间内填写清楚有关接待和财务结算表格，连同保留的各种单据、接待计划、活动日程表等按规定上交有关人员，并到财务部门结清账目。

（四）整理相关记录

下团后，导游员应养成一个好习惯，那就是把整个团队的接待情况、是非得失详细整理一下。通常整理以下一些内容：旅游团名称、人数、抵离时间、全程路线；旅游团成员基本情况、背景、活动中的表现特点及兴趣；团内重点人物的反映；各地接待社住宿、餐饮、游览车的落实情况及导游员的讲解水平和工作态度；行程中有无意外、失误发生及处理情况。

（五）总结工作

带团总结是导游员在接待工作结束后，对每一次陪团经历的一个自我归纳的过程，实际上是一个工作体会，也是一种工作经验的积累。应实事求是地向旅行社汇报接团情况，涉及旅游者的意见和建议，力求引用原话，并注明旅游者的身份。旅游中若发生重大事故，要整理成文字材料向接待社和组团社汇报。

第四节　散客导游服务程序和规范

散客旅游又称自助或半自助旅游，在国际上称为自主旅游。它是由旅游者自行安排旅游行程，零星现付各项旅游费用的旅游形式。

随着现代通讯技术和交通的发展、咨询的网络化和旅游服务的不断完善，以及人们自主意识的增强和旅游经验的丰富，散客旅游已越来越成为旅游的主要形式。20 世纪 70 年代以来，参加自主旅游的人越来越多,目前无论是国外还是国内,散客旅游人数都要占全部旅游人数的70%以上。针对这种发展趋势,国内外许多旅行社纷纷改弦易辙,转而大力经营散客旅游业务,开发出各种各样的散客包价旅游产品,以扩大市场份额,增加新的客源,提高旅行社的经济效益。

一、散客旅游服务的类型

旅行社经营的散客旅游产品种类很多,根据业务性质,大致可以划分为单项委托服务、选择性旅游服务和旅游咨询服务三种类型。

(一) 单项委托服务

单项委托服务是指旅行社为散客提供的各种按单项计价的可供选择的服务。旅行社为散客提供的单项委托服务主要有:抵离接送;行李提取和托运;代订饭店;代租汽车;代订、代购、代确认交通票据;代办入境、出境、过境临时居住和旅游签证;代办国内旅游委托;提供导游服务;代向海关办理申报检验手续等。旅行社向散客提供的单项委托服务是通过在各大饭店、机场、车站、码头设立的门市柜台和社内散客部进行的。

单项委托服务分为受理散客来本地旅游的委托、办理散客赴外地旅游的委托和受理散客在本地的各种单项服务委托。

(二) 选择性旅游服务

选择性旅游是通过招徕,将赴同一旅游线路、地区或相同旅游景点的不同地方的旅游者组织起来,分别按单项价格计算的旅游形式。选择性旅游的具体形式多样,主要有小包价旅游中的可选择部分;散客的市内游览、晚间文娱活动、风味品尝;到近郊或邻近城市旅游景点的短期游览参观活动,如"半日游"、"一日游"、"数日游"以及"购物游"等。旅行社销售选择性旅游产品的主要渠道是散客中心的门市柜台,此外还有外地的旅行社、饭店、旅游交通部门、海外经营出境散客旅游业务的旅行社等销售渠道。

(三) 旅游咨询服务

旅游咨询服务是旅行社散客部人员向旅游者提供各种与旅游有关的信息和建议的服务。这些信息包括的范围很广,主要有旅游交通、饭店住宿、餐饮设施、旅游景点、旅行社产品种类以及各种旅游产品的价格等。旅游建议则是旅行社散客部人员根据客人的初步想法向其提供若干种旅游方案，供其选择与考虑。

旅游咨询服务分为电话咨询服务、信函咨询服务、人员咨询服务和网络咨询服务。旅行社工作人员在接到咨询电话时，应礼貌、耐心地回答旅游者的询问，积极主动地向旅游者介绍本公司的旅游产品，不失时机地向旅游者推荐本公司的各种产品；旅行社散客中心的信函咨询服务应做到语言明确、表述规范、字迹清楚；人员咨询服务过程中，散客中心人员应热情友好，礼貌待客，仔细认真地倾听旅游者的询问，并耐心地进行回答；网络咨询是一种比较流行的趋势，旅行社应制作本公司的网页，在网上推广自己的旅游产品并及时更新网页内容，国际旅行社还应发布多种语言的网络版本，以适应不同群体的需求。

二、散客旅游的特点

就旅行社接待的散客旅游来说，与团体包价旅游相比，其主要特点是：

(1) 散客旅游的自主性强，自由度大，其旅游行程由散客自行安排和计划；而团队旅游则多由旅行社或旅游服务中介机构来安排。

(2) 散客旅游的付费方式是零星现付，即购买什么、购买多少，都按零售价格当场支付，因此价格相对贵一些；而团体旅游多采用包价形式，即全部或部分基本旅游服务费用由旅游者在出游前一次性支付。

(3) 散客旅游就总体来说，人数较少，它可以是单个的旅游者，也可以是一个家庭，还可以是几个好友。

(4) 散客旅游消费呈两极分化态势，一些散客消费水平很高，如会议旅游者，而另一些散客消费水平则很低，如背包旅游者。

三、散客的导游服务

散客导游服务在服务程序和服务要求上，与团体导游服务有许多共同之处，导游员都应按照《导游服务质量》国家标准和《旅行社国内旅游服务质量要求》部门标准向散客提供规范化的服务。但是，由于散客旅游的一些特点，其导游服务在程序上和要求上又有不同之处。

（一）接站服务

接站服务是散客到达旅游目的地之前向旅行社办理的委托服务，导游员的主要任务是按散客委托要求将其从交通港接送到客人预定的饭店。其服务规范如下：

1. 服务准备

导游员在提供接站服务前，应认真做好迎接的准备工作。

(1) 认真阅读接待计划。首先，导游员应明确具体的服务项目，是接待散客包价团还是组合旅游团，是提供单项服务还是提供多项服务等。其次，要弄清迎接的日期、航班或车次的抵达时间，散客姓名、人数和下榻的饭店，有无航班(车次)及人数的变更，是否与其他旅游者合乘一辆旅游车至下榻的饭店等。

(2) 做好出发前的准备。导游员要准备好写有散客姓名的欢迎标志及地图，随身携带导游证、记分卡、导游旗、接站牌，检查所需票证，如离港机(车、船)票、餐单等。

(3) 联系交通工具。导游员要与计调部门确认司机姓名，与司机联系约定出发的时间、地点，了解车型、车号。

2. 接站服务

接站时要使散客或散客旅游团受到热情友好的接待，有宾至如归的感觉。

(1) 提前到港等候。导游员若迎接的是乘飞机来的散客或散客旅游团，应提前 20 分钟到达机场，在国际或国内进港隔离区外等候；若是迎接乘火车来的散客或散客旅游团，应提前 30 分钟进车站站台等候。

(2) 迎接。在航班(火车、轮船)抵达时刻，导游员应与司机在不同的出口(或火车软卧、软座车厢外)易于被发现的位置举牌等候，以便散客前来联系，导游员也可根据散客的民族特征上前询问。确认迎接到应接的散客后，导游员应主动问候，并介绍所代表的旅行社和自己的姓名，对其表示欢迎；询问散客在机场或车站还需办理的事情，并给予必要的协助；询问散客的行李件数并进行清点，帮助散客提取行李，引导旅游者上车。

如果没有接到应接的旅游者，地陪应该做到：询问机场或车站工作人员，确认在隔离区内的本次航班(列车)旅客已全部出港(或列车上的乘客已全部下车)；要与司机配合，在尽可能的范围内寻找 20—30 分钟；与所接旅游者下榻的饭店联系，查询其是否已自行抵达饭店。若经过上述努力仍找不到应接的旅游者，应打电话与计调人员联系，报告接站情况，进一步核实其抵达的日期和所乘航班（或车次）有无变更。当确认迎接无望时，须经计调部门同意方可离开机场（或车站）。由于旅行社对散客一般不派行李车，因此，地陪无须在机场（或车站）寻找行李员和交接行李，而应让旅游者自提行李或协助其将行李送达旅游车。地陪回到市区后，应前往该旅游者下榻的饭店，确认其是否已入住饭店。如果旅游者已入住饭店，必须主动与其联系，并表示歉意，然后向散客计调部门汇报接站过程。

3. 沿途导游服务

在从机场（或车站）至下榻饭店的途中，导游员应对散客或散客旅游团像团队包价旅游团一样进行沿途导游讲解，介绍所在城市的概况、下榻饭店的地理位置和设施，以及沿途景物和有关注意事项等。对个体散客，沿途导游服务可采取对话的形式进行。

4. 入住饭店服务

进入饭店后，导游员应使散客或散客旅游团尽快完成住宿登记手续，热情介绍饭店的服务项目及住店的有关注意事项，与散客或散客旅游团确认日程安排与离店的有关事宜。

(1) 帮助办理住店手续。

散客抵达饭店后，导游员应帮助散客办理饭店入住手续，向散客介绍饭店的主要服务项目及住店注意事项；按接待计划向散客说明饭店将为其提供的服务项目，并告知散客离店时要现付的费用和项目；记下散客的房间号码；散客旅游团的行李抵达饭店后，导游员要负责核对，并督促行李员将行李运送到旅游者的房间。

(2) 确认日程安排。

导游员在帮助散客或散客旅游团办理入住手续后，要与旅游者确认日程安排。当旅游者确认后，将填好的安排表、赴下站的飞机（火车、轮船）票交与旅游者，并让其签字确认。若旅游者参加了组合旅游，如“一日游”、“多日游”的大车游览，导游员应将游览券和有关票据交给旅游者，详细告知各种票据的使用方法，集合时间、地点以及导游员召集散客的方式，在何处等车、上车等。如果在确认日程安排时，旅游者提出某些变动，导游员不能擅自做主，而应请示旅行社决定。

(3) 确认机票。

若散客将乘飞机赴下一站，而又不需要旅行社为其代买机票时，导游员应叮嘱散客提前预订和确认机票;如散客需要协助确认机票时,导游员可告知确认机票的电话号码;如散客愿将机票交与导游员帮助确认,而接待计划上又未注明需协助确认机票时,导游员可向散客收取确认费并开具证明。导游员帮助散客确认机票后,应向散客计调部门报告核实确认的航班号和离港时间。

(4) 推销旅游服务项目。

导游员在迎接散客或散客旅游团的过程中,应相机询问他们在本地停留期间还需旅行社为其代办何种事项,并表示愿竭诚为其提供服务。

5. 后续工作

迎接服务完毕后,导游员应及时将与接待计划有出入的信息及散客的特殊要求反馈给旅行社散客部。要按接待计划安排好散客停留期间的有关委托服务,然后向散客计调部门报告全过程。

(二) 导游服务

导游员要做好散客的导游服务工作,应有高度的工作责任感,多倾听旅游者的意见,做好组织协调工作。尤其是散客小包价旅游团,团员们来自不同的国度,彼此语言不通,民族习惯各异,游览中相互无约束,集合很困难。因此,导游员更应尽心尽力,多做提醒工作,多提合理建议,努力使旅游者游览活动愉快。

1. 出发前的服务

出发前,导游员应做好有关的准备工作,如携带导游旗、宣传材料、游览图册、导游证、记分卡、名片等,与旅游车司机联系集合的时间、地点,督促司机做好有关准备工作。

导游员应提前15分钟抵达集合地点,引导散客上车。如是选择性旅游团,旅游者分住不同的饭店,导游员应和司机驱车准时到各饭店接运旅游者。旅游者到齐后,再驱车前往游览地点。根据接待计划的安排,导游员必须按照规定的路线和景点带团游览。

2. 沿途导游服务

散客的沿途导游服务与团队旅游者大同小异。如导游员接待的是临时组合起来的选择性旅游团,初次与旅游者见面时,导游员应代表旅行社、司机向旅游者致以热烈的欢迎,表示愿竭诚为旅游者服务,希望旅游者给予合作,多提宝贵意见和建议,并祝旅游者游览愉快、顺利。

导游员除做好沿途导游之外，还应特别向旅游者强调在旅游中要注意安全。

3．现场导游讲解

抵达游览景点下车前，导游员应告知旅游者游览完景点的上车时间、地点和车型、车号。旅游者下车游览景点时，导游员应对景点的历史背景、特色等方面进行讲解，语言要生动，有声有色，引导旅游者观赏。

如是个体散客，导游员可采用对话形式进行讲解。游览前，导游员应向其提供游览路线的合理建议，由旅游者自行选择。

如是散客旅游团，导游员应陪同旅游团边游览边讲解，随时回答旅游者的提问，注意观察旅游者的动向和周围的情况，以防旅游者走失或发生意外事故。

游览结束后，导游员要将旅游者送回下榻的饭店。

4．其他服务

由于散客的自由活动时间较多，导游员应做好他们的顾问，协助其安排购物或晚间娱乐活动，提醒旅游者注意安全，引导他们去健康的娱乐场所。

5．后续工作

接待任务完成后，导游员应及时将接待中的有关情况反馈给散客计调部门，或填写"零散旅游者登记表"。

（三）送站服务

送站服务是指散客在结束当地活动之后，委托旅行社派遣导游员专门将其送至交通港的服务。导游员要使散客顺利地离站，需遵循下列服务规范：

1．服务准备

（1）详细阅读送站计划。导游员接到送站任务后，应详细阅读送站计划，明确所送散客的姓名或散客旅游团的人数、离开本地的日期、所乘航班(车次、船次)以及散客下榻的饭店；有无航班(车次、船次)与人数的变更；是否与其他旅游者合乘一辆车去机场(或车站)。

（2）做好送站准备。导游员必须在送站前 24 小时与散客或散客旅游团确认送站时间和地点；若旅游者不在房间，应留言并告之再次联络的时间，然后再联系确认；要准备好旅游者的机(车、船)票；同散客计调部门确认与旅游车司机会合的时间、地点及车型、车号。

如散客乘国内航班离站，导游员应掌握好时间，带领客人提前 1 小时到达机场；如散客乘国际航班离站，必须让旅游者提前 2 小时到达机场；如散客乘火车离站，应让旅游者提前 40 分钟到达车站。

2. 到饭店接运旅游者

按照与旅游者约定的时间，导游员必须提前 20 分钟到达旅游者下榻的饭店，告知旅游者带齐随身物品，然后协助旅游者离店上车。

若导游员到达旅游者下榻的饭店后未找到旅游者，导游员应到饭店前台了解旅游者是否已离店，并与司机共同寻找；若超过约定时间 20 分钟仍未找到旅游者，应向散客计调部门报告，请计调人员协助查询，并随时与其保持联系；当确认实在无法找到旅游者后，经计调部人员或有关负责人同意后，方可停止寻找，离开饭店。

若导游员送站的散客与住在其他饭店的旅游者合乘一辆车去机场（或车站），要严格按照约定的时间顺序抵达各饭店。若合车运送旅游者途中遇到严重交通堵塞或其他特殊情况，需调整原约定的时间顺序和行车路线时，导游员应及时报告散客计调部门，请计调部人员将时间上的变化通知旅游者。

3. 到站送客

在送散客到机场（或车站）途中，导游员应向散客征询在本地停留期间或旅游中的感受、意见和建议，并代旅行社向旅游者表示感谢。

旅游者到达机场（或车站）后，导游员应提醒和帮助旅游者带好行李物品。导游员在同散客告别前，应向机场人员确认航班是否准时起飞，若航班延时起飞，应主动为旅游者提供力所能及的帮助；确认航班准时起飞，导游员应将旅游者送至隔离区入口处后告别，热情欢迎他们下次再来。若有旅游者再次返回本地，可同旅游者约好返回等候地点。旅游者乘坐国内航班离站，导游员要待飞机起飞后方可离开机场。送散客去火车站时，导游员协助旅游者安顿好行李后，将车票交给旅游者，然后道别，欢迎其再来。送别散客后，导游员应及时将有关情况反馈给散客计调部门。

【复习思考题】

1. 为什么要规范导游服务的程序和内容？

2. 导游服务集体协作的方法有哪些？

3. 团队旅游的导游服务程序包括哪些步骤？

4. 什么是散客旅游服务？它包括哪些类型？

5. 散客旅游的导游服务程序包括哪些步骤？

【案例讨论题】

清晨八点，某国内旅游团全体成员已在车上就座，准备离开饭店前往机场。地陪小周匆匆赶来，上车后清点人数，又向全陪了解行李情况，全陪告诉他全团行李一共十六件，已和饭店行李员交接过。小周就请司机开车，随即讲了以下一段话："女士们，先生们，早上好！我们全团十五人已经到齐，好，我们现在去机场，今天早上，我们乘九点三十分的航班返程。五天来大家一定过得很愉快吧？我十分感谢大家对我工作的理解和配合。中国有句古话：相逢何必曾相识，短短五天，我们已经结下了深厚的友谊，这一次我们是新知，下一次就应该是故友了。在即将分别的时候，我希望各位女士、先生今后有机会再来我市旅游，到时希望我能再次成为大家的导游。现在我为大家唱一首歌，《祝你平安》，祝大家一路平安、旅途愉快！（唱歌）……好了，女士们、先生们，机场到了，现在请下车。"引导下车后，小周与旅游团成员一一握手告别，便踏上旅游车离开了。

讨论：请运用导游服务程序和规范的知识，分析地陪小周在这一段工作中的不足之处。

【模拟操作题】

1. 请学生设计一段有特色的欢迎辞和自我介绍。

2. 教师设定某饭店到某景点的行车路线，要求学生模拟前往景点的沿途导游讲解。

3. 请学生针对公司职员团、公务员团、家庭团、学生团、老人团的不同特点，分别设计一个能令相应旅游团感兴趣的笑话。

4. 选择当地有特色的风味餐进行介绍。

5. 教师先让学生到当地有代表性的旅游购物商店，了解当地旅游商品的性能、特色及销售情况，同时收集资料，要求学生模拟购物讲解服务。

第四章　旅游故障的处理和预防

旅游者在旅游活动过程中往往会遇到一些问题和事故，这不仅会给旅游者带来烦恼和损害，还会给导游工作增添许多麻烦和困难，甚至会影响一个国家或地区旅游业的形象和声誉。作为独立工作在旅游第一线的人员，导游员必须具有应变能力和紧急问题的处理能力。导游员在带团过程中要尽心尽力地做好服务工作，采取各种必要措施预防故障的发生。旅游故障发生后，导游员要沉着冷静地处理，力争将故障的损失和影响减小到最低限度。本章将介绍旅游故障的特点和类型，并在此基础上阐述常见旅游故障的处理和预防措施，分析旅游投诉产生的原因和处理的方法。

【导入案例】

某市导游员小李接待的旅游团原计划于9月23日16:00离开，22日晚餐后，小李突然接到旅行社内勤的通知，该团因故必须乘23日8:00的航班提前离开。该团在即将抵达机场时，团员史密斯夫人神色慌张地告诉小李，她将一条钻石项链放在枕头下面，因离店时匆忙，忘记取出，要求立即返回饭店。

导游员小李接到内勤通知后，应该做哪些工作？在得知史密斯夫人遗忘物品后，小李应如何妥善处理？我们学习了本章的内容，这些问题便会迎刃而解。

第一节　旅游故障概述

一、旅游故障的特点和类型

旅游活动无论计划多么周密，都会存在一些不可控因素，因此导游员经常会遇到一些意料之外的问题和事故。对旅游者而言，发生任何故障都是不愉快的，甚至是不幸的；对旅游目的地而言，会直接影响该国或地区的声誉。因此，旅游故障一旦发生，导游员必须当机立断、沉着冷静，在领导的指示下合情合理地处理，力争将故障的损失和影响减小到最低限度。

（一）旅游故障的含义

旅游故障是指在旅游活动过程中突然发生的各种妨碍旅游活动顺利进行并可能或已经对旅游者或接待方造成损害的问题和事故。

旅游活动是综合性活动，其不确定因素比较多，例如气候环境、景区环境、交通环境、旅游者状态、导游员工作态度等，都可能成为发生旅游故障的诱因。作为工作在接待第一线的导游员，应充分认识到旅游故障对旅游活动和旅游者带来的危害以及可能产生的严重后果，采取积极有效的措施进行预防和处理。预防工作做得好，旅游故障就会少发生；旅游故障处理得好，不仅旅游者感到满意，导游员的威望也会提高，双方的利益都会得到维护。

（二）旅游故障的特点

导游服务是一项非常复杂的活动，任何一个环节出现问题，都可能会导致旅游故障的发生。旅游故障一般具有突发性、危害性和复杂性的特点。

1. 突发性

导游活动是按照预定的计划进行的，各项服务事先都做了安排，因此一般情况下，旅游故障是可以预防的。但由于旅游计划是提前安排的，从计划制订到实施还有一段时间间隔，在这段时间里，情况有可能发生变化，在人们无法预料的情况下突然发生故障。例如气候变化导致日程变更，旅游者证件在旅游途中丢失，飞机延误导致行程取消等，都是突发性的旅游故障。这些故障往往会使旅游者产生不安和不满，影响旅游活动的顺利进行。

2. 危害性

危害性是针对旅游故障的结果而言。旅游故障发生后，或多或少都会影响旅游活动的顺利进行，重者危及旅游者、旅游服务人员的人身和财产安全，对旅游地的形象及声誉产生负面影响。一般来说，旅游故障越严重，其危害越大，造成的损失也越大，导游员为处理或协助处理旅游故障所付出的劳动就越多。

3. 复杂性

复杂性主要指旅游故障的诱因往往交织着多种因素或处理时需要协调多个环节,所需要做的工作纷繁而艰巨。如外国旅游者在华旅游期间丢失外国护照和签证时,首先要由旅行社出具证明,失主本人持证明和照片去当地公安局(外国人出入境管理处)报失,由公安局出具证明,再持公安局的证明去所在国驻华使、领馆申请补办新护照,领到新护照后,再去公安局办理签证手续,整个过程繁琐而复杂。

(三)旅游故障的类型

从不同的角度划分,旅游故障有不同的类型。不同类型的旅游故障,其产生的原因不同,性质不同,所造成的损失不同,处理的方法也就不同。旅游故障类型的划分主要有以下几种方法:

1. 按责任分为责任性和非责任性

责任性旅游故障是指由于接待方原因造成的事故,主要是导游员和旅行社的责任。例如由于旅行社的疏忽、照顾不周等原因造成的漏接、误机事故,导游员照顾不周造成旅游者走失事故等。对于此类故障,导游员处理时要积极主动地承担责任,避免事态扩大化。

非责任性旅游故障是指非接待部门的原因或旅游者自身的原因造成的事故,主要是旅游者本人或与旅行社产品无关的第三方的责任。如天气原因造成飞机不能按时起飞,旅游者不听指挥造成意外伤害等。对于这类事故,尽管责任不在导游员身上,导游员也应主动帮助和协调解决,以减少损失。

2. 按状态分为既成和将成

既成旅游故障是指已经成为事实的故障;将成旅游故障是指导游员已知某种原因可能导致某种事故,但尚未成为既定事实的状态。在旅游故障的发生过程中,很多故障都会经过将成旅游故障这个阶段。例如旅游者不能准时在飞机起飞前抵达机场、旅游团因延迟抵达或提前离开而被迫取消重要的游览项目等,都属于将成故障,这时导游员如能及时采取应急措施,就可以避免将成旅游故障发展成为既成旅游故障。但对于既成旅游故障,导游员必须按照有关规定进行事后处理。

3. 按发生原因分为技术性和自然性

技术性旅游故障是指由于旅游接待部门运行机制发生故障而影响旅游活动的事故。例如漏接、空接、错接、旅游日程变更等。这类故障多是由于人为原因造成的,只要接待方和其工作人员加强工作责任心,就可以预防和控制。

自然性旅游故障是指由非人力所能控制的原因引起的故障。例如山洪暴发、公路塌陷使旅游计划的行程受阻,暴风雪、大雾、沙尘暴造成航班改期或取消,以及旅游途中旅游者突患重病或猝死等。这类故障不可预见,往往是突如其来、难以控制的,所以处理起来颇为棘手。尽管会给旅游者带来一定的损失,但由于是不可抗拒的自然因素导致的,因此会比较容易得到旅游者的谅解。

4. 按危害程度分为重大和一般

重大旅游故障是指给旅游者或旅游接待方带来较大的经济损失,给旅游者带来较大的身心伤害,对社会产生恶劣的影响,旅游者反应强烈,甚至提出解除旅游合同并进行投诉、索赔的事故。例如旅游团集体食物中毒、恶性交通事故、旅游者猝死等。这类故障的处理难度最大,但如果发生了,导游员应尽力做好有关工作,将危害、损失和负面影响降至最低。

一般旅游故障是指旅游活动中经常发生又能及时补救的事故。例如旅游者丢失证件和钱物、旅游者途中患病以及旅游者走失等。一般旅游故障虽然对旅游活动的影响不大,不会给旅游者带来严重的经济损失或人身伤害,但会给旅游者带来诸多的不便,影响旅游者的情绪,降低导游服务质量,因此导游员应予以足够的重视,采取必要的措施预防这类事故的发生。

5. 按涉及面大小分为单一性和复合性

单一性旅游故障是指涉及面较小的故障。例如旅游者途中生病、旅游者将东西遗失在饭店等。这类故障只涉及个别旅游者,处理起来相对容易。

复合性故障是指涉及面较大的故障。例如旅游团发生了交通事故、旅游过程中突遇山洪暴发等。这类故障牵涉面很广,处理时比较繁琐,要从大局着手,不仅要考虑到眼前的问题,还要想到后续的事情,尽量将故障的损失降到最低。

二、旅游故障的处理原则和程序

（一）旅游故障的处理原则

导游员在处理旅游故障时，应本着及时、积极、主动的态度，坚持损失最小化、确保旅游日程及按规章办事的原则。

1. 损失最小化原则

任何旅游故障都会造成损失，损失最小化原则要求导游员在处理旅游故障时尽可能将损失降到最低限度。例如，旅行过程中一旦有旅游者突患急病，或者旅游者在交通事故中受伤，导游员首先应马上抢救伤病者，然后再视情况进行具体处理。在处理旅游故障时，导游员一定要从细微处着眼，即使发生的是一个小小的差错，也应迅速及时地进行处理，否则可能引发严重事件，因此导游员一定要高度重视，绝不能掉以轻心。

2. 确保旅游日程原则

确保旅游活动正常进行是旅行社和导游员的工作目标，也是旅游者的旅行需要。在旅游故障发生时，导游员应从双方的根本利益出发，尽快解决旅游故障，以确保旅游活动的正常进行。当某些只涉及个别或少数旅游者的旅游故障发生时，要确保其余多数旅游者旅游活动的正常进行。例如，游览过程中，某位旅游者走失，导游员要立即向其他旅游者、景点工作人员了解情况并迅速寻找，安排其他旅游者在地陪的带领下继续游览。又如，旅游团因游览和购物意见相左而分成两派，导游员在可能的情况下，要兼顾两派旅游者的利益，可先把一部分旅游者送去购物，再带另一部分旅游者去游览，回程时再把购物的旅游者带回。需要注意的是，导游员不能为了小部分旅游者的利益而牺牲大部分旅游者的利益，也不能为了大部分旅游者的利益而损害小部分旅游者的合法权益。

3. 按规章办事原则

按规章办事是指按照我国有关法律、法规和相关旅游规范来处理旅游故障。导游服务是一种独立性、政策性很强的工作，导游员在处理突发事件时一定要严格遵守国家的法律法规和旅行社的规章制度，切忌我行我素。例如，遇到外国旅游者在华旅游不幸病故的情况，其处理应遵循 1988 年我国外交部发布的《外国人在华死亡后的处理程序》的有关规定；遇到交通事故、火灾、旅游者重伤的情况，其处理应遵循 1993

年国家旅游局发布的《重大旅游安全事故处理程序试行办法》的有关规定。对法律、法规没有规定的有关旅游故障,例如旅游日程变更、旅游者行李丢失等,导游员应及时报告旅行社,根据旅行社的意见或在旅行社领导的指示下进行处理。

(二)旅游故障的处理程序

对于突发的旅游故障,导游员由于缺乏思想准备,处理时往往手忙脚乱。因此,了解和熟悉旅游故障处理的一般程序,有助于减少工作中的失误,有效地处理好旅游故障。其具体处理程序如下:

1. 沉着冷静,稳定旅游者

旅游故障发生后,旅游团中会出现一定程度的混乱,旅游者会产生情绪波动。此时,导游员首先要做到处变不惊,沉着冷静,这是处理好故障的先决条件,因为在这种情况下,导游员的言行可能会影响到事态的进一步发展。此外,导游员的行为表现还会对旅游者产生影响,如果导游员一时慌乱,旅游者会更加不知所措,从而导致事态扩大。在故障处理中,导游员处于中心位置,必须保持镇定,这有助于导游员保持清晰的思维,尽快采取相应的措施。

2. 分等定级,制订对策

旅游故障发生后,最要紧的就是排除故障,寻求解决问题的方法,及时进行处理。导游员处理旅游故障时,要按重要性和危害程度分等定级,明确处理步骤,按轻重缓急逐个进行处理。对于涉及面较广的复合型旅游故障,应先外后内、先重后轻。先外后内是指先考虑旅游者,后考虑接待方;先重后轻是指先办理最紧迫的事情,再办理一般的事情。然后根据情况制订相应的处理方案。对于复杂的旅游故障,可制订一套或几套处理方案,先实施处理方案,当故障难以排除时,再寻求其他替代的方法。例如,由于道路塌陷,一时无法修复,原定旅游点不能如期前往时,就可以考虑用另一旅游点来代替。

3. 汇报请示,实施对策

对于一般的旅游故障,特别是不会损害旅行社利益的故障,例如旅游者中暑、丢失钱物等,导游员可直接处理。但对于可能会损害旅行社利益的重大故障,导游员一定要先向旅行社汇报,请示解决方法,得到批准后方可正式处理,实施对策。导游员既是对策的制订者,又是执行者或协助执行者。实施对策时,导游员可请求有关部门(或某人)协助操作。如旅游途中有旅游者突患重病需送往医院，导游员应请其随团亲属或领队一同前往，以避免可能带来的麻烦。

4. 善后处理，总结报告

有些旅游故障虽然暂时得到了处理，但可能会遗留一些问题，需要导游员继续协助处理。如上例中，患病的旅游者一时不能康复，导游员要通知其亲属赶到旅游目的地，亲属到达后，导游员还要协助其解决生活方面的相关问题。

旅游故障特别是重大旅游故障处理结束后，导游员一定要认真总结，并向旅行社和有关旅游部门呈交旅游故障处理报告。总结报告的内容大致包括：故障发生的情况与原因（时间、地点、经过、危害程度等）；故障处理的过程，包括进展、参与人员和单位、有关方面的反映与要求；善后处理及其赔偿情况；故障造成的影响、应吸取的经验教训、今后的防范与改进措施，以及其他需要报告的事项。

三、旅游故障的预防原则

旅游故障一旦发生，就会给旅游者带来烦恼和痛苦，甚至是灾难。为了把发生故障的可能性降到最低限度，导游员必须做好预防工作。预防工作的基本原则主要包括以下几个方面：

（一）以人为本，服务至上

"以人为本，服务至上"原则是导游服务的宗旨和目的，是导游员的行动准则和规范。导游员只有心中想着旅游者，时刻关心旅游者，及时、主动地为旅游者提供各项服务，故障发生的可能性才会大大降低。

（二）周密计划，留有余地

导游员特别是地陪要制订周密的活动计划，对于新开放的景点或不熟悉的游览地应详细了解，必要时自己应先去一次，然后根据旅游团年龄、职业、身体等各方面的构成情况，周密、合理地安排游览活动。制订计划时，要充分考虑到该旅游团在旅游时可能出现的种种问题，并做好相关工作，防患于未然。在安排活动日程时，要特别注意留有余地，活动项目应合理安排，注意劳逸结合。参观游览项目一次不能太多，易使旅游者劳累的游览项目也不能集中在一天，晚间活动不宜太晚，以保证旅游者的体力和精力。离开本地去另一地游览，尤其是离境时，要安排充分的时间前往机场（车站、码头）。

(三) 坚守岗位,履行职责

在带团期间,导游员要坚守岗位,自始至终陪同旅游者进行旅游活动,不得擅自离开。参观游览期间,导游员不仅要认真讲解,热情服务,保持高度的责任心,坚持检查、落实旅游服务各环节的工作,还要注意旅游者在精神、行为方面的变化。若出现异常变化,导游员应热情询问以示关心,而不能掉以轻心,漠然处之;若旅游者感到身体不适,导游员应采取相应的服务措施,让其在旅游车上休息,或让其回饭店休息,必要时需陪同去医院治疗。

(四) 协调关系,按章工作

导游员是旅游接待计划的具体执行者,在执行计划的过程中,除了自身的努力外,还需要饭店、景点(区)、机场、车站等相关部门和工作人员的密切配合。导游员要协调好与相关部门的关系,加强联系、沟通,经常检查、督促,使每个部门都能提供合同规定的服务,让旅游者满意。导游工作中的同行要注意合作,特别是带大团游览大景点时,地陪、全陪、领队之间要相互配合。此外,导游员要处理好与旅游者的关系,加强沟通了解,争取旅游者对导游工作的支持。导游员要严格按照程序和规范提供服务,遵守国家的法律、法规和旅行社的规章制度,遇到重大问题和影响面较广的问题应及时请示汇报,不得自作主张,擅自处理。

(五) 改进工作,加强管理

导游员是旅游服务的直接提供者,旅游者最终是通过导游服务而不是广告宣传来接受旅行社的,因此旅行社要加强对导游服务质量的考核,优胜劣汰,竞争上岗,以增强导游员工作的责任感,不断提高服务质量。

旅行社要加强对导游员的培训工作,对导游员要"重视岗前培训,支持岗中培训,狠抓考核提高"。为此,可专门成立教育培训中心,规划建设教学基地,使导游员的岗前、岗中培训有坚实的基础。培训内容不仅包括了解政策法规、景点讲解技能,还包括培训导游员的质量观念、服务意识、应急能力等。导游员必须经过培训考试、跟团实习后才能上团。旅行社要改进对导游员的任务分配工作,保证服务质量,尽可能减少和预防旅游故障的发生。旅行社可根据导游员的带团质量分配任务,对大型团队可以适当增加导游员的数量。此外,旅行社还要通过宣传企业前景、各种激励措施激发导游员的事业心，通过发放津贴和合理的分配机制使导游员得到利益回报。

（六）出门预报，多做提醒

导游员要养成带旅游者出门前必做预报的习惯，其预报的内容主要包括：第一，预报全天行程。在旅游团出发前或旅游车离开饭店后，地陪要向旅游者报告一天的行程，包括上、下午游览点，中、晚饭餐厅名称和地址。如果已分发活动日程表，要注意核实是否有新的变动。第二，预报天气、地形。出发前，地陪要预报当天的天气和游览地的地形，提醒旅游者增、减衣服，更换鞋子。第三，介绍游览线路。到游览点后，在景点示意图前，地陪要向旅游者介绍游览线路，告知旅游车的停车地点，强调集合时间和地点，再次提醒旅游车的特征和车号。

同时，导游员要做好提醒工作，主要包括五个方面：第一，提醒旅游者量力而行。在登山、登高或做比较剧烈的运动时，地陪要提醒旅游者量力而行，速度不要太快，注意安全，避免太累、摔伤等事故。第二，提醒旅游者不要走失。团体游览时，地陪要提醒旅游者不要走散；自由活动时，提醒他们不要走得太远，不要回饭店太晚，不要去热闹、拥挤、秩序乱的地方。第三，提醒旅游者注意饮食卫生。导游员要随时提醒旅游者注意饮食卫生，不吃摊贩的食物，不喝自来水和河水。第四，提醒旅游者保管好财物。导游员要随时提醒旅游者保管好自己的财物，特别是证件和贵重物品。第五，提醒司机注意交通安全。在交通拥挤、时间仓促时，尤其在窄路、山区行车，在雨、雪、雾天旅行时，导游员要提醒司机注意交通安全，绝不能催促司机开快车；劝阻司机开“英雄车”、斗气车；阻止司机酒后开车；阻止非本车司机开车；阻止司机在中途停车搭载无关人员；遇到不明身份的人拦阻旅游车时，提醒司机不要停车。

（七）留心观察，注意环境

导游员要善于感知和观察旅游者不同的心理反映，及时调整自己的导游内容，使旅游者在服务中身心得到满足、愉快。导游员应该具有较强的观察能力，做到眼观六路、耳听八方，对旅游者及周围事物要善于感知，善于发现新情况，以便采取必要的措施和多变的手法，保证导游活动顺利进行，并满足旅游者的要求。导游员还应注意观察周围的环境，注意周围是否有异常动向，注意是否存在安全隐患，一旦发现，马上采取应变措施。

第二节 常见旅游故障的处理和预防

一、旅游活动计划与日程变更的处理和预防

旅游活动计划和日程一旦商定，各方都应该严格执行，一般不可轻易更改，否则就要承担违约责任。但有时会因天气突变、交通问题等不可预料的因素，旅游计划不得不被迫改变。

（一）原因

旅游活动计划和日程变更的原因包括主观和客观两个方面。由主观原因导致的变更可分为两种情况：旅游者（团）要求变更计划和旅行社要求变更计划。由客观原因导致的变更又可分为三种情况：气候突变（例如暴风雪、沙尘暴等）、自然灾害（例如洪水、地震、泥石流等）、突发的旅游故障（例如飞机机械故障导致航班长时间推迟或取消、山体滑坡、公路塌陷等）。

（二）处理

导游员在带团过程中，遇到旅游计划和日程需要变更的情况，应该仔细分析其产生的原因，并根据具体情况采取适当的处理方法。

1. 因主观原因导致的变更

(1) 旅游者（团）要求变更计划行程。

在旅游过程中，由于种种原因，旅游者向导游员提出变更旅游路线或旅游日程时，原则上应按旅游合同执行；遇有较特殊的情况或由领队提出，导游员也无权擅自作主，要上报组团社或接待社有关人员，经有关部门同意，并按照其指示和具体要求做好变更工作。

(2) 旅行社要求变更计划行程。

在旅游过程中，如果发生旅行社要求导游员变更接待计划时，导游员原则上可以按照旅行社的要求进行变更，但最好能代表旅行社征求一下旅游者的意见，否则会给旅行社带来不必要的损失。

2. 因客观原因导致的变更

旅游过程中，经常会出现一些客观的、不可预料的因素导致需要变更旅游团的旅游计划和日程。针对不同情况，导游员要有灵活的应变措施。

(1) 缩短或取消在某地的游览时间。

① 旅游者(团)因抵达时间延误,造成游览时间缩短。

出现这种情况,导游员首先应仔细分析因延误带来的困难和问题,并及时向接待社外联或计调部门汇报,以便将情况尽快反馈给组团社,找出补救措施。在外联或计调部门的协助下,安排落实该团交通、食宿、游览等事宜。提醒有关人员与饭店、车队、餐厅联系,及时办理退房、退餐、退车等一切相关事宜。此外,地陪应立即调整活动日程,压缩游客在每一景点的活动时间,尽量保证不减计划内的游览项目。

② 旅游者(团)提前离开,造成游览时间缩短。

对于这种情况,导游员应立即与全陪、领队商量,采取补救措施,并立即调整活动时间,抓紧完成计划内的游览项目。若无法完成计划内所有的游览项目,地陪应选择最有代表性、最具特色的旅游景点,以使旅游者对游览景点有个基本的了解。

导游员还应做好旅游者的工作,稳定旅游者的情绪,不要急于将提前离开的消息告诉团队成员,待与领队、全陪制订新的游览方案后,找准时机向旅游团中有影响力的旅游者实事求是地说明困难,诚恳地道歉,以求得谅解,并将变更后的安排向他们解释清楚,争取他们的认可和支持,最后与他们一起做其他旅游者的工作。在可能的情况下,经接待社领导同意,可采取加菜、赠送小纪念品等物质补偿的办法。如果旅游团的活动受到的影响较大,旅游者损失较大而引起强烈的不满时,可请接待社领导出面向旅游者道歉,并提出可行的补偿办法。

此外,地陪应通知接待社计调部门或有关人员办理相关事宜,例如退房、退餐、退车等,而全陪应立即报告组团社,并通知下一站接待社。

(2) 延长在某地的游览时间。

旅游团提前抵达或推迟离开都会造成在一地的游览时间延长而变更游览日程。出现这种情况,地陪首先应与接待社有关部门或有关人员联系,重新落实该旅游者(团)的用房、用餐、用车情况,并及时落实离开该地的机(车)票。其次,要迅速调整活动日程,例如适当延长在主要景点的游览时间,经组团社同意后,酌情增加游览景点,努力使活动内容充实。再次,要提醒有关接待人员通知下一站接待社该团的日程变化,以防出现事故。

需要注意的是,在变更旅游计划时,地陪需征求领队和全陪的意见,共同商量,以取得他们的支持和帮助。在旅游计划变更之后,应与领队、全陪商量好如何向团内旅游者解释说明情况,以取得他们的谅解与支持。

(3) 逗留时间不变,但被迫改变部分活动项目的内容。

有时,在旅游过程中会因客观原因而导致被迫改变部分活动项目的内容。虽然变更的旅游活动项目涉及面小,但如果出现这种情况,导游员首先应实事求是地向旅游者讲清楚,提出由另一景点代替的方案,与旅游者协商,在征得多数旅游者同意后方能实施变更。应注意的是,导游员选择的替代的游览景点也应具有特色,并要以精彩的导游讲解、热情的服务激起旅游者的游兴。如果旅游者能在替代项目中获得意外的收获,将会弥补因活动变更而带来的遗憾。

二、漏接、空接、错接的处理和预防

(一) 漏接

漏接是指旅游者(团)抵达一站后,无导游员迎接的现象。

1. 原因

造成漏接的原因是多方面的,并不一定是导游员的责任。但对于旅游者来说,无论是因何种原因造成漏接都是不应该的,都会因此而产生不满。导游员应该及时处理,尽力消除这种不良影响。

(1) 主观原因造成的漏接。

在导游服务中,因主观原因造成的漏接主要是针对导游员而言的,主要有以下几种情况:

① 导游员工作不细致,没有认真阅读接待计划,把旅游者(团)抵达的日期、时间、地点搞错;

② 导游员迟到,没有按规定时间提前抵达接站地点;

③ 导游员只阅读接待计划,没有阅读变更记录,仍按原计划接站;

④ 导游员没查对新的航班(车、船)时刻表。特别是新、旧时刻表交替时,仍按旧时刻表的时间接站;

⑤ 导游员举牌接站的地点选择不当。

(2) 客观原因造成的漏接。

由客观原因造成的漏接主要有以下几种情况:

① 由于种种原因,旅游团原定的班次或车次变更而提前抵达;

② 接待社已接到变更通知,但有关人员没能及时通知该团地陪;

③ 由于其他相关人员原因,例如司机迟到,未能按时到达接站地点;

④ 由于交通堵塞或其他预料不到的情况发生,未能及时抵达机场(车站);

⑤ 由于国际航班提前抵达或旅游者在境外中转站乘其他航班。

2. 处理

(1) 主观原因造成漏接的处理办法。

主观原因造成漏接属于责任性旅游故障。针对这种情况,导游员应采取的处理办法是:

① 尽快接到旅游者(团),并实事求是地向旅游者说明情况,诚恳地赔礼道歉,以求得谅解;

② 如果有费用问题,例如旅游者乘出租车到饭店的车费,应主动将费用赔付给旅游者;

③ 用实际行动取得旅游者(团)的谅解,例如提供更加热情周到的服务,高质量地完成计划内的全部活动内容,以求尽快消除因漏接而使旅游者产生的不满情绪。

(2) 客观原因造成漏接的处理办法。

客观原因造成的漏接相对于导游员而言,一般属于非责任性旅游故障。针对由于客观原因造成的漏接,导游员应采取的处理办法是:

① 立即与接待社有关部门联系,告知现状并查明原因;

② 耐心向旅游者做解释工作,消除误解,同时导游员要有一定的度量接受旅游者的抱怨;

③ 尽量采取弥补措施,使旅游者的损失降到最低限度;

④ 必要时请接待社领导出面赔礼道歉,或酌情给旅游者一定的物质补偿。

3. 预防

初次见面,导游员给旅游者留下美好的印象对于日后工作的开展是极为重要的。无论因何种原因造成的漏接,都会让旅游者对导游员产生不良的印象,因此,导游员要积极采取有效措施,防止漏接事故的发生。预防措施如下:

(1) 认真阅读接待计划。导游员接到任务后,应详细了解旅游团抵达的日期、时间、接站地点(具体是哪个机场、车站、码头)、团队构成等情况,并亲自核对清楚。

(2) 核实交通工具到达的准确时间。旅游团抵达的当天,导游员应与旅行社有关部门联系,弄清班次或车次是否有变更,并及时与机场(车站、码头)联系,核实抵达的确切时间。

(3) 提前抵达接站地点。导游员应与司机商定好出发时间,保证按规定提前半小时到达接站地点。

【参考案例】

南京某旅行社门市接待人员接到北京组团社的电话,原定于第二日下午17:50到达的旅游团,因出发地订票的原因改为第二日上午11:40提前到达,需提前接站。门市接待人员因有急事,在未能和旅行社计调联系上的情况下,在计调的办公桌上留下便条告知此事,然后离去。然而计调回到旅行社后,没有注意到办公桌上的便条,直到第二日上午12:00,组团社全陪从火车站打来电话才知此事。

分析:显然这是一起因接待社相关工作人员没有做好工作而造成的漏接事故,该社的门市接待人员和计调都是有责任的。作为地陪得知此事后,应以最快的速度带车到达火车站,然后实事求是地向旅游者说明情况,并诚恳地赔礼道歉,力求取得旅游者的谅解,必要时可请旅行社的领导出面赔礼道歉或酌情给旅游者一定的物质补偿。此外,地陪要用更加热情周到的服务,高质量地完成计划内的全部活动内容,以消除因漏接给旅游者带来的不愉快情绪。

(二) 空接

空接是指由于某种原因旅游团推迟抵达某站,导游员仍按原计划预定的班次或车次接站,但没有接到旅游团的现象。

1. 原因

造成空接事故的原因主要有以下几种:

(1) 接待社没有接到旅游团推迟抵达的消息。由于天气原因或某种故障,旅游者(团)仍滞留在上一站或途中,而上一站旅行社并不知道这种临时的变化,没有通知下一站接待社。而此时,全陪或领队也无法通知接待社,造成空接。

(2) 上一站忘记通知。由于某种原因,上一站旅行社变更该团原定的航班或车次,使抵达推迟。但有关人员由于工作疏忽,没有通知下一站接待社,造成空接。

(3) 地接社相关人员的原因。地接社接到上一站的变更通知后,接待社有关人员没有及时通知该团导游员,造成空接。

(4) 旅游者本身原因。由于旅游者生病、急事或其他原因,临时决定取消旅游,没乘飞机或火车前往下一站,但又没有及时通知下一站接待社,造成空接。

2. 处理

导游员对于空接事故应采取的处理办法如下:

(1) 导游员应立即与本社有关部门联系,查明原因。

(2) 迅速与有关方核实接站时间,灵活处理。如延迟时间不长,可留在接站地点继续等候,迎接旅游团的到来,同时通知各接待单位;如延迟时间较长,导游员应按本社有关部门的安排,重新落实接团事宜。

(3) 经核实该旅游者(团)确实因故取消旅游计划后,导游员应立即通知接待社有关人员,取消各项预订,同时请相关工作人员将情况通知组团社和下一站接待社。

3. 预防

为了预防空接事故的发生,导游员及旅行社相关工作人员应注意以下几个方面:

(1) 地接社导游员应主动与上一站接待社或组团社沟通,上一站全陪或领队则应及时将旅游团临时变更情况通知下一站接待社。

(2) 导游员应在接团前再次核实旅游接待计划,必要的情况下,可亲自到旅行社查阅有关值班记录和变更通知,并按接待计划预定的时间提前抵达接站地点。

(3) 旅行社内勤人员要有高度责任心,在接到上一站变更通知后,应立即设法通知导游员。

【参考案例】

某旅游考察团计划乘某航班由 A 市飞抵 B 市,B 市导游员小杜按接待计划上的时间前往机场,但未能接到该团,试分析小杜未接到该团的可能原因。如果该团推迟到第二天上午抵达,小杜该怎么办?

分析:由于天气等方面的原因,原航班的飞机提前起飞,旅游团抵达后自行前往饭店,这属于漏接事故;由于天气原因、机械故障、旅游团误了原航班飞机等原因致使旅游团没能按时到达,这属于空接事故。该案例中导游员小杜没有接到旅游团的主要原因可能有以下三点:(1)旅游团提前或推迟抵达,A 市的旅行社没有将这一更改及时通知 B 市的接待旅行社。(2)B 市接待旅行社已经接到更改通知,但相关工作人员忘记通知导游员小杜,或没能找到导游员小杜。(3)地陪小杜接到了更改通知,但他自己粗心大意,没有将其记住,前往机场前他也没有与旅行社再次核实相关情况。如果确系空接事故,小杜应马上与旅行社联系,了解有关情况。得知该团将于第二天上午抵达 B 市,小杜或旅行社应通知膳宿接待单位退掉当天的餐宿,并预订第二天的餐宿,重新安排该旅游团在 B 市的活动日程,并与司机商定第二天接团的时间。

(三) 错接

错接是指导游员接了不应由他接的旅游者(团)。错接旅游团一般是责任事故。

1. 原因

错接旅游团一般是因为导游员责任心不强造成的,多发生在旅游热点地区或旅游旺季。有的旅行社同时派出一个以上的旅游团前往某一旅游目的地,或者在旅游旺季,若干旅游团和众多旅游者会乘同一航班(车次、船次)抵达目的地,而导游员出发前没有足够的时间准备,仓促出发,接团前没有准备好必需的物品,也没有与司机做好工作分工,或者导游员迟到,没有按规定的程序接团,接到旅游团后亦没有认真核实,这些都会导致错接事故的发生。

2. 处理

一旦发生错接事故,导游员应立即采取以下措施:

(1) 报告旅行社,请有关人员迅速查明两个错接团的情况,再做具体处理。

(2) 如果经调查核实,错接发生在本社的两个旅游团之间,两个导游员又同是地陪,那么就将错就错,两名地陪将接待计划交换之后,可以继续带团。但如果两个导游员中有一名是地陪兼全陪,那么,就应该交换旅游团。

(3) 如果经核查,错接的团发生在两家接待社之间,就必须交换旅游团。团队交换后,地陪要实事求是地向旅游者说明情况,并诚恳地赔礼道歉,以求得旅游者的谅解。

(4) 假如发生其他人员接走旅游者(团)的情况,导游员应马上与饭店联系,看旅游者是否已住进下榻的饭店。找到旅游者(团)后,向旅游者赔礼道歉,以求得旅游者的谅解。

3. 预防

要预防错接事故的发生,导游员应做到:

(1) 导游员接团前要认真阅读接待计划。地陪应将所接旅游者(团)的相关资料和信息准确记下来。

(2) 导游员应提前到达接站地点迎接旅游团,杜绝迟到现象。

(3) 接到旅游者(团)后,导游员应认真核实相关信息,例如旅游客源地派出方旅行社的名称,旅游目的地组团旅行社的名称,旅游团的代号、人数、领队姓名(无领队的团要核实旅游者的姓名)、下榻饭店等,确认无误后方可把旅游者(团)接走。

(4) 地陪要与全陪、领队密切配合,互通信息。

(5) 导游员要提高警惕,严防社会其他人员非法接走旅游者(团)。

【参考案例】

某年春节黄金周期间,北京某组团社有两个旅游团到海南旅游,其旅游计划是一样的,乘坐的飞机航班、行程、人数、标准也相同,只是海南的接待社不同,分别为A旅行社和B旅行社,地方陪同导游员分别是小张和小李。当他们在机场出口处迎接旅游团时,只见两队举着同一旅行社的旗子,戴着同一旅行社的帽子,并背着相同的行李袋。小张很高兴地走上前去,确认了人数,便热情地招呼大家上车。小李见到小张已带走一队,自己就把另一个团带走了。直到吃晚餐时,小李才发现,此团并不是自己旅行社要接待的团队。

分析:这是一起典型的错接事故。本案例中造成错接的原因很明确,两位地方陪同导游员没有核对组团社全程陪同导游员的姓名,全程陪同导游员也犯了同样的错误,没有与地方陪同导游员核对接待社的名称、经理的姓名、电话(或手机)等,属于双方导游员粗心大意造成的错接。由于该案例中的错接发生在两家旅行社之间，所以，小李发现错接后，应立即打电话报告旅行社，实事求是地说明情况，请求旅行社处理；在旅行社安排下，小李与小张取得联系，确定交换旅游团的准确时间、地点及办法，尽快交换旅游团；两位导游员应分别向旅游者诚恳道歉，并向各自所在的旅行社写书面检查，说明错接的原因，并保证在以后的接团中吸取教训，杜绝类似事故再次发生。

三、误机(车、船)事故的处理和预防

误机(车、船)事故是指因各种原因造成旅游者(团)没有按原定航班(车次、船次)离开本站而导致的暂时滞留。误机(车、船)事故是重大责任事故，往往是由于导游员的疏忽造成的，一般会给旅行社带来重大的经济损失和不良影响。

(一) 原因

导致误机(车、船)事故的原因有很多，大致归纳为两大类，即客观原因和主观原因。

1. 客观原因导致的非责任事故

客观原因可分为两类：由旅游者方面的原因造成的事故和突发事故。因为旅游者突然生病、受伤、游览中走失、不听安排，旅游团未能按原计划离开，或领队、旅游者不同意导游员的安排，坚持一意孤行导致误机(车、船)，或行李未到导致误机(车、船)等。突发情况则可能是旅游团按规定时间离开饭店，前往机(车、船)途中遇到交通事故、严重堵车、汽车发生故障等情况造成的延误。

2. 主观原因导致的责任事故

导游员或旅行社其他人员因工作上的差错造成延误。例如导游员安排日程不当或过紧，没有按规定提前到达机场(车站、码头)；没有认真核实交通票据，将时间或地点搞错；机(车、船)班次发生变更但旅行社有关工作人员没有及时通知导游员等。

(二) 处理

一旦发生误机(车、船)事故，导游员应按照下列步骤进行处理：

(1) 请示汇报。导游员应立即向旅行社领导及有关部门报告并请求协助。

(2) 设法补救。地陪和旅行社应尽快与机场(车站、码头)联系，争

取让旅游者乘最近班次的交通工具离开本站，或采取包机(车、船)、改乘其他交通工具前往下一站。

(3) 安抚旅游者。向旅游者说明真实情况，赔礼道歉，以求得谅解。稳定旅游者(团)的情绪，并安排好在当地滞留期间的食宿、游览等事宜。

(4) 传递信息。导游员要及时将误机(车、船)的情况通知下一站，以便下一站对日程安排做相应的调整。

(5) 总结报告。事故处理后，导游员应写明事故报告，查清事故的原因和责任，责任者应承担经济损失并进行相应处分。

(三) 预防

误机(车、船)事故会给旅行社带来严重的影响，也会影响旅游者的情绪，要杜绝此类事故的发生，关键在于预防。为此，导游员应做到：

(1) 地陪、全陪要提前落实旅游团离站的交通票据，认真核实机(车、船)票的班次(车次、船次)、日期、时间及在哪个机场、车站、码头乘机(车、船)等。

(2) 如果交通票据未落实，接团期间地陪应随时与接待社有关人员保持联系。对于没有行李车的旅游团，地陪在拿到票据并核实无误后，应立即将其交到全陪或旅游者手中；有行李车的旅游团，地陪要与行李员仔细核对，并提醒行李员旅游团出发的时间。

(3) 导游员应妥善安排旅游团的活动日程，离开当天不要安排旅游团到复杂、偏远的景点参观游览，也不要安排自由活动。

(4) 安排充裕的时间去机场(车站、码头)，要考虑到交通堵塞或突发事件等因素。

(5) 保证旅游团按规定的时间到达机场(车站、码头)。乘国际航班出境，旅游团要提前两个小时到达机场；乘国内航班，旅游团要提前一个半小时到达机场；乘火车，旅游团要提前一个小时到达火车站。

【参考案例】

某旅游团按计划将于某日 17:40 乘火车离开 A 市赴 B 市。地陪小赵带领该团游览了计划的景点后于 16:00 将该团带到市中心购物。16:40 全团上车后发现少了两名旅游者，于是小赵让领队照顾全团在原地等候，自己和全陪分头去找这两名旅游者。等找到他们回到车上时，离火车开车时间只有三十分钟了。司机立即开车,可是汽车抵达火车站时,火车已驶离站台。试分析造成这起误车事故的原因,并说明小赵应采取什么补救措施。

分析:本案例中造成误车事故的原因主要有两个方面:第一,小赵不应安排旅游团在快离开本地前到市中心购物。第二,地陪、全陪不应分头去找人,正确的处理方法是地陪把车票交给全陪,请他带团前往火车站,地陪去寻找未归团的两位旅游者,找到后坐出租车赶往火车站,这样可避免旅游团内大部分旅游者误车。误车事故发生后,小赵应采取的补救措施有:第一,立即与车站调度室联系,商量怎样让该旅游团尽早离开本地;第二,向旅行社领导报告,请示处理意见;第三,若旅游团无法及时离开本地,请旅行社有关部门安排好该团的食宿;第四,请旅行社有关部门通知B市接待旅行社,告知该团不能按原计划抵达;第五,稳定旅游者的情绪,并安排好该团离开A市前的游览活动;第六,妥善处理该团旅游者的行李;第七,离开A市的车次确定后,提醒内勤及时通知B市接待旅行社。

四、旅游者丢失证件、钱物、行李的处理和预防

在旅游过程中,由于各种原因,经常发生旅游者丢失证件、钱物、行李等事故。证件、钱物、行李等的丢失会给旅游者带来诸多麻烦,有时还会影响到旅游者甚至整个旅游团的行程。为了避免此类事件的发生,导游员应积极做好服务工作,采取各种预防措施,防患于未然。

(一)丢失证件

旅游者在旅游期间必须持有效证件,证件一旦丢失,势必影响旅游活动的正常进行和旅游者的情绪。例如国内旅游者丢失身份证会影响乘机,而海外旅游者丢失证件会影响其出境。导游员应根据丢失证件的种类及时帮助处理。

当旅游者证件丢失后,导游员首先要稳定旅游者的情绪,请失主冷静地回忆,详细了解丢失情况,找出线索,尽量协助寻找。如确已丢失,导游员应积极协助旅游者到可能的地方寻找,并马上报告公安部门、接待社领导和组团社,留下旅游者的详细地址、电话,然后根据领导或接待社有关人员的安排,协助失主办理补办手续,所需费用由失主自理。

根据丢失证件种类的不同,导游员的处理办法有所差异,具体如下:

1. 丢失外国护照和签证

(1) 由当地接待社出具遗失证明；

(2) 请失主准备照片；

(3) 失主本人持证明去当地公安局(外国人出入境管理处)报失,由公安局出具相应证明；

(4) 失主持公安局的证明去所在国驻华使、领馆申请补办新护照；

(5) 失主领到新护照后,再去当地公安局办理签证手续。

2. 丢失团队签证

(1) 由当地接待社开具遗失公函；

(2) 带原团体签证复印件(副本)；

(3) 重新打印与原团体签证格式、内容相同的该团人员名单；

(4) 收齐该团全体旅游者的护照；

(5) 持以上证明材料到公安局出入境管理处报失,并填写有关申请表,可由一名旅游者填写,其他成员附名单。

3. 丢失中国护照和签证

(1) 华侨丢失护照和签证。

① 由当地接待社开具遗失证明；

② 失主准备彩色照片；

③ 失主本人持证明、照片到当地公安局出入境管理处或授权的公安机关报失并申请办理新护照；

④ 失主持新护照到其居住国驻华使、领馆办理入境签证手续。

(2) 中国公民出境旅游时丢失护照和签证。

① 请地陪协助到接待社开具遗失证明；

② 失主持遗失证明到当地警察机构报案,并取得警察机构开具的报案证明；

③ 失主持当地警察机构的报案证明和有关材料到我国驻该国使、领馆办理新护照；

④ 新护照领到后,携带新护照、必备的材料和证明到所在国移民局办理新签证。

4. 丢失港澳同胞回乡证(港澳居民来往内地通行证)

该证是港澳同胞来往于香港、澳门与祖国内地之间的有效证件,遗失后其补办手续如下：

(1) 向公安局派出所报失，并取得报失证明，或由接待社开具遗失证明；

(2) 失主持报失证明或遗失证明到公安局出入境管理处申请领取赴港澳证件；

(3) 经出入境管理部门核实后，给失主签发一次性中华人民共和国入出境通行证；

(4) 失主持该入出境通行证回港澳地区后，填写港澳居民来往内地通行证件遗失登记表和申请表，凭本人的港澳居民身份证，向通行证受理机关申请补发新的通行证。

5. 丢失台湾同胞旅行证明

该证是台湾同胞来祖国大陆探亲、旅游的证明，经口岸边防检查站查验并加盖验讫章后，即可作为进出祖国大陆旅行的身份证明。台湾同胞在祖国大陆旅游期间丢失该旅行证明后，由失主向遗失地的中国旅行社或户口管理部门、侨办(台办)报失，核实后由公安机关的出入境管理部门签发中华人民共和国入出境通行证。

6. 丢失中华人民共和国居民身份证

由接待社开具证明，失主持证明到公安局报失，经核实后开具身份证明，机场安检人员核准放行。回到居住所在地(户口所在地)后，凭公安局报失证明和有关材料到当地派出所办理新身份证。

(二) 丢失钱物

钱物包括一般物品、贵重物品、现金、汇票等。钱物丢失，无论是由于旅游者本人的不慎，还是接待服务方面的疏忽，导游员都有责任帮助联系、查找。外国旅游者和国内旅游者丢失钱物后的处理办法分别如下：

1. 外国旅游者丢失钱物的处理

(1) 稳定失主情绪，详细了解物品丢失的经过，物品的数量、形状、特征、价值，仔细分析物品丢失的原因、时间、地点，并迅速判断丢失的性质(是不慎丢失还是被盗)。

(2) 立即向公安局或保安部门报案，被保险的物品还须立即向保险公司报案，特别是贵重物品的丢失。

(3) 导游员应及时向接待社领导汇报，听取领导指示。

(4) 接待社出具遗失证明。

(5) 若丢失的是贵重物品,失主持证明、本人护照或有效身份证件到公安局出入境管理处填写失物经过说明,列出遗失物品清单;若所丢物品是入境时向海关申报的物品,要出示中国海关行李申报单;若将中国海关行李申报单遗失,要在公安局出入境管理处申请办理中国海关行李申报单遗失证明;若遗失物品已在国外保险公司办理了财产保险,领取保险时需要证明,可以在公安局出入境管理处申请办理财物报失证明;若遗失物品是旅行支票、信用卡等票证,在向公安机关报失的同时还要及时向有关银行挂失。以上由公安局开具的所有证明,可供出海关时查验或向保险公司索赔。

证件、财物,特别是贵重物品被盗是治安事故,导游员应立即向公安机关及有关部门报警,并积极配合有关部门早日破案,挽回不良影响;若不能尽早破案,导游员要尽力安慰失主,按上述步骤处理。

2. 国内旅游者丢失钱物的处理

(1) 立即向公安局、保安部门及保险公司报案;

(2) 及时向接待社领导汇报;

(3) 若旅游团行程结束时仍未破案,可根据失主丢失钱物的时间、地点、责任方等具体情况做善后处理,如果是接待方的失误,则应由有关部门赔偿。

(三) 行李遗失

旅游者遗失行李,一般都是在运输过程中或搬运途中发生的。无论是外国旅游者还是中国旅游者,行李的遗失都会给他们的旅游生活带来极大的不便,并严重影响旅游者的情绪。因此,导游员应该急其所急,尽快设法解决。

1. 海外旅游者来华途中丢失行李

有时海外旅游者一入境就发生行李丢失事故,这显然不是我方导游员的责任,而应由其所乘客机的航空公司负责。此时导游员不能袖手旁观,应积极协助旅游者追寻行李,正确的做法是:

(1) 带失主到机场失物登记处办理行李丢失和认领手续。失主须出示机票及行李牌,详细说明始发站、转运站,说清楚行李件数及丢失行李的大小、形状、颜色、标记、特征等,并一一填入失物登记表。

(2) 将失主下榻饭店的名称、房间号和电话号码(如果已经知道的话)告诉登记处并记下登记处的电话和联系人,记下有关航空公司办事处的地址、电话，以便联系。

(3) 旅游者在当地游览期间，导游员要经常打电话询问寻找行李的情况，一时找不回行李，要协助失主购置必要的生活用品。

(4) 若旅游者离开本地前行李还没有找到，导游员应帮助失主将接待旅行社的名称、全程旅游线路以及各地可能下榻的饭店名称转告有关航空公司，以便行李找到后及时运往相应地点交还失主。

(5) 若行李确定丢失，失主可向有关航空公司或按国际惯例索赔。

2. 在中国境内丢失行李

旅游者在中国境内丢失行李，一般是在三个环节上出的差错，即交通运输部门、饭店行李部门和旅行社的行李员。导游员必须认识到，不论是在哪个环节出现的问题，都是我方的责任，应设法积极查找。

(1) 仔细分析，找出差错的线索或环节。

如果旅游者在机场领取行李时找不到托运行李，则很有可能是上一站行李交接或机场行李托运过程中出现了差错。这时，全陪应马上带领失主凭机票和行李牌到机场行李查询处登记办理行李丢失或认领手续，并由失主填写行李丢失登记表。地陪则立即向接待社领导或有关人员汇报，安排人员与机场、上一站接待社、有关航空公司等单位联系，积极寻找。

如果抵达饭店后，旅游者告知导游员没有拿到行李，问题可能出现在四个方面：其一，本团旅游者误拿；其二，饭店行李部投递出错；其三，旅行社行李员与饭店行李员交接时有误；其四，在往返运送行李途中丢失。出现这种情况，地陪应立即采取以下措施：地陪与全陪、领队一起先在本团内寻找。如果没有找到，应立即与饭店行李部取得联系，请其设法查找。如果仍找不到行李，地陪应马上向接待社领导或有关部门汇报，请其派人向旅行社行李员了解有关情况，设法查找。

(2) 做好善后工作。

导游员应主动关心失主，对因丢失行李给失主带来的诸多不便表示歉意，并积极帮助其解决因行李丢失而带来的生活方面的困难。

(3) 随时与有关方面联系，询问查找进展情况。

(4) 若行李找回，应及时将找回的行李归还失主；若确定行李已丢失，由责任方负责人出面向失主说明情况，并表示歉意。

(5) 帮助失主根据有关规定或惯例向有关部门索赔。

(6) 事后写出书面报告(行李丢失的原因、经过、查找过程、赔偿情况及失主和其他团员的反映)。

3. 行李破损

旅游者在整个旅游过程中,往往要经过多个城市和地区,有时在提取行李时发现托运的行李有破损甚至面目全非。行李破损是由多方面原因造成的,例如行李传送机械的原因、行李装卸人员操作不当或行李箱自身的质地等。发生行李被损坏时,导游员的做法是:

(1) 全陪应带行李被损坏的旅游者到机场行李查询处填写行李运输事故记录。如果当时由于时间关系或其他原因未能及时到机场行李查询处填写事故记录,行李破损的旅游者应按《中华人民共和国民用航空法》有关规定,最迟应当自收到行李之日起七日内向承运人或代理人提出行李破损问题。

(2) 根据《中华人民共和国民用航空法》的有关规定,帮助行李破损者向承运人索取一定的赔偿。赔偿方式有:现金赔付;以坏换新(航空公司准备新箱);退旧买新,凭发票报销;修理后凭票报销。

(四) 预防

在旅游期间,旅游者发生丢失证件、钱物、行李的事件,不仅会带来诸多不便和一定的经济损失,也会给导游工作带来不少麻烦和困难,影响旅游活动的正常进行。因此导游员要采取各种措施尽可能防止这类事件的发生。

1. 多做提醒工作

导游员的"嘴勤"是预防工作的保障。在关键时刻导游员要注意做好提醒工作:参观游览时,导游员要提醒旅游者带好自己的随身物品;在热闹、拥挤的场所购物时,导游员要提醒旅游者保管好自己的财物(例如钱包、照相机等);离开饭店时,导游员要提醒旅游者带好随身行李物品,检查是否带齐了旅行证件;下车时提醒旅游者不要将贵重物品留在车上,同时提醒旅游者和司机关好车窗门。

2. 严格遵守工作规范

导游员一般不保管旅游者的证件、钱物和行李,尤其是证件。导游员在工作中需要旅游者的证件时,需经由领队收取,用完立即如数归还,不要代为保管,同时还要提醒旅游者保管好自己的证件。导游员工作中需借用旅游者物品时,可直接与旅游者商量,得到许可后方可使用。离站(境)前,导游员要认真检查自己的行李物品,如果有旅游者的物品、证件,应立即归还。

3. 严格按照行李交接程序清点、交接、签字

在机场(车站、码头)和饭店交接行李时,导游员要切实做好每次行李的清点、交接工作。

【参考案例】

某国际旅游团27人从A地飞往B地,在A地机场办理登机手续时,机场工作人员要求检查旅游者护照。全陪小王匆匆地向旅游者收取护照,办理完登机手续后,他随手将护照递给了领队,自己向旅游者分发登机卡。到B地后,旅游者彼得告诉全陪他的护照不见了,还说在A地机场收取护照后好像没有还给他,但领队说他肯定将护照还给了彼得。

分析:此案例中全陪在A地机场的做法有不妥之处。在A地机场,全陪做法的不妥之处表现在:第一,需要证件时不应由全陪直接向旅游者收取,而应由领队向旅游者收取,用完后立即将证件交还领队,且应当面清点;第二,发登机卡不应由全陪发放,而应由领队。在处理旅游者丢失护照问题的过程中,正确的做法是:第一,问清情况,帮助旅游者回忆,是真的没有收到护照还是忘在什么地方;第二,与领队核实,是领队没有将护照还给旅游者还是已经还给他了,以求分清责任;第三,与领队一起协助旅游者寻找护照;第四,确定护照丢失,全陪应协助失主办理相关补办手续,费用问题待分清责任后处理。对海外旅游者的证件,导游员的正确做法应该是:第一,不替旅游者保管护照等证件;第二,需要时由领队收取,中方导游员在接收证件时要点清数目,用完后立即将证件交还领队并核对数目;第三,旅游团离开本地或离境时,导游员要检查自己的行李,若有旅游者的证件,应立即归还。

五、旅游者走失的处理和预防

导游员在带团过程中,经常发生旅游者走失的现象。旅游者一旦走失,或多或少会影响旅游活动的正常进行,轻者会给走失的旅游者带来焦虑、恐慌之感,严重时甚至会危及旅游者的人身、财产安全,特别是海外旅游者,由于语言不通,情况会更加糟糕。因此,导游员要采取一

切措施防止发生旅游者走失现象。如果发生,应立即采取有效措施以挽回不良影响。

(一) 原因

根据发生的时间,旅游者走失事故可以分为游览活动中旅游者走失和自由活动时旅游者走失两种情况。两种情况发生的环境不同,采取的处理办法也有所差别,但诱发事故的原因主要有以下四种:

(1) 导游员没有向旅游者讲清集合的时间、地点、车号、停车位置或景点的游览路线,未做好必要的提醒工作;

(2) 旅游者在游览中忘记了导游员的提示,或对某种现象和事物产生兴趣,或在某处摄影滞留时间较长而脱离团队自己走失;

(3) 旅游者在自由活动、外出购物时没有记清下榻饭店的地址和路线而走失;

(4) 地陪导游员讲解欠佳,不能引起旅游者的兴趣,导致旅游者参与到其他的旅游团中听讲或随团游览,脱离了自己的旅游团造成走失。

(二) 处理

1. 游览活动中旅游者走失

(1) 了解情况,迅速寻找。

一旦发现旅游者走失,导游员应立即向其他旅游者、景点工作人员了解情况并迅速寻找。地陪、全陪和领队要密切配合,一般情况下是全陪、领队分头去找,地陪带领其他旅游者继续游览。

(2) 向有关部门报告,寻求帮助。

在经过认真寻找仍未找到走失者后,导游员应立即向游览地的派出所和管理部门求助,通过广播或在巡警、景点各类工作人员等帮助下寻找。特别是在面积大、范围广、进出口多的游览点,因寻找工作难度较大,争取当地有关部门的帮助尤为必要。

(3) 与饭店联系。

在寻找过程中,导游员要不断与饭店前台、楼层服务台联系,请他们注意走失的旅游者是否已经回到饭店,并留下联系办法,随时保持联络。

(4) 向旅行社报告。

如果采取了以上措施仍找不到走失的旅游者,地陪应向旅行社及时报告并请求帮助,必要时请示领导,向公安部门报案。

(5) 做好善后工作。

找到走失的旅游者后,导游员首先要安抚他,做好善后工作,分析走失的原因。如果属导游员的责任,导游员应向旅游者赔礼道歉;如果责任在走失者,导游员也不应指责或训斥对方,而应委婉地提出善意的批评,讲清利害关系,提醒其以后注意。

(6) 写出事故报告。

事后导游员要写出书面报告,详细记述旅游者走失经过、寻找过程、走失原因、善后处理情况及旅游者的反应、经验教训、防范措施等。

2. 自由活动时旅游者走失

(1) 立即报告求助。

导游员在得知旅游者外出时走失,应立即报告旅行社领导,请求指示和帮助;报告饭店安全部门,请求协助;必要时,可通过有关部门向公安局管区派出所报案,并向公安部门提供走失者可辨认的特征,请求帮助寻找。

(2) 做好善后工作。

找到走失者,导游员应先表示高兴,进行安抚;然后问清情况,必要时提出善意的批评,提醒走失者乃至团内其他旅游者应引以为戒,避免走失事故再次发生。

(3) 酌情处理。

若旅游者走失后出现其他情况,应视具体情况作为治安事故或其他事故处理。

(三) 预防

1. 做好提醒工作

为了防止旅游者走失事故的发生,导游员须不怕麻烦,随时做好提醒工作。主要体现在三个方面:第一,提醒旅游者记住接待社的名称,旅行车的车号和标志,下榻饭店的名称、电话号码,带上饭店的店徽等。第二,每到一个游览景点,旅游者下车前,要提醒旅游者记住相关信息(例如停车位置、集合的时间等);团体游览时,要提醒旅游者不要走散。第三,旅游者自由活动时,提醒他们不要走得太远,不要太晚回饭店,不要去热闹、拥挤、秩序混乱的地方。

2. 做好各项活动的安排和预报工作

在出发前或旅游车离开饭店后，地陪要向旅游者报告一天的行程，上、下午游览点和吃中、晚餐餐厅的名称与地址。

到游览点后，在景点示意图前，地陪要向旅游者介绍游览线路、游览时间，告知旅游车的停车地点，强调集合时间和地点，并再次说明旅游车的特征和车号。

3. 随时清点人数

游览过程中，导游员要时刻与旅游者在一起，注意观察环境和旅游者的动向，经常清点人数。

4. 导游服务集体要密切配合

地陪、全陪和领队应密切配合，特别是在一些面积较大、游览线路较为复杂的景区，或在旅游高峰期，地陪要高举导游旗在整个旅游团的前面带队讲解，全陪和领队要主动负责做好旅游团的断后工作。

5. 提高讲解水平，吸引旅游者

导游员要在语言、知识上苦下工夫，以高超的导游技巧和丰富的讲解内容吸引旅游者，调动旅游者参与的兴趣，使旅游者和导游员达到互动的效果。

【参考案例】

据 2007 年 4 月 16 日《中国旅游报》上的一篇报道，旅游者老张报名参加了某旅行社组织的昆明、大理、丽江、香格里拉双飞 8 日游。在昆明旅游时，老张不慎与团队走失，导游员和地陪在寻找无果的情况下，为了不影响全团其他旅游者的旅游，被迫放弃寻找，并将此事向旅行社经理汇报。旅行社和老张的家属沟通后，派出一名工作人员和老张的四位家属乘飞机赶往昆明，经过几天的寻找，终于将老张找到。之后老张在家属的陪同下，向当地法院提起诉讼，要求旅行社支付家属寻找自己所支出的费用和未参加旅游的团费，共计 2 万余元。

分析：这是一起典型的旅游者走失的事故。导游员在得知老张走失的消息后，应按照游览活动中旅游者走失的情况来处理。遗憾的是，尽管导游员尽了最大努力寻找，仍然未果，最终导致老张对旅行社提起诉讼。由此可见，旅游者走失事故不仅给旅游者带来了麻烦，也给导游员和旅行社的工作带来了不良影响，一定要尽力做好预防工作。

六、旅游者患病、死亡问题的处理和预防

由于旅途劳累、气候变化、水土不服、饮食习惯改变等原因，旅游者，特别是那些年老体弱的旅游者可能会感到身体不适而生病，严重者甚至患重症需抢救乃至救治无效而死亡。一旦发生这种情况，导游员需沉着、冷静，根据有关规定和程序，在旅行社领导的指示下妥善处理。

（一）旅游者患病

1. 旅游者患一般疾病的处理

在旅游期间，经常会有旅游者感到身体不适或患一般疾病，例如感冒、发烧、水土不服、晕车、失眠、便秘、腹泻等，这时导游员应该劝其及早就医，注意休息，不要强行游览。如果病情不重且旅游者自己希望参加旅游活动，导游员一般可答应其要求。但在游览过程中，导游员要注意观察旅游者的神态、气色，不时询问他的感受，一旦病情加重就要终止他的旅游活动并送其到医院治疗。若生病的旅游者不想随团活动，而要留在饭店里休息，导游员就不应该强拉他随团活动，同时可通知饭店给予照顾。

导游员要关心患病的旅游者。对因病没有参加游览活动，留在饭店休息的旅游者，导游员要主动前去问候其身体状况，以示关心，必要时通知餐厅为其提供送餐服务。在需要的情况下，导游员可陪同患者前往医院就医，但应向患者讲清楚，所需费用自理，并提醒其保存诊断证明和收据。值得注意的是，导游员一定不能擅自给患病的旅游者用药。

2. 旅游者突患重病的处理

若有旅游者突患重病，导游员需全力以赴，争取时间积极组织救助。

若旅游者在去旅游景点的途中突患重病，导游员应立即将其送往就近医院治疗，或拦截其他车辆将其送往医院。必要时暂时中止旅行，用旅游车将患者直接送往医院。同时将情况及时通知接待社有关人员，请求指示和帮助。若旅游者在参观游览时突然患病，导游员应立即拨打电话叫救护车（医疗急救电话 120），不要搬动患病旅游者，应让其坐下或躺下，同时向景点工作人员或管理部门请求帮助，并及时向接待社领导及有关人员报告。若旅游者在饭店突患重病，导游员应首先和饭店医务人员联系组织抢救，然后送往医院，并将其情况及时向接待社领导汇报。若旅游者在乘飞机（火车、轮船）前往下一站的途中突患重

病，导游员应立即采取措施就地抢救，请求乘务员帮助在乘客中寻找从医人员，并通知下一站急救中心和旅行社准备抢救。

导游员在处理旅游者突患重病的问题时，需注意以下要点：

旅游者病危，需要送往急救中心或医院抢救时，应由患者家属、领队或患者亲友陪同前往。导游员还应妥善安排好旅游团其他旅游者的活动，全陪应继续随团旅行。

在抢救过程中，需要领队或患者亲友在场，并详细记录患者患病前后的症状及治疗情况，并请接待社领导到现场或与接待社保持联系，随时汇报患者情况。如果需要做手术，须征得患者亲属的同意，如果亲属不在，则由领队同意并签字。

患者病危而亲属又不在身边时，导游员应提醒领队及时通知患者亲属。如果患者亲属系外国人士，导游员要提醒领队通知所在国使、领馆。患者亲属到后，导游员要协助解决其生活方面的问题。若找不到亲属，一切按使、领馆的书面意见处理。

如果患者是国际急救组织的投保者，导游员应提醒其亲属或领队及时与该组织的代理机构联系。

有关诊治、抢救或动手术的书面材料，应由主治医生出具证明并签字，导游员妥善保存，以备查验。

患者转危为安但仍需继续住院治疗，不能随团继续旅游或出境时，接待社领导和导游员（主要是地陪）要不时去医院探望，帮助患者办理分离签证、延期签证以及出院、回国手续及交通票据等善后事宜。

通常情况下，患者住院和医疗费用自理。若患者没钱看病，请领队或组团社与境外旅行社、其家人或保险公司联系，解决其费用问题。

患者在离团住院期间未享受的综合服务费由中外旅行社之间结算后，按协议规定处理。患者亲属在华期间的一切费用自理。

【参考案例】

美国某旅游团一行十五人按计划由A市飞往B市，在飞行途中，团内一位老人心脏病复发，其夫人手足无措……该团抵达B市后，老人马上被送往医院，经抢救脱离危险，但仍需住院治疗。半个月后老人痊愈返美。

分析：本案例中，旅游者患病后全陪和地陪需要共同完成抢救与服务工作，具体工作分工不同。全陪在途中应采取的措施是：首先应让老人平躺，头略高；让其夫人或旅游团成员在老人身上找药，让其服下；请空中小姐在飞机上找医生，若有，请其参加救护工作；请机组与B市的急救中心和接待旅行社联系，做好急救的准备工作。老人在医院抢救期间，地陪应该做好如下工作：请领队、老人的夫人及旅行社领导到现场；详细了解老人的心脏病史及治疗情况，做好文字记录，以备医院参考；医院要采取特殊措施时，须征得老人夫人的同意并由其签字；老太太体力不支，需要其子女来华时，应协助与其子女联系；子女来华要协助安排好他们的生活。老人脱离危险，但仍需住院治疗时，地陪要做如下工作：不时去医院探望，帮助解决老人及其亲属生活方面的问题；帮助办理分离签证手续，必要时办理延长签证手续；出院时帮其办理出院手续；帮助老人夫妇重订航班、机座。上述各项费用均由老人自理，在他离团住院期间未享受的综合服务费由中外旅行社之间结算，按旅游协议书规定退还老人。

（二）旅游者因病死亡

旅游者在旅游期间不论什么原因导致死亡，都是一件很不幸的事情。当出现旅游者因病死亡的情况时，导游员应沉着冷静，立即向接待社领导和有关人员汇报，按有关规定办理善后事宜。同时导游员应稳定其他旅游者的情绪，继续做好旅游团的接待工作。

1. 通知死者家属

如果死者的亲属不在身边，导游员应立即通知其亲属。若死者系外国旅游者，应通过领队或有关外事部门迅速与死者所属国的驻华使、领馆联系，通知其亲属来华。

2. 清点死者遗物

死者的遗物由其亲属或领队、死者生前好友代表、全陪，或所在国驻华使、领馆有关官员共同清点造册，列出清单，清点人要在清单上一一签字，一式两份。遗物要交死者亲属或死者所在国家驻华使、领馆有关人员。接收遗物者应在收据上签字，收据上应注明接收时间、地点、在场人员等，必要时，要在签字后办理公证手续。假如死者有遗嘱，应将遗嘱拍照或复制，原件交死者家属或其他相关人员（例如死者所在国驻华使、领馆人员）带回，防止转交过程中发生意外。

3. 通报死亡原因

由参加抢救的医生向死者的亲属、领队及好友详细报告抢救经过，并出示“抢救工作报告”、“死亡诊断证明书”，由主治医生签字后盖章，复印后分别交给死者的亲属、领队或旅行社。对死者一般不进行尸体解剖，如果死者家属或其所在国驻华使、领馆要求解剖尸体，应由死者的亲属或其所在国家使、领馆有关官员提出书面请求并签字，经医院和有关部门同意后方可进行。死亡原因确定后，在与领队、死者亲属协商一致的基础上，请领队向旅游团其他团员宣布死亡原因及抢救、死亡经过等情况。

4. 妥善处理遗体

对于死者遗体的处理，一般以火化为宜。遗体火化前，应由死者亲属、领队，或所在国驻华使、领馆写“火化申请书”并签字后进行火化。死者遗体由领队、死者亲属护送火化后，死者的“火化证明书”交给领队或死者亲属。如是外国人士，我民政部门还应发给对方“携带骨灰出境证明”，各有关事项的办理，我方应予以协助。

若死者亲属要求将遗体运送回国，运输手续和费用原则上由外方自理，导游员、旅行社或有关部门可给予必要的协助。尤其是对在华死亡的外国人，还应由医院对尸体进行防腐处理，并办理“尸体防腐证明书”、“装殓证明书”、“外国人运送灵柩(骨灰)许可证”和“尸体灵柩进出境许可证”等有关证件，方可将遗体运送出境。灵柩要按有关规定包装运输，要用铁皮密封，外廓要包装结实。由死者所属国驻华使、领馆办理一张经由国的通行证，此证随灵柩通行。

死者如果在生前已办理人寿保险，旅行社应协助死者亲属办理人寿保险索赔、医疗费报销等有关证明。

5. 参加悼念仪式

如果需要，旅行社可协助举行遗体告别等悼念仪式，导游员和旅行社领导都要参加，送花圈或花篮，致简短悼词，并对死者家属表示慰问。悼念现场要拍照留存。

6. 事故处理总结

死者善后事宜处理结束后，导游员应写出“死亡善后处理报告”，向旅行社相关部门汇报；如果死者是外国人士，要报主管领导单位、外办、公安厅、外交部等部门。报告内容应包括死者的死亡原因、抢救措施、诊断结果、善后处理情况及家属反应等。

【参考案例】

一天，全陪发现一位每天准时用早餐的住单人房的旅游者没有来吃早饭，他有点纳闷，但以为该旅游者已起身外出散步，也就没有在意。但集合登车时还没有见此旅游者，他就找领队询问，结果领队也不知道，给这位旅游者打电话，也没人接，他们俩只好上楼去找。到该旅游者所住的房间敲门，无人答应，推门时发现门锁着，楼层服务员也说没见人外出。于是请服务员打开门，发现旅游者已死在床上。两人吓得跑到前厅，惊恐地告诉大家该旅游者死亡的消息。地陪当即决定取消当天的游览活动，并赶紧打电话向地方接待旅行社报告消息，请领导前来处理问题，然后在前厅焦急不安地等待领导。

分析：本案例中，全陪和领队发现旅游者死亡是一件很意外并且很不幸的事情，两人的反应及其处理方法存在诸多不妥之处：首先，发现旅游者死在床上，两人不应该都跑下楼；其次，不应该惊恐地当众宣布死讯。地陪不应该立即宣布取消当天的游览活动；不应该只打电话向旅行社报告旅游者死亡的消息；不应该在大厅焦急地等待旅行社领导而不管团内其他旅游者。发生此事，导游员正确的做法是：全陪和领队应有一人留在原地与楼层服务员一起保护现场；全陪和领队应与地陪商量后向其他旅游者宣布死讯；应安抚其他旅游者的情绪；地陪（或由旅行社另派地陪）应继续带团到预定地点游览；地陪在通知旅行社的同时要通知饭店保卫部门该旅游者死亡的消息；地陪应向旅行社领导详实报告；有关部门来调查时，导游应予以积极配合。

（三）预防

诱发旅游者在旅游过程中患病的原因是多方面的，导游员应增强责任心，认真做好导游服务工作，尽力避免人为因素导致旅游者患病。

1. 科学合理地制订计划

在做准备工作时，导游员应根据旅游团的信息材料，了解旅游团成员的年龄及其他情况，做到心中有数。选择适合这一年龄段旅游者的游览路线，制订科学、合理的旅游计划。

2. 安排活动日程要留有余地

导游员在安排活动日程时，要合理地分布活动密度和强度，做到劳逸结合。不要将一天的游览活动安排得太多、太满，更不能将体力消耗大、游览项目多的景点集中安排，要有张有驰；晚间的活动不宜安排过多，否则容易导致疲劳，诱发疾病，影响旅游活动的正常进行。

3. 经常提醒

导游员要经常提醒旅游者注意饮食卫生，不要买小贩的食品，不要喝生水，不要暴饮暴食等。

4. 及时报告天气变化

导游员要注意收听天气预报，关注气候变化，提醒旅游者随着天气的变化及时增减衣服、带好雨具等。尤其是在炎热的夏季要提醒旅游者注意保护皮肤和防暑降温。

七、旅游安全事故的处理和预防

国家旅游局在《旅游安全管理暂行办法实施细则》中规定：凡涉及旅游者人身、财产安全的事故均为旅游安全事故。旅行社接待过程中可能发生的旅游安全事故，主要包括交通事故、治安事故、火灾事故、食物中毒等。

旅游安全事故一旦发生，往往会造成严重的后果，危及旅游者的生命、财产安全，也危及导游员的人身安全。因此，在导游服务过程中，导游员要时刻警惕，加强防范意识，并经常提醒旅游者、司机等相关人员，努力避免这类事故的发生。

（一）交通事故

交通事故的发生往往是导游员无法预料也无法控制的，最常见的是汽车事故。一旦发生交通事故，后果不堪设想，导游员要采取应急措施，并作妥善处理。

1. 处理

由于交通事故类型不同，处理办法很难统一，但一般情况下，导游员应采取如下措施：

(1) 立即组织抢救。

交通事故往往伴随着人员伤亡，导游员应立即组织现场人员迅速抢救受伤的旅游者，特别是重伤员，并尽快让旅游者离开事故车辆。如果不能就地抢救，应立即打电话叫救护车或拦车将重伤员送往距出事地点最近的医院抢救。

(2) 立即报案，保护好现场。

事故发生后,导游员应立即拨打交通事故报警台电话122,迅速报告当地交通部门、公安部门、有关保险公司及其他相关部门,请求派人来现场调查处理。同时,导游员一定要指定专人保护好现场,千万不要在忙乱中破坏现场。如果因抢救需在现场移动物证,切记要做出标记。如果有可能,还应留意事故目击者,必要时请其作证。

(3) 迅速向接待社请示汇报。

在将受伤者送往医院并报案后,导游员应迅速向接待社领导和有关人员报告,讲清交通事故的发生情况和旅游者伤亡情况,请求派人前来帮助和指挥事故的处理,并要求派车把未伤和轻伤的旅游者接走送至饭店或继续旅游活动,然后在领导的指示下安排下一步的工作。

(4) 做好安抚工作。

事故发生后,交通事故的善后工作将由交通运输公司和旅行社的领导出面处理。除领队、受伤者亲友等人在医院陪同伤者外,全陪要做好团内其他旅游者的安抚工作,如提供个性化服务等,帮助消除旅游者心理上的恐惧和不安,继续组织安排好参观游览活动。待事故原因查清后,请旅行社领导出面向全体旅游者说明事故原因和处理结果。

(5) 办理善后事宜。

导游员要处理好受伤旅游者的善后事宜,例如经常慰问受伤旅游者,写好事故情况报告,请医院开具诊断和医疗证明书,并请公安局开具交通事故证明书,以便向保险公司索赔。

(6) 提交书面报告。

交通事故处理结束后,导游员要立即写出书面报告。内容包括:事故发生的时间、地点和事故性质;抢救经过和治疗情况;人员伤亡情况和诊断结果;司机的姓名、车型、车号;事故责任及对责任者的处理结果;受伤者及其他旅游者对处理的反应等。书面报告力求详细、准确、清楚、实事求是,最好和领队联署报告。

2. 预防

尽管交通事故防不胜防,导游员还是可以把工作做细、做实,以有效地减少或避免交通事故的发生。为此,导游员需注意以下事项:

(1) 导游员在接待工作中应具有较强的安全意识,时刻提醒自己"安全第一"。

(2) 在安排游览活动日程的时间上要留有余地,避免造成司机为抢时间、赶日程而违章超速行驶，更不要催促司机开快车。

(3) 在旅游者每次登车前，要提醒司机检查车辆，发现事故隐患及时提出更换车辆的建议。

(4) 司机开车时，导游员不要与司机聊天，以免分散其注意力。

(5) 如果遇天气不好(下雪、下雨、下雾)、交通堵塞、路况不好(尤其是在狭窄道路、山区行车时)，导游员要主动提醒司机注意安全，谨慎驾驶。

(6) 如果遇到恶劣天气，为安全起见，地陪可适当调整活动日程；如果遇有道路不安全的情况，必须把安全放在第一位，必要时上报旅行社，改变行程。

(7) 提醒司机在工作期间不要饮酒，杜绝司机酒后驾车。如果遇司机酒后开车，导游员决不能迁就，要立即阻止，并向领导汇报，请求改派其他车辆或换司机。

(8) 阻止非本车司机开车。

(二) 治安事故

在旅游活动过程中，遇到坏人行凶、诈骗、偷窃、抢劫，导致旅游者身心及财物受到不同程度的损害，统称治安事故。导游员在陪同旅游团参观游览过程中遇到此类治安事故时，要充分履行安全员的职责，勇于与不法分子做斗争，保护旅游者的人身和财物安全。

1. 处理

导游员在带团过程中，遇到此类治安事件，必须挺身而出，全力保护旅游者的人身安全。一旦发现不正常情况，应立即采取行动。

(1)保护旅游者的人身和财产安全。

在遇到不法分子对旅游者进行不法活动时，导游员应做到临危不惧，要挺身而出，全力保护旅游者的人身安全。同时，导游员要尽力保护旅游者的财物不受侵害，立即将旅游者转移到安全地点，力争在在场的群众和公安人员的帮助下缉拿罪犯，挽回旅游者的损失。在与犯罪分子做斗争的过程中，要防备犯罪分子携带凶器行凶，切不可鲁莽行事，要以旅游者的安全为重。如果有旅游者受伤，应立即组织抢救，或送伤者去医院。

(2) 立即报警。

治安事故发生后，导游员在保护旅游者人身、财产安全的同时，应立即拨打报警电话 110 向当地公安局报警,并积极协助破案。导游员报案时要把案件发生的时间、地点、经过,作案人的特征以及受害人的姓名、性别、国籍、伤势及损失物品的名称、数量、型号、特征等向公安部门报告清楚。

(3) 及时向领导汇报。

导游员在向公安部门报警的同时要向接待社领导及有关人员汇报情况并请求指示。如果情况严重,请求领导前来指挥处理。

(4) 安抚旅游者。

治安事故发生后,导游员还要采取必要的措施稳定旅游者的情绪,努力使旅游活动继续进行下去。导游员要经常与各方面联系,及时了解案件的进展情况,并由领队向旅游者说明。

(5) 做好善后工作。

导游员应在领导的指挥下,准备好必要的证明、资料,处理好受害者的索赔、补偿等各项善后事宜。

(6) 写出书面报告。

事后,导游员要按照有关要求写出详细、准确的书面报告,报告除上述内容外,还应写明案件的性质、采取的应急措施、侦破情况、受害者和旅游团其他成员的情绪及反应、要求等。

2. 预防

导游员在接待工作中要时刻提高警惕,采取一切有效的措施防止治安事故的发生。

(1) 入住饭店时,导游员应建议旅游者将贵重财物存入饭店保险柜,并提醒旅游者不要随身携带大量现金或将大量现金放在客房内。

(2) 在饭店住宿期间,导游员应提醒旅游者不要将自己的房号随便告诉陌生人,更不要让陌生人或自称饭店的维修人员随便进入自己的房间;夜间睡觉前一定要锁好门,夜间绝不可贸然开门,以防意外。

(3) 汽车行驶途中,导游员要提醒司机不要随便停车,不让非本车人员上车、搭车。

(4) 下车前,导游员要提醒旅游者不要将证件或贵重物品遗留在车内。旅游者下车后,导游员要提醒司机锁好车门,关好车窗,尽量不要走远。

(5) 在到达某地开始游览前,导游员要提醒旅游者注意当地的民俗风情。在游览过程中,导游员要提醒旅游者看管好自己的财物,如不要在公共场合拿出钱包,最好不买小贩的东西(防止物品被小贩偷去)。导游员要始终和旅游者在一起,随时清点人数,并随时注意观察周围的环境,发现可疑的人或在人多拥挤的地方,要特别提醒旅游者注意安全。

(6) 在旅游期间,导游员要提醒旅游者不要与私人兑换外币,并讲清关于我国外汇管制的规定。

(三) 火灾事故

火灾事故发生的地点往往不确定,对于旅游者来说,主要会发生在景区(点)、交通工具转移途中及下榻饭店内。在旅游期间,一旦发生火灾事故,旅游者的人身、财产安全都会受到不同程度的损害,严重影响旅游活动的正常进行。

1. 处理

一旦发生了火灾,导游员应冷静地采取相应的紧急措施。

(1) 立即报警。

如果发现火灾,导游员应根据火情,用电话或附近的火灾报警设施及时向当地消防部门或饭店消防中心报警。

(2) 迅速通知领队及全体旅游者。

发现火灾后,导游员要在最短的时间内通知领队和全团旅游者,做好撤离准备或开始撤离。

(3) 配合工作,引导自救。

火灾发生后,导游员要配合工作人员,听从统一指挥,迅速通过安全出口疏散旅游者。

如果情况危急,不能马上离开火灾现场或被困,导游员要根据火情引导大家自救。应采取的正确做法是:提醒旅游者不能搭乘电梯或慌乱跳楼,尤其是在三层以上的旅游者,切记不得跳楼;用湿毛巾捂住口、鼻,尽量让身体重心下移,使面部贴近墙壁、墙根或地面;必须穿过浓烟时,可用水将全身浇湿或用浸湿的衣被披裹身体,捂住口鼻,贴近地面蹲行或爬行,或用浸湿的针织衣衫套在头上,作为防毒面具;若身上着火,可就地打滚,将火苗压灭,或用厚重衣物压灭火苗,千万不能奔跑,否则身上的火会越烧越旺;大火封门无法逃脱时,可用浸湿的衣物、被褥将门缝堵塞,以防被烟熏伤,或泼水降温,等待救援;当见到消防队前来灭火时,可以摇动色彩鲜艳的衣物作为信号,呼唤救援人员,争取救援。

(4) 协助处理善后事宜。

旅游者得救后,导游员应设法将旅游团的成员集合在一起。若有受伤者,导游员应立即组织抢救,重伤者应迅速送往医院,如有人死亡,须按有关规定处理。导游员还要采取各种措施安抚旅游者的情绪,帮助旅游者解决因火灾造成的生活方面的困难,设法使旅游活动继续进行。

(5) 汇报情况。

在采取了以上应急措施后,导游员要立即把火灾发生的情况报告旅行社领导及有关人员,请求指示。

(6) 写出事故报告。

火灾过后,导游员要实事求是地将火灾发生及救援、旅游者伤亡等情况详细地写成书面报告。

2. 预防

为了防止火灾事故的发生或减少火灾事故带来的损失,导游员应做好以下工作:

(1) 做好提醒工作。

提醒旅游者不要携带易燃、易爆物品,向旅游者讲清在托运行李时应按运输部门有关规定去做,不得将不准托运的物品夹带在行李中;在饭店住宿期间,导游员要提醒旅游者遵守饭店的规章制度,不得使用违章电器,不乱扔烟头和火种,不要躺在床上吸烟等。

(2) 熟悉饭店的安全出口和转移路线。

为了保证旅游者在火灾发生时能够尽快疏散,导游员带领旅游者住进饭店后,在介绍饭店内的服务设施时,必须介绍饭店楼层的安全出口、安全楼梯的位置及安全转移路线。

(3) 牢记火警电话。

导游员一定要牢记火警电话 119,并掌握领队和全体旅游者的房间号码,一旦发生火情,能及时通知旅游者。

(四) 食物中毒

所谓食物中毒是指由细菌性、化学性、真菌性及有毒植物等引发的暴发性中毒。旅游者食用变质或不干净的食物常会引起食物中毒,其症状是上吐下泻，特点是潜伏期短、发病快，且常常集体发病，若抢救不及时会有生命危险。

在旅游过程中发生食物中毒事故，会对旅游者身心造成伤害，严重者还会危及生命，同时对旅行社及旅游目的地的形象有较大的影响。因此，导游员在服务过程中，应尽量避免此类事故的发生。

1. 处理

我国《食品卫生法》规定："发生食品中毒的单位和接收病人进行治疗的单位，除采取抢救措施外，应当根据国家有关规定，及时向所在地卫生行政部门报告。"由此可见，报告食物中毒的情况是当事人和接收病人单位的义务，如不报告，就是违反法律，应当负法律责任。

在带团过程中，一旦发现旅游者食物中毒，导游员应采取以下措施：

(1) 设法催吐，让食物中毒者多喝水以加速排泄，缓解毒性；

(2) 立即将患者送医院抢救，请医生开具诊断证明；

(3) 迅速报告旅行社并追究供餐单位的责任；

(4) 协助处理好善后事宜；

(5) 写出事故报告。

2. 预防

为防止食物中毒事故的发生，导游员应做到：

(1) 严格按旅行社的规定到定点餐厅就餐；

(2) 提醒旅游者不要在小摊上购买食物；

(3) 用餐时，若发现食物、饮料不卫生，或有异味变质的情况，导游员应立即要求更换，并要求餐厅负责人出面道歉，必要时向旅行社领导及有关人员汇报。

【参考案例】

某旅游团一行二十人参加由某旅行社组织的两日游，团队餐饮和住宿安排在景区的农家宾馆，早饭后多名旅游者出现腹痛、腹泻症状，经医生诊断是食物中毒。经有关部门调查，造成此次团队旅游者食物中毒的原因是误食了有毒蘑菇。

分析：这是一起食物中毒事故。旅游质监部门认定，旅行社应对受害旅游者的医疗费、误工费进行赔偿，并退还未实现的行程中的旅游费用。农家乐旅游是近几年非常受旅游者欢迎的一种新型的旅游形式，但是其住宿、饮食卫生等条件却并不理想，有些地方甚至达不到规定的卫生标准，导游员在为旅游者提供此类服务时，尤其需要注意防止食物中毒事故的发生。

第三节　旅游投诉及处理

无论是海外旅游者还是国内旅游者，在中国境内旅游都享有合法权益，同时还享有旅游协议所规定的权利。在旅游期间，如果旅行社没有按照旅游协议提供服务，或当旅游产品和服务质量与旅游者的期望不符时，旅游者常通过向有关部门投诉来维护自己的合法权益，并获取相应的赔偿。

一、旅游投诉的含义和内容

（一）旅游投诉的含义

国家旅游局1991年6月1日发布的《旅游投诉暂行规定》中，就旅游者的投诉行为做出了明确的规定："旅游投诉是指旅游者、海外旅行商、国内旅游经营者为维护自身和他人的旅游合法权益，对损害其合法权益的旅游经营者和有关服务单位，以书面或口头形式向旅游行政管理部门提出投诉，请求处理的行为。"在实际工作中，旅游者在向旅游行政管理部门提出投诉前，通常会先向导游员进行口头投诉。

（二）旅游投诉的内容

旅游投诉是旅游者维护其合法权益不受侵害，进行自我保护的有效手段，也是世界旅游组织和许多国家的旅游法规赋予旅游者的权利。我国政府颁布的《旅行社管理条例》和国家旅游局颁布的《旅游投诉暂行规定》都明确规定了旅游者享有投诉权。

在旅游服务工作中，旅游者向导游员、旅行社、旅游服务部门或者旅游管理部门提出投诉是难免的，投诉范围也比较广，其投诉的内容主要包括：旅游经营者不履行合同或协议；旅游经营者没有提供质价相符的旅游服务；旅游经营者故意或过失造成旅游者行李物品丢失；旅游经营者故意或过失造成旅游者人身伤害；旅游经营者欺诈旅游者，损害其利益；旅游经营单位职工私自收受回扣或索要小费；其他损害旅游者利益的行为。

二、旅游投诉产生的原因

旅游投诉产生的原因是多方面的，概括起来主要可以分为以下四个方面：

（一）因导游服务质量引起的投诉

导游员是旅游接待的一线工作人员，导游员的服务质量及服务态度都是旅游者评价旅游产品质量的重要标准。在旅游过程中，导游员服务质量差，语言、态度粗暴，不遵守时间，轻易改变或削减活动项目，对特殊旅游者过分亲近等，都会引起旅游者的投诉。

（二）因旅游接待设施质量引起的投诉

在旅游过程中，特别是旅游旺季，旅行社未按服务标准安排了与规定不符的旅游车辆，餐馆就餐条件、菜肴不合要求，饭店住宿设施存在质量问题等等，也常常会导致旅游者的投诉。

（三）因旅途中的故障引起的投诉

旅游活动的综合性决定了其不可控性，因此经常会有意外事故的发生，例如交通事故、火灾，甚至有些目的地会突发战争等，这些故障的发生都会影响旅游活动的正常进行，给旅游者带来不满情绪，最终导致投诉。

（四）因旅游者的自身原因产生的投诉

由于旅游者对某些问题的理解和认识产生偏差，会发生投诉不当的情况。例如个别旅游者对旅游途中“不可抗力”因素导致的意外情况不能充分理解；对旅馆入住时间段的计费情况不太了解；有时司机绕过单行线时被旅游者认为故意绕道多收费等。

三、旅游投诉的处理

旅游者投诉时的心理活动复杂多样，一般来说，有三种情况：一是要求尊重，二是要求补偿，三是需要发泄。导游员在旅游服务过程中与旅游者接触最直接，对现场的情况和事态的发展最了解，同时也最能把握好旅游者的要求。因此，导游员应该认真对待旅游者的投诉，并及时进行处理。即使自己成为被投诉者，也应根据其投诉原因，积极配合有关部门合情、合理、合法地处理。

（一）耐心倾听，不与之争辩

当导游员接到旅游者的口头投诉后，首先应高度重视，迅速与投诉者进行沟通。沟通时要尽量避免让旁人参与进来，以免造成在更大范围内的不良影响。对于集体投诉，最好请旅游团派出代表，以免人多嘴杂，分散导游员的思考。导游员在与投诉者沟通时要耐心倾听。一般说来，当旅游者对导游员进行投诉时，其情绪比较激动，言语比较激烈。即便如此，导游员也不要立即辩解或马上否定，更不要与投诉者发生争吵，应让投诉者满足发泄“怨气”的心理需求。

（二）表示同情和理解，不盲目做出承诺

对于旅游者的投诉，导游员要设身处地地从旅游者的角度着想。从旅游者的角度而言，他们之所以投诉，肯定都不是一般的小问题，而是直接关系到其利益的大事。所以，导游员要表现出同情和充分的理解，采取适当的言语来缓和旅游者激动的情绪。但是，对于旅游者在投诉中提出的要求，特别是有关赔偿的问题，导游员不能轻易做出承诺，应表示向旅行社领导或有关工作人员反映后方可答复，以免工作中出现被动和可能带来的麻烦。

（三）调查了解，迅速答复

旅游者的投诉既不能全盘肯定，也不能全盘否定。在认真倾听投诉者的陈述后，导游员要对旅游者提出的问题和要求进行全面的调查和了解，并向有关部门进行核实。在核实旅游者的投诉内容并了解事情的真相后，如果确实是旅游者的合法权益受到了侵害，导游员首先应表示歉意，并设法与有关部门商定弥补方案，如对服务缺陷进行弥补，对服务内容进行替换，进行经济赔偿等，并将方案告知投诉者，力求挽回影响，最大限度地消除旅游者的顾虑和不快。若一时无法答复，导游员应向旅游者明确答复的时间。在答复之前，导游员要考虑所做的答复旅游者能否接受，与旅游者的要求差距有多大，并根据差距的大小来考虑答复的办法。若投诉者坚持向旅游管理机构投诉，导游员应努力做好调解工作，尽可能地说服旅游者与有关单位自行和解，以免事态扩大。如果调解不成，导游员则应帮助旅游者向旅游管理机构投诉，并协助有关方面对投诉进行调查核实，实事求是地提供证据。妥善处理投诉后，导游员要为旅游者提供更加热情周到的服务。

【复习思考题】

1. 什么是旅游故障？它有哪些特点？旅游故障可分为哪些类型？

2. 什么是漏接？如何避免漏接事故的发生？怎样处理漏接事故？

3. 什么是错接？如何避免错接事故的发生？怎样处理错接事故？

4. 导游员应如何预防误机(车、船)事故的发生？

5. 外国旅游者在华旅游期间不慎丢失了护照和签证，导游员应该如何处理？

6. 旅游者在游览过程中被抢劫，导游员该怎么办？

7. 在旅游途中，不幸发生交通事故，导游员应如何妥善处理？

8. 什么是旅游投诉？导游员应如何妥善处理旅游投诉？

【案例讨论题】

某旅游团乘坐旅游车前往旅游目的地游览，不幸途中出了车祸，有几名旅游者受轻伤。一名女性旅游者右小腿骨折，疼痛不已。地陪看她痛苦不堪的样子，就从包中取出止痛药让其服下。地陪随后找了一辆出租车，让全陪陪同受伤旅游者去医院治疗。接着地陪向交通报警台报了警，向旅行社汇报了情况。当旅行社另派的旅游车到达后，地陪就带着旅游团的其他成员继续前往预定的景区游览。

讨论：请运用所学知识，分析地陪工作中的不足之处。

【模拟操作题】

1. 教师可将班里学生分成A、B两组，A组扮演旅游者，模拟各种事故发生时的场景，B组扮演导游员。要求B组学生提供具体方案，妥善处理A组学生设计的事故，其他学生可分析其处理是否合理，有无改进之处。

2. 教师将班里学生分成若干小组，每个小组选出一名学生扮演导游员，其他学生则作为旅游者，各小组分别设计一个旅游投诉事件，由扮演导游员的学生进行模拟处理。

第五章 旅游者个别要求的处理

旅游者的个别要求是指在旅游过程中,个别或少数旅游者因生活上的特殊需要或个人的某些愿望而临时提出的各种计划外的特殊要求。面对旅游者的种种特殊要求,导游员一方面要使绝大多数旅游者满意,另一方面又要使个别要求没有得到满足的旅游者高兴,甚至使爱挑剔的旅游者对导游员也提不出更多的指责。这是对导游员处理问题能力的一个考验,也是保证并提高旅游服务质量的重要条件。本章将在介绍旅游者个别要求处理原则的基础上,针对团体旅游者在计划外可能提出的一些个别要求给出具体的处理办法,以提高导游员处理旅游者个别要求的能力。

【导入案例】

导游员小李(地陪)带一个日本旅游团游览上海的金茂大厦。当客人得知位于金茂大厦内的金茂君悦大酒店被《吉尼斯世界纪录(千禧年版)》评为“世界最高酒店”时,该团的一位旅游者提出:“导游,今天晚上我们就住在金茂君悦大酒店吧!”这位旅游者的提议立即得到了全团的一致赞同,可是旅游团原来预定的是上海的另一家五星级酒店。

面对旅游者要求变更住宿计划的要求,导游员小李应该如何处理?同样,导游员在处理旅游者的其他个别要求时,应该遵循的原则是什么?这些将是本章探讨的重要问题。

第一节 旅游者个别要求的处理原则

一、尊重合同原则

合同是消费者维护合法权益的保障,我国在 20 世纪 90 年代初便在旅游业务中推行合同制度。旅游合同对旅行社及旅游者双方都是平等的，旅行社根据旅游合同提供对等的服务，旅游者根据旅游合同享受对等的权益。

在旅游合同中，旅行社与旅游者通常会对乘坐的交通工具、游览的景点、住宿标准、餐饮标准、娱乐标准、购物次数等做出明确的约定。导游员是旅行社派来执行接待计划的，接待计划反映了旅游者和组团社签订的旅游合同的内容，也反映了组团社与其合作企业（航空公司、饭店、餐馆等）签订的购销协议。在旅游过程中，导游员在为旅游者提供服务时都应尊重合同的规定，在此前提下，为旅游者提供高质量的服务。

二、合理而可能原则

合理而可能的原则为导游员是否应该满足旅游者要求提供了依据和准绳。“合理”的基本判断标准是不影响大多数旅游者的权益，不损害国家利益，不损害旅行社和导游员的合法权益；“可能”的基本判断标准是旅游者提出的要求是合理的而且是可以办到的，或有一定难度，但通过导游员的努力还是能满足的。

旅游者外出旅游时往往会把旅游活动理想化，在生活和游览活动方面往往会提出各种意见和要求，有时甚至会对旅游活动的安排横加指责，少数人还一味挑剔。面对这种情况，导游员应该冷静地分析旅游者提出的各种意见和要求，看其是否合理。合理且在客观上又能满足的，应首先做出安排，使旅游者对导游员产生信任感；对一些不合理和不能实现的要求，要通过实事求是、合情合理的解释，取得旅游者的谅解。

导游员在服务过程中，应该努力满足旅游者合理而可能的需要，使他们能够获得一种愉快的旅游经历，从而对旅游目的地的形象、旅行社的声誉形成正面的影响。

【参考案例】

离开故乡近五十年的华侨赵先生第一次随旅游团回到了家乡，看到故乡的巨大变化，少年时的朋友也不知住在何处，赵先生感慨万千。回到饭店，赵先生把此行自己最大的心愿告诉了地陪王小姐，希望自己在故乡逗留期间能与少年时的朋友见上一面。望着赵先生那希冀的目光，王小姐爽快地答应了赵先生的要求。王小姐理了理头绪，她认为：第一步，应该详细询问赵先生有关他故友的姓名、年龄等情况；第二步，应到所在地派出所查找；第三步，去负责旧城改造的部门查找赵先生故友的拆迁安置处。如果派出所找不到，只有与红十字会联系或者在报纸、电视、电台上登寻人启事。寻找的步骤确定了，可自己在团上没有时间，于是王小姐把这件事托付给了自己的一位好朋友。依照王小姐拟订的步骤，王小姐的朋友没费太多的周折就幸运地找到了赵先生的故友。那天晚上，当王小姐安排赵先生与其几个故友见面时，赵先生喜极而泣。

分析：华侨赵先生阔别故乡五十年，再度回来想见见自己的亲朋好友，这个要求是非常合理的；帮助赵先生寻找朋友，虽说有很大的困难，但也是有可能的。因此导游员王小姐答应赵先生的要求，其做法是正确的。当然，对于王小姐来说，要在赵先生在该市逗留期间帮他寻找到故友肯定有不小的难度，工作量也较大，但做成了、做好了，对赵先生来说就是圆了五十年来未圆的梦，实现了一个五十年的愿望。导游员作为一个国家、一个地区的代表，同时作为旅行社的代表，应该想方设法去完成这项"使命"。

三、倾听和耐心解释原则

旅游者提出的要求，大多数是合情合理的，但旅游团中总会有客人提出一些苛刻的要求，也不可避免地会出现无理取闹之人，使导游员为难。对待这种情况，导游员一定要记住自己的职责，遵循倾听和耐心解释的原则，对客人礼让三分。客人可以挑剔，甚至吵架和谩骂，但导游员要保持冷静，不可意气用事，做到始终有礼、有理、有节，不卑不亢。

在旅游者提出个人要求时，导游员一要认真倾听，不要没有听完就胡乱解释或指责旅游者的要求不合理，要给旅游者一个"发泄"的机会；二要微笑对待，切忌面带不悦、恶言相向，而应该沉着冷静，微笑对待；三要耐心解释，对不合理或不可能办到的要求，应耐心地、实事求是地进行解释，不要以"办不到"一口拒绝。需强调的是，导游员一定不要和旅游者发生正面冲突，以免影响整个旅游活动。

四、请示汇报原则

在满足“合理而可能”的条件下，对于旅游者提出的要求，尤其是那些可能产生某些不良后果而旅游者又强烈要求给予满足的要求，导游员应该多向旅行社领导汇报，请求处理意见，并注意保管相关证据，以便日后出现问题时方便处理。

【参考案例】

某旅行社的导游员小冯作为全陪陪同一法国旅游团进行十二天的中国之旅。当行程进行到第六天时，团内有一旅游者向小冯提出从第七天起他要单独活动，并要求退还余下的费用。小冯得知这一情况，随即向旅游者了解退团的原因，原来后面行程要去的地方，这位旅游者以前都已去过，他不感兴趣。尽管小冯一再劝旅游者随团行动，但他仍坚持己见。因小冯是第一次碰到这样的情况，不敢擅自作主，他就打电话给旅行社经理，请求指示。

分析：导游员在遇到旅游者提出中途退团的要求时，应详细了解旅游者要求离团的原因。若是接待方旅行社的过失而引起旅游者离团，导游员应如实说明产生过失的原因，该道歉的要道歉，该弥补其损失的要弥补。若无特殊原因，导游员应与领队一起做好旅游者的思想工作，尽量打消其离团的念头。若纯属其自身原因要求离团，仍应耐心解释和劝说，如解释、劝说无效，可满足其要求，但必须告知其未享受的那部分费用不予退还。旅游者在旅行时要求中途退团，若无经验的导游员应该像本案例中的小冯一样，慎重对待，不宜自作主张。

第二节 旅游者个别要求的处理

一、餐饮方面个别要求的处理

“食”是旅游产品六大要素之首，正所谓“民以食为天”。跨国界、跨地区的旅游者对餐饮的要求各不相同，下面就常见的七种情况分析导游员面对此类要求时宜采用的处理办法。

（一）特殊的饮食要求

由于宗教信仰、生活习惯、身体状况等原因，有些旅游者会提出饮食方面的特殊要求，例如不吃荤，不吃油腻、辛辣食品，不吃猪肉或其他

肉食,甚至不吃盐、糖、味精等。对旅游者提出的特殊要求,要区别对待:

若旅游者所提的这类要求在旅游协议书中有明文规定,接待方旅行社须早做安排,地陪在接团前应检查落实情况,不折不扣地兑现。

若旅游团抵达后或到定点餐厅后临时提出要求,则须视情况而定。一般情况下地陪应立即与餐厅联系,在可能的情况下尽量满足其要求;如情况复杂,确实有困难,满足不了其特殊要求,地陪则应说明情况,协助旅游者自行解决,如建议旅游者到零点餐厅临时点菜或带他去附近的餐馆(最好是旅游定点餐馆)用餐,但应明确告知旅游者餐费自理。此外,在就餐的过程中,若旅游者提出要求加菜、加饮料等,导游员可以答应,但应告知其费用自理。

【参考案例】

某旅行社接待了一个二十八人的旅游团,其中有两位是回族客人,他们在团队出发的第一天就告诉全陪自己不吃猪肉和狗肉,也不吃用猪油烧成的菜肴,要求导游员能够"特殊关照",两人一起用餐。全陪听后解释说:"用餐的问题由当地地陪负责安排,而且有些景点连普通餐饮安排都有困难,我们可以做一些努力,但不能确保。"于是,这两位回族客人天天为了吃饭问题忐忑不安,其旅游情绪大受影响。

分析:回族不吃猪肉和狗肉是众所周知的饮食习俗,而且这两位旅游者在旅游团队出发时就把自己的要求告诉了全陪。从职责上看,全陪虽然不是当地旅游计划的执行者,但他同样有义务解决。具体的做法是全陪在得知情况后,应及时告诉旅游目的地的地陪,请他做具体的安排,以满足客人的要求。如果个别景点的餐馆安排有困难,导游员应主动提供替代食品,为客人排忧解难。从本案例中这位全陪模棱两可的话语,可以看出他对旅游者还缺乏一颗真诚服务的心,缺乏对回族旅游者饮食习俗应有的尊重。

(二) 要求换餐

有时一些西方国家的旅游者一开始出于好奇心和新鲜感,对中餐很感兴趣,但是在吃了几顿中餐后开始不习惯中餐的口味,要求改换成西餐;或者是一些外地旅游者想尝尝当地小吃,要求换成风味餐。诸如

此类要求,处理时应该考虑如下几种情况:

如果旅游团在用餐前3个小时提出换餐的要求,地陪应尽量与餐厅联系。如餐厅可提供相应的服务,可以满足其要求;如餐厅不具备此种能力,应考虑换餐厅。但需事先向旅游者讲清楚,换餐差价由旅游者自付。

如果旅游团是在接近用餐时间或到餐厅后提出换餐要求,应视情况而定:若该餐厅有该项服务,地陪应协助解决;若情况复杂,餐厅又没有此项服务,一般不应接受此类要求,但应向旅游者做好解释工作。若旅游者仍坚持换餐,地陪可建议其到零点餐厅自己点菜或单独用餐,费用自理并告知原餐费不退。

【参考案例】

全陪小王和一个来自法国的旅游团坐长江豪华游船游览长江三峡,一路上相处十分愉快。游船上每餐的中国菜肴十分丰盛,且每道菜都没有重复。但一天晚餐过后,一位旅游者对小王说:"你们的中国菜很好吃,我每次都吃得很多,不过今天我的肚子有点想家了。你要是吃多了我们的面包和黄油,是不是也想中国的大米饭?"旁边的旅游者也笑了起来。虽说是一句半开玩笑的话,小王却记在了心上。晚上,小王与游船上的餐厅取得了联系,说明了旅游者的情况,提出第二天安排一顿西餐的要求。第二天,当旅游者发现吃西餐时,个个兴奋地鼓起了掌。

分析:导游员在带领入境旅游团时经常会遇到这种情况,因为饮食习惯的不同,旅游者提出此类要求也是人之常情。在本案例中,旅游者虽然是以半开玩笑的形式提出了换餐要求,在时间允许的条件下,导游员小王还是给予了足够的重视,并主动与餐厅联系,在餐厅的配合下满足了旅游者换餐的要求。导游员小王切实从旅游者的需求出发,真诚为旅游者服务的态度是每个导游员都应该学习的。

(三)要求单独用餐

由于旅游团的内部矛盾或其他原因,个别旅游者要求单独用餐。此时,导游员要耐心解释,并告知领队请其调解;如旅游者坚持,导游员可协助其与餐厅联系,但餐费自理,并告知综合服务费不退。由于外出自由活动、访友、疲劳等原因,旅游者提出不随团用餐,导游员应同意其要求，但要说明餐费不退。

（四）要求提供客房内用餐服务

一般来说，三星级以上的饭店都设有专门的送餐服务部。若旅游者生病不能去餐厅就餐，导游员应主动与餐厅联系，请餐厅服务员将旅游者需要的餐食送至房间以示关怀。若是健康的旅游者希望在客房用餐，应视情况办理：如果餐厅能提供此项服务，可满足旅游者的要求，如需交服务费，还应提前向旅游者讲清该饭店的规定。

（五）要求自费品尝风味餐

旅游者到异国他乡旅游，不但会被当地的美景所吸引，而且会被当地的美食所吸引，因此旅游者要求把便餐换成风味餐也是很自然的事情。旅游团要求外出自费品尝风味餐，导游员应予以协助，可由旅行社出面，也可由旅游者自行与有关餐厅联系订餐。若风味餐订妥后旅游团又不想去，导游员应劝他们在约定的时间前往餐厅，并说明若不去须赔偿餐厅损失。

（六）要求推迟用餐时间

旅游者因生活习惯或其他原因要求推迟用餐时间，尤其是在西方国家旅游者中或在夏季时，这种情况较为突出。对此，导游员可与餐厅联系，视餐厅的具体情况处理。一般情况下，导游员要向旅游者说明餐厅有固定的用餐时间，过时用餐需另付服务费，有的餐厅只有固定的用餐时间，不提供过时服务，导游员应劝其入乡随俗，最好按餐厅规定时间用餐。

（七）要求用餐时间提前

外国旅游团来中国旅游，特别是一些宗教人士旅游团，对于用餐的时间要求较高。比如，泰国佛教界人士旅游团，旅游者一定要在12点之前用完午餐，因为他们有过午不食的习惯。还有一些特殊旅游团，可能因为有特别的活动安排，需要提前用餐，导游员一定要请饭店餐厅或社会餐馆大力协助，适当满足旅游者要求提前用餐的要求。若个别旅游者要求提前用餐，旅行社一般不能满足。

二、住房方面个别要求的处理

（一）要求调换饭店

旅游者提出调换饭店，多由旅行社的原因引起，一是旅行社因主、客观原因向旅游团提供的饭店是相同星级但不是计划上标明的饭店，二是旅行社向旅游团提供的是低于合同中所规定的星级饭店或住房标准。对此，导游员应及时与接待社联系，由其负责调换。如调换确有困难，旅行社需向旅游者做出有说服力的解释，并进行补偿。

【参考案例】

某年“五一”黄金周期间，小刘带一旅游团游览一座美丽的江南小城，入住该市最好的一家旅游饭店。分发完客房钥匙不久，旅游团中四位旅游者却与小刘在大堂里发生了激烈的争吵，原因是小刘把他们安排住进了饭店的附属建筑里。虽然小刘一再解释附属建筑的客房与主楼的毫无差别，但四位旅游者仍声称坚决不去住，并说要搬到其他饭店去。最后是另外四位旅游者主动提出与他们换房后，事情才得以平息，但那四位旅游者从此与小刘有了隔阂。

分析：在旅游旺季，客房不够住的情况时常发生，导游员应该及时耐心地向旅游者解释清楚。同时，为了把工作做好，导游员应该对每位旅游者的心理有大致的了解，尽量安排一些愿意替人分忧解难、善解人意、宽宏大量的旅游者到饭店附属建筑的客房里，相信这样就不会发生这种不愉快的事情。

（二）要求调换客房

旅游者提出换房的要求，原因各异，导游员应视不同情况进行处理。根据客人提出的不同缘由，有不同的处理办法：

1. 客房卫生或设备不符标准

若由于房间不干净，如有蟑螂、臭虫、老鼠等，旅游者提出换房应立即满足，必要时调换饭店。若由于客房设施尤其是房间卫生达不到清洁标准，应立即打扫、消毒，如旅游者仍不满意，坚持调房，应与饭店有关部门联系予以满足。如果确属客房硬件质量问题而饭店又无房可换，导游员可要求饭店对原房价格进行折扣处理，退还其差价部分。

2. 对客房朝向不满意

若旅游者对房间的朝向、层数不满意，要求调换另一朝向或另一楼层的同一标准客房时，若不涉及到房间价格并且饭店有空房，可与饭店客房部联系，适当予以满足，或请领队在团队内部进行调整；若饭店有合适空房,但价格略高,如旅游者同意自付差价,也可满足其要求;若饭店没有合适的空房,无法满足其要求,应做耐心解释,并向旅游者致歉。

3. 要求住更高标准客房

若旅游者要求住高于合同规定标准的本饭店客房,如有,可予以满足,但须向旅游者提前讲明自付房费差价;若本饭店没有旅游者要求的高标准客房,应向其解释清楚,求得谅解;若旅游者要求住高于合同规定的星级饭店,导游员也可与星级饭店联系,如有空房,旅游者又同意支付原订饭店的退房损失费和房费差价,也可满足,并及时将落实后的情况向接待社有关部门报告。

(三) 要求住单间

团队旅游一般安排住标准间或三人间。由于旅游者的生活习惯不同或因同室旅游者之间闹矛盾而要求住单间,导游员应先请领队调解或内部调整,若调解不成,饭店如有空房,可满足其要求。但导游员必须事先说明房费由旅游者自理(一般由提出方付房费)。

【参考案例】

由二十三人组成的某台湾老年旅游团到南京旅游,根据旅游合同规定,这是个标准团队。到南京后的第二天吃早饭时,有四位旅游者向地陪提出,房间的同行者晚上睡觉打鼾,无法入睡,要求调换房间。地陪一听,感到问题大了,这是个老年团队,而老年人鼾睡非常普遍,这个口子一开,全团住房安排肯定就要乱了。于是地陪对四位老人解释道:"老年人睡觉打鼾是正常的,你们自己睡觉也肯定打鼾,出来旅游嘛,大家多体谅一点,几天时间挺一下就过去了。"结果,这四位旅游者饭也顾不上吃,对这位地陪的态度向领队提出了口头投诉。

分析:老年人睡觉打鼾确实比较普遍,本旅游团又是一个老年团队,突然有这么多客人因此提出换房要求,对导游员工作造成的压力不言而喻。但是,导游员不能见困难就退。当接到数位旅游者的换房要求后,作为地陪,一方面要做好安抚工作,不要使问题失控;另一方面要与领队协商,听取领队的意见。原则上应请领队出面在团队成员中协调,在旅游者自愿的基础上,对住房重新进行安排,使问题得到合理的解决。如果此举还不能完全解决问题,可建议旅游者住单人间,但费用必须自理。这位地陪对旅游者的要求表现出来的冷淡态度,是我们应该引以为戒的。

（四）要求购买房中摆设

若旅游者看中了客房内的某种摆设或物品，要求购买，导游员应积极协助，与饭店有关部门联系，满足其要求。

三、交通方面个别要求的处理

（一）要求换车

要求换车的情况主要有以下几种，导游员应视具体情况予以妥善处理。

(1) 在旅游旺季和节假日，旅游车紧张，旅游团队会遇到调整用车的情况，导致旅游者有意见而要求换车。虽然调整用车的调配权在旅行社，但是导游员最有发言权，对旅游者要求换车的意见应尽量满足。若实在无法换，应问清楚原因，然后实事求是地向旅游者解释，以求得旅游者的谅解与支持。

(2) 有时旅游团使用的不是本旅游公司的旅游车，遇到这种情况，导游员应事先与司机交代注意事项，然后做好旅游者的工作，并表示希望旅游者能予以配合。

(3) 若旅游团使用的是设备不达标的车，如冬、夏两季无空调，而团队计划又明确规定是用空调车，则必须事先调换。导游员不能等旅游者提出意见后，还采用“一蒙二拖”的办法，这种做法只会引来投诉。

(4) 若在游览的过程中，车辆出现故障影响行程，旅游者要求换车，这时为了旅游者的安全必须换车，绝不能让有问题的车上路。

（二）要求换司机

要求换司机的情况主要有以下几种，导游员应视不同情况予以处理。

(1) 若司机无证驾驶，只要一经发现，就应立即向旅行社汇报，请求换司机。

(2) 若司机技术太差，不熟悉路况，又不配合旅游活动，那么显然旅游者不能容忍这样的司机，导游员须大力支持旅游者要求换司机的要求。

(3) 旅游车司机应绝对禁酒，但个别司机仍然会酒后驾驶，这种情况下导游员应支持旅游者要求换司机的要求。

（三）要求单独用车（船）

外地旅游者特别是外国旅游者，由于一时高兴，要求导游员给他们借或租自行车，自己骑车游览或兜风，此时导游员应耐心劝阻他们，以免在车水马龙的街上发生交通事故。

有国际驾照的外国旅游者，要求导游员帮他租车，要自己驾车去看望朋友，导游员应婉言劝阻，因为旅游者对我国的交通规则及道路不熟悉，驾车不安全。

导游员带领旅游团在码头等候游轮游湖时，有的旅游者等得不耐烦，看到湖中有渔民划小船时，就要求划小船游湖。为了旅游者的安全，导游员应耐心说服，因为湖中有时风浪大，小船不安全。若等待时间过长，导游可组织一些活动和精彩的讲解，以满足旅游者的需求。

（四）拒绝登机（车、船）

在旅游旺季和节假日，会发生因航班延误、火车晚点等原因造成旅游团行程受阻的情况，此时旅游者往往会采取过激行动，如拒绝登机、上车，中断行程，现场索赔等。一旦遇到这种情形，导游员首先要把航班延误、火车晚点的真实原因如实向旅游者解释清楚，以求得谅解。如果旅游者仍坚持拒绝登机（车、船），导游员须告知此种行为的后果。根据我国法律规定，当事人一方违约后，对方应当采取适当措施防止损失的扩大，因防止损失扩大而支出的合理费用，由违约方承担。因此，导游员应告诫旅游者不要把单方过错发展为混合过错，双方都应向履约目标的实现而努力，而不是去扩大损失，在完成行程后，旅游者可依法维护自己的权益。

四、游览方面个别要求的处理

（一）旅游者要求探视亲友、亲友随团活动

1. 要求探视亲友

旅游者到达某地后，要求探望在当地的亲戚或朋友，这可能是其旅游的目的之一。导游员对此类要求应设法予以满足，并根据以下情况进行处理：

（1）如果旅游者知道亲友的姓名、地址，导游员应协助联系，并向旅游者讲明具体的乘车路线。

(2) 如果旅游者只知道亲友姓名或某些线索,但地址不详,导游员可通过旅行社请公安户籍部门帮助寻找,找到后及时告诉旅游者并帮其联系;若旅游期间没找到,可请旅游者留下联系电话和通信地址,待找到其亲友后再通知他。

(3) 如果旅游者慕名求访某名人,导游员应了解其会见目的,并向旅行社领导汇报,按规定处理。

(4) 如果海外旅游者要会见中国同行洽谈业务、联系工作、捐款捐物或进行其他活动,导游员应向旅行社汇报,在领导指示下给予积极协助。

(5) 如果海外旅游者要求会见在华外国人或驻华使、领馆人员,导游员不应干预;如果旅游者要求协助,导游员可给予帮助;如果旅游者盛情邀请导游员参加使、领馆举办的活动,导游员应先请示领导,经批准后方可前往。

值得注意的是,导游员在帮旅游者联系会见亲友或同行时,一般不参加会见,也没有担当翻译的义务。如果导游员发现有人与旅游者之间以亲友身份作掩护,进行不正常往来,或旅游者会见人员中有异常现象,应及时汇报。

【参考案例】

一台湾旅游团到江西赣州市旅游,其中一位旅游者对导游员说,他爷爷是兴国县人,老家还有不少亲戚。此次出来旅游之前,父亲就嘱托一定要替他到老家去一趟,探望一下家里的亲戚。但前几天不小心把通讯地址遗失了,父亲又经商在外无法联系,自己只知道那是一个有三十多户人家的林姓村庄,但具体地址记不清楚了,要求导游员帮助寻找。该团队的地陪非常理解这位旅游者的心情,利用自己是本地人的优势,很快就查实了其爷爷的故乡——林姓村庄的具体地址,并对他的探访做了周到的安排。这位台湾同胞得知后感激不已,充满激情地说:"大陆的导游不是亲人,胜似亲人!"

分析:这位导游出于责任心和对台湾同胞的深厚情感,服务工作不计较分内分外,本着旅游者的需要就是自己服务内容的理念,想旅游者所想,急旅游者所急,赢得了旅游者的赞赏,这种服务精神是值得弘扬的。

2. 要求亲友随团活动

旅游者到某地后希望会见亲友,但时间有限又不想放弃旅游活动,往往会向导游员提出亲友随团活动的要求,此时导游员应视具体情况进行处理。

(1) 首先要征得领队和旅游团其他成员的同意,了解亲友的身份,若亲友的身份是记者(无论是中国人还是外国人),一般应予以婉拒。

(2) 与旅行社有关部门联系,如无特殊情况可请随团活动的人员准备好有效身份证件到接待社填写表格,交纳费用,办完随团手续后方可随团活动。

(3) 若是外国外交官员要求随团活动,应请示旅行社领导,严格按照我国政府的有关规定办理。

(二) 旅游者要求离团自由活动

1. 允许旅游者离团自由活动的几种情况

旅游团中的旅游者已来某地、某景点多次,希望离团自由活动。如果其要求不影响整个旅游活动,导游员可满足其愿望,并予以必要的协助。具体又可分为以下几种情况:

(1) 要求全天或在某一景点不随团活动。

在这种情况下,导游员要做的主要工作如下:

① 提前向旅游者说明如果不随团活动,无论时间长短,所有费用不退,自由活动所需增加的各项费用自理。

② 告诉旅游者用餐的时间和地点,以便其归队时用餐。

③ 提醒旅游者自由活动时注意安全,保护好自己的财物。

④ 提醒旅游者带上饭店卡片(卡片上有中英文饭店名称、地址、电话)备用。若客人不会说中文,还需用中英文写张便条,注明客人要去的地点名称、地址,以备不时之需。

⑤ 将自己的手机号告诉旅游者,以备必要时联系。

(2) 到游览点后要求自由活动。

到某一游览点后,有些旅游者,尤其是年轻旅游者希望有自己的自由活动时间,因此提出不按规定的路线游览,而希望自由游览或摄影。若环境许可(如游人不太多、秩序不乱),导游员可满足其要求。导游员要提醒其集合的时间、地点及旅游车的车号,必要时留一字条,上面写上集合时间、地点、车号以及饭店名称和电话号码,以备不时之需,并提醒旅游者注意安全，看管好自己随身携带的钱物。

(3) 晚间要求单独行动。

旅游者晚间要求外出活动时，导游员应提醒旅游者不要走得太远，记住路边的明显标志；不要携带贵重物品(可寄存在前台)；不要去秩序乱的场所；不要太晚回饭店等。

【参考案例】

某广州旅游团在北京长城游览时，团中一位女性旅游者正好碰上一位十年未见面的大学同学，她急匆匆地找到导游员，要求暂时脱离团队与同学一起走一走，好叙叙旧。导游也是一位三年前毕业的大学生，他完全理解这位旅游者此时此刻的心情："行，去吧，晚上回来!"于是，这位旅游者一声道谢后，扬长而去。

分析：旅游者在参观游览过程中碰到亲朋好友，要求暂时脱离团队，这是人之常情，导游员根据游览点的具体情况酌情处理是应该的，同意旅游者"暂时离队"的要求也无可非议，但是这位导游员的处理显然太草率了。正确的做法是：详细了解此事的背景情况，如对方的姓名及工作单位，以防万一；了解离团旅游者的联系方式，并交换手机号码；明确离团旅游者的具体归队时间，最好是要求客人在团队离开长城前归队(告知停车的地点和返回的时间)，如果客人认为时间太短，就要明确晚上归队的具体时间，一般应在当晚十点钟之前归队。到时导游员必须根据规定的具体时间，关心旅游者是否已按时归队。假如旅游者未按时归队，一小时后应主动与旅游者取得联系，问明情况，提示旅游者应注意的事项，如安全问题、保持联系等。

2. 须劝阻旅游者离团自由活动的几种情况

(1) 旅游团计划去另一地游览，或旅游团即将离开本地时，为不影响旅游团活动的进行，导游员要劝旅游者随团活动，以免误机(车、船)。

(2) 在治安不理想、复杂、混乱的地方，导游员要劝阻旅游者外出活动，更不要单独活动，实事求是地向旅游者说明情况。

(3) 不宜让旅游者单独骑自行车去人生地不熟、车水马龙的街头游玩。

(4) 游河(湖)时，旅游者提出希望划小船或在非游泳区游泳的要求,导游员不能答应,以避免发生溺水事故,更不能置旅游团于不顾而陪少数人去划船、游泳。

(5) 旅游者要求去不对外开放的地区、机构参观游览,导游员不得答应此类要求。

(6) 若有旅游者到不健康的场所活动,导游员应进行劝阻。

(三) 旅游者要求中途退团或延长旅游期限的要求

1. 要求中途退团

导游员应视具体情况,给予相应的处理:

(1) 因特殊原因要求提前离开旅游团。

若旅游者因患病、家中出事 、工作上急需或因其他特殊原因(如旅游途中遭遇到自然事故,旅游者担心下面的游程会遇到同样的危险而不愿冒此“风险”)要求提前离开旅游团,终止旅游活动,经接待社与组团社协商后可予以满足。至于旅游者未享受的综合服务费,按旅游协议书规定,或部分退还,或不予退还。

【参考案例】

一个德国旅游团原计划在西安、北京和上海参观游览十五天,让人感到不幸的是,该团刚抵达上海,也就是该团在中国旅游的第十二天,团中一位青年旅游者突然接到家里的越洋电话,告知其母亲在五分钟前病逝于家中,要求他火速返回。该旅游者接到电话后含着眼泪告诉地陪家中发生的不幸。这个团队的地陪是一名上岗不久的大学毕业生,她立即找到领队问怎么办,领队以不可商量的口吻回答说:“立即与机场联系,帮他购买最快的返程机票!”这位地陪自然一切照办。

分析:这位德国客人家中遭遇不幸,非常值得同情,要求中途退团无可非议。但在操作程序上,虽然领队对此事的处理可以发表意见,但是决定权应该在中方旅行社。地陪在知道这件事后,第一反应应该是向旅行社领导报告,然后再根据旅行社的意见与领队协商该旅游者的退团事宜,取得一致意见后方可办理退团手续。具体程序是:立即与旅行社的票务联系,争取购买到最早去德国的飞机票;对客人家中的不幸表示同情,并稳定客人的情绪;根据旅游合同的规定和旅行社领导的意见,联系财务,退还余款;办理分离签证手续;落实客人到机场的交通工具;凭收据向客人收取为其办理回国手续所垫付的费用，并送行与告别。

(2) 无特殊原因执意要求退团。

旅游者无特殊原因，只是某个要求得不到满足而提出要提前离团时，导游员要配合领队做好说服工作，劝其继续随团旅游。若是接待方旅行社的责任，应设法弥补。若旅游者提出的是无理要求，要做耐心解释。若劝说无效，旅游者仍执意要求退团，可满足其要求，但应告知其未享受的综合服务费不予退还，对于所订房费、交通费及应承担的违约金、手续费等都由其支付。

外国旅游者不管何种原因要求提前离开中国，导游员都要在领导的指示下协助旅游者重订航班、机座，办理分离签证及其他离团手续，所需费用由旅游者自理。

2. 要求延长旅游期限

旅游者要求延长旅游期限，一般有两种情况，导游员应分别处理：

(1) 由于某种原因中途退团，但本人继续在当地逗留需延长旅游期限。

对此情况，导游员应帮其办理一切相关手续。对那些因伤病住院，不得不退团并延长在当地逗留时间者，除了办理相关手续外，还应前往医院探视，并帮助解决患者或其陪伴家属在生活上的困难。

(2) 不随团离开或不出境。

旅游团的游览活动结束后，由于某种原因，旅游者不随团离开或不出境，要求延长逗留期限，地陪应酌情处理。对于外国旅游者，若不需办理延长签证的，一般可满足其要求；无特殊原因旅游者要求延长签证，原则上应予婉拒；若确有特殊原因需要留下但需办理签证延期的，地陪应请示旅行社领导，向其提供必要的帮助。办理延长签证手续的具体做法是：先到旅行社开证明，然后陪同旅游者持护照、集体签证、旅行社的证明到公安局外国人出入境管理处办理分离签证手续和延长签证手续，所需费用由旅游者自理。如果离团后的旅游者需要旅行社继续为其提供导游服务，则应另签合同。

五、购物方面个别要求的处理

虽然旅游计划中经常会安排购物时间，但由于种种原因，一些旅游者还会在购物方面提出各种各样的要求，导游员应视不同情况，尽量予以满足。

（一）要求单独外出购物

在自由活动时间内，旅游者要求外出购物时，导游员应尽力帮助，了解其所欲购买的商品，当好购物参谋，如建议去哪家商场，联系出租车，写好便条等。

在旅游团离开本地当天，要劝阻旅游者单独外出购物，以防误机（车、船）。若旅游者执意前往，导游员应向其讲明利害关系，一旦发生误机（车、船）事故，后果自负。

（二）要求退换商品

旅游者购物后发现所购之物是残次品、计价有误或对物品不满意，要求导游员帮其退换。若物品是在导游员带去的定点商店所购，导游员必须代旅游者退换。即使是旅游者自己在普通商场所购的物品，导游员也应积极协助，设法帮助解决，必要时陪同前往。

（三）要求再去商店购买相中的商品

旅游者购买某一商品时，出于"货比三家"的考虑或对商品的价格、款式、颜色等犹豫不决，当时没有购买，回到饭店后经过考虑又决定购买，要求地陪帮助。对于这种情况，地陪应热情帮助，如有时间可陪同前往，车费由旅游者自理；若因故不能陪同前往，可为旅游者写张便条，写清商店地址及欲购商品的名称，请其乘出租车前往。

（四）要求购买古玩或仿古艺术品

海外旅游者希望购买古玩或仿古艺术品，导游员应带其到国家文物商店购买，买妥后要提醒他保存发票，不要将物品上的火漆印（如有的话）去掉，以便海关查验。如果旅游者要在地摊上选购古玩，导游员应劝阻，并告知我国海关的规定：携带我国文物出境（包括古旧图书、字画等），应向海关递交中国文物管理部门的鉴定证明，否则不准带出，而地摊是无法提供这种证明的。若发现个别旅游者有走私文物的可疑行为，导游员须及时报告有关部门。

（五）要求购买中药材

海外旅游者想购买中药材并携带出境，导游员应告知我国海关的有关规定：入境旅游者出境时携带用外汇购买的、数量合理的中药材、中成药，须向海关交验盖有国家外汇管理局统一制发的"外汇购买专用章”的发票，才能放行。超出自用合理数量范围的不准带出。麝香不准携带或邮寄出境。严禁带犀牛角和虎骨进出境。

（六）要求代为托运

旅游者购买大件物品后，要求导游员帮忙托运时，导游员应告知其旅游商店一般都有代顾客邮寄、托运的服务。若旅游者购买大件物品而商店无托运业务，导游员要协助旅游者办理托运手续。

（七）委托代买

旅游者欲购买某一商品，但当时无货，请导游员代为购买并托运。对旅游者的这类要求，导游员一般应婉拒；实在推托不掉时，导游员应请示接待社有关领导。一旦接受了旅游者的委托，导游员应在领导指示下认真办理委托事宜：收取足够的钱款（包括购货款、托运费和手续费，余额在事后由旅行社退还委托者），将购物发票、托运单及托运费收据寄给委托人，旅行社保存复印件，以备查验。

【参考案例】

某国际旅行社导游员小丁带领一法国旅游团在江西景德镇旅游，其中一位旅游者在参观一瓷器加工厂时，对样品室内的一个大型花瓶产生了浓厚的兴趣，很想购买。但据厂方的工作人员说，这种花瓶已有两年多没有烧制了，现货早已卖完，如果需要，最起码十天以后才能烧制出来。于是，这位旅游者要求导游员代为办理，导游员非常爽快地答应了下来，并预收了客人的钱款。

分析：花瓶属于工艺品，质量难以把握，而且易碎，不便托运。这位导游员热情有余，擅作主张，很不应该。这种现象最容易出现在年轻导游员的身上，需要引起年轻导游员的重视。

六、文娱活动方面个别要求的处理

对于文娱活动，因旅游者来自各行各业，爱好也不尽相同，因此不应强求统一。面对旅游者提出的关于文娱活动的各种要求，导游员应本着“合理而可能”的原则，视具体情况妥善处理。

（一）计划内的文娱活动

计划内的文娱活动一般在旅游协议中有明确规定，地陪应按计划准时带旅游者到指定娱乐场所观看文艺演出。若旅游者提出调换节

目,地陪应针对不同情况,作出如下处理:

如全团旅游者提出调换其他文娱节目,导游员应与接待社计调部门联系,尽可能调换,但不要在未联系妥当之前许诺;如接待社无法调换,导游员要向旅游者耐心解释,并说明票已订好,不能退换,请其谅解。

若旅游团内部分旅游者要求观看别的演出,处理方法同上。若旅游团决定分两路观看文娱演出,在交通方面导游员可作如下处理:如两个演出点在同一线路,导游员要与司机商量,尽量为多数旅游者提供方便,送他们到目的地;若不同路,则应为提出调换要求的部分旅游者安排车辆,但事先须说明车费自理。

【参考案例】

导游员小王带领旅游团早上到达 A 市,按照计划,上午参观景点,下午旅游者自由活动,晚上七点观看文艺演出,次日乘早班机离开。抵达当天,适逢当地举行民族节庆活动,并有通宵篝火歌舞晚会等丰富多彩的文艺节目。部分旅游者提出,晚上想去观赏民族节庆活动,并放弃观看文艺演出,同时希望导游员能派车接送。

分析:本案例中导游员小王面对的是旅游团内部分旅游者要求改变文娱活动内容的问题。此时,导游员应与接待社计调部联系,尽量满足他们的要求。但对于派车接送的要求,则应具体分析:如节庆活动地点与旅游团观看文艺演出的地点在同一线路,导游员可与司机商量,尽量为部分旅游者提供方便,送他们到目的地;若不同路,则应为提出调换要求的部分旅游者安排车辆,但事先须说明车费自理。

（二）计划外的娱乐活动

旅游者提出自费观看计划外的文娱节目或参加某种娱乐活动,在时间允许的情况下,导游员应积极协助。导游员可酌情选择以下两种方法:

(1) 与接待社有关部门联系,请其报价。将接待社的对外报价(其中包括节目票费、车费、服务费)报给旅游者,并逐一解释清楚。若旅游者认可,请接待社预定,导游员同时要陪同前往,将旅游者交付的费用上交接待社并将收据交给旅游者。

(2) 协助解决，提醒旅游者注意安全。导游员可帮助旅游者联系购买节目票，请旅游者自行乘出租车前往，一切费用自理。同时提醒旅游者注意安全，带好饭店地址。必要时，导游员可将自己的联系电话告诉旅游者。如果旅游者执意要去大型娱乐场所或情况复杂的场所，导游员须提醒旅游者注意安全，必要时陪同前往。

【参考案例】

由二十人组成的某香港教师旅游团在上海参观游览三天，根据旅游接待计划的安排，第二天晚上看越剧。但该团成员在第一天吃晚饭时经过一番议论，多数人要求看一场沪剧，如果时间不允许就把看越剧改成看沪剧，因为他们觉得到上海看沪剧更有意义。地陪说："大家在上海只住两个晚上，第三天晚上八点就要启程去北京，而且明天晚上的戏票已经预订好了，大家要求看沪剧的愿望还是留到下次吧！"团队旅游者听后都感到很遗憾。

分析：从这个案例的情况来看，只要导游员重视旅游者的要求，办法还是有的：第一，上海的沪剧院很多，旅游者吃晚饭的时间一般在六点左右，且团队人数不多，如果导游员及时联系，可能当天晚上就能满足旅游者的要求。第二，即使当天晚上安排不了，还可与演出沪剧的剧院预约，然后第二天与演出越剧的剧院交涉，请求退票。遗憾的是这些工作导游员都没有去做，只是对旅游者的要求一味地婉言拒绝，这种处理问题的方法显然是不妥的。

（三）要求前往不健康的娱乐场所

旅游者要求去不健康的娱乐场所或过不正常的夜生活，导游员应断然拒绝并介绍我国的传统观念和道德风貌，严肃指出不健康的娱乐活动和不正常的夜生活在我国是禁止的，是违法行为。

七、其他方面个别要求的处理

（一）旅游者要求转递物品或信件的处理

由于种种原因，旅游者会要求旅行社或导游员帮其转递物品、信件或资料，导游员应视具体情况按相应规定和手续办理。

一般情况下,导游员应予婉拒,建议旅游者将物品、信件亲手交给或邮寄给收件部门或收件人。若旅游者确有困难,导游员应请示旅行社,经同意后可予以协助。导游员必须问清何物,若是应税物品,应促其纳税;若转递物品是食品,应婉言拒绝,请其自行处理。请旅游者写委托书,注明物品名称、数量,并当面点清,签字并留下详细通信地址及电话。将物品或信件交给收件人后,请收件人写收条并签字盖章。将委托书和收条一并交旅行社保管,以备后用。

若转递物品的收件方是外国驻华使、领馆人员,导游员应婉拒;无法推托时,应详细了解情况并向旅行社领导请示,经同意后将物品和信件交旅行社有关部门,由旅行社通知使、领馆人员前来领取。

【参考案例】

某澳大利亚旅游团离境前,一老年旅游者找到全陪小李,要求他将一个密封的盒子转交给一位朋友,并说:"盒子里是些贵重东西。本来想亲手交给他的,但他来不了饭店,我也去不了他家。现在只得请你将此盒转交给我的朋友了。"小李为使旅游者满意,接受了他的委托,并亲自将盒子交给了旅游者的朋友。可是,半年后,这位老年旅游者写信给旅行社,询问为什么小李没有将盒子交给他的朋友。当旅行社调查此事时,小李说已经把盒子交给老人的朋友了,并详细地介绍了整个过程。旅行社领导严肃地批评了小李。

分析:旅游者要求导游员转交物品是常有的事,导游员须慎重对待。本案例中,导游员小李在不知道盒子中装的是何物的情况下就答应旅游者的请求,这种做法显然是错误的。作为导游员,必须问清盒子中装有何物,并请旅游者打开。若是贵重物品、食品等一般要婉拒。如果只是一般物品,导游员又无法推托时,应请旅游者写委托书说明物品名称、数量,当面点清,签字并留下详细地址和电话。收件人收到后,要写收条、签章。旅行社应将上述情况通知委托人。委托书和收条要由旅行社一并保存待查。

(二)旅游者越轨言行的处理

旅游者侵犯主权国家的法律和世界公认的国际准则,一般视为越轨言行。外国旅游者在中国境内必须遵守中国的法律,若犯法,必将受到中国法律的制裁。中国旅游者在国内或出国旅游,同样必须遵守旅游目的地(国)的法律法规。

旅游者越轨言行的处理要慎重,事前须认真调查核实,分清越轨行为和非越轨行为的界限,分清有意和无意的界限,分清无因和有因的界限,分清言论和行为的界限,分清正常交往和非正常交往的界限。只有正确分清上述界限,才能正确处理此类问题,才能维护国家的主权和尊严。但是,分清这些界限有相当的难度,需要导游员具有高度的政策观念和法制观念,熟悉客源国,并有很高的警惕性。

导游员应积极地为旅游者介绍我国的有关法律及注意事项,多做提醒工作,以免个别旅游者无意中做出越轨、犯法的行为;发现可疑现象,导游员要有针对性地给予必要的提醒和警告,迫使预谋越轨者知难而退;对冥顽不化者,其越轨言行一经发现应立即汇报,并协助有关部门进行调查,分清性质。处理这类问题时导游员要严肃认真,实事求是,合情、合理、合法。

1. 对攻击和诬蔑言论的处理

由于社会制度的不同和政治观点的差异,海外旅游者可能会不理解或误解我国的方针政策及国情,在一些问题上存在分歧。因此,导游员要积极友好地介绍我国的国情,认真回答旅游者的问题,阐明我方对某些问题的立场、观点,求同存异。

但若有人站在敌对立场上进行攻击和诬蔑,导游员要严词驳斥,驳斥时需理直气壮、观点鲜明、立场坚定,但不要与之纠缠。必要时报告有关部门,查明后严肃处理。

对于国内旅游者,如果个别人发表诬蔑和诋毁祖国与人民的言论,导游员应旗帜鲜明地阐明自己的观点,指出其问题的性质,劝其自制。如果对方不听劝告,一意孤行,或者有违法行为,应立即报告有关部门。

2. 对违法行为的处理

旅游者违法行为是指旅游者违反我国法律法规的行为。《中华人民共和国宪法》总纲明确指出:"中华人民共和国保护在中国境内的外国人的合法权利和利益,在中国境内的外国人必须遵守中华人民共和国的法律。"因此不得进行危害中国国家安全、损害公益事业、破坏公共秩序的活动,违法者将按情节的轻重程度接受中国法律的制裁。

社会制度和传统习惯的差异导致各个国家的法律不完全一样。处理这个问题时,导游员首先要分清违法者是对我国的法规缺乏了解还是明知故犯。对因不了解我国的法律和传统习惯而做出违法行为的旅游者,导游员要讲清道理,指出错误,并报告有关部门,根据其情节适当处理;对明知故犯者,导游员要提出警告,并配合有关部门严肃处理,情节严重者应绳之以法。

旅游者中若有人窃取国家机密和经济情报、宣传组织邪教、走私、贩毒、偷盗文物、倒卖金银、套购外汇、贩卖黄色书刊及录像、嫖娼、卖淫等犯罪活动,一旦发现应立即汇报,并配合司法部门查明罪责,严肃处理。

3. 对违规行为的处理

(1) 一般性违规行为的处理。

在旅游接待中,导游员应向旅游者宣传、介绍、说明旅游活动中涉及到的具体规定,防止旅游者不知而误犯。例如,参观游览中某些地方禁止摄影、禁止进入等,都要事先讲清,并随时提醒。若在导游员已讲清、提醒的情况下明知故犯,当事人应按规定接受处罚。

(2) 对猥亵行为的处理。

对于某些旅游者举止不端、行为猥亵的表现,导游员都应向其郑重指出其行为的严重性,责令其立即改正。若有旅游者对异性行为不轨时,导游员应阻止,并告知我国的道德观念和异性间的行为准则;对不听劝告者应严肃指出问题的严重性,必要时采取断然措施;情节严重者应及时报告有关部门依法处理。

(3) 对酗酒闹事者的处理。

旅游者酗酒,轻者举止失态,重者失去理智。对于酗酒者,导游员应先规劝并严肃指出可能造成的严重后果,尽力阻止。对喝醉了的旅游者则应尽力劝其停止饮酒,但不要说“您喝多了”等刺激性的话,要用“您用茶吗”、“请早些休息吧”等话劝其休息。若在饭店内发现本团旅游者醉酒倒地不醒,导游员要同饭店保安人员一起将其搀扶至房间,同时报告上级领导,切不可单独搀扶其进入房间,或帮助其入寝。不听劝告、扰乱社会秩序、侵犯他人、造成物质损失的酗酒闹事者必须承担一切后果,甚至法律责任。

第三节 特殊旅游者(团)要求的处理

在导游服务中,除了大量常规旅游者(团)的接待工作之外,还有各种特殊旅游者(团)的接待工作。特殊旅游者(团),是指旅游者的组成人数、组织成分、年龄结构以及旅游目的等方面具有非一般性特征的群体。这种特殊的旅游者(团)具有各自鲜明的特征,具有不同于常规旅游者(团)的特殊需求,导游员不仅要满足其生理上的需要,更要注意其心理上的需要,给其特别的关照,提供特殊的服务。

一、对儿童、老年旅游者(团)的服务

(一)儿童、老年旅游者(团)的特征

1. 儿童旅游者(团)的特征

在旅游团中常有成年旅游者携带儿童旅游的情况,尤其是在国内旅游中,一些家长常将旅游作为其子女增长知识的重要途径。对此,导游员在做好旅游团中成年旅游者导游服务的同时,还应根据儿童的生理和心理特征,做好关心和照料儿童的工作。

此外,还有专门的儿童旅游团,儿童旅游团一般由学校、单位组织,以春、秋两季游为多。儿童的最大特点是好奇、多动、不注意安全,不像成年人旅游团那样乐意听导游员的讲解。因此,带领儿童旅游团进行参观游览时,应根据其特点,有针对性和选择性地进行讲解。

2. 老年旅游者(团)的特征

老年旅游者(团)是以老年人为主体、以休闲观光为主要目的的旅游者(团),一般由单位、社区组织,也有自发组织和自愿参加的旅游团。老年人出游的主要目的是以游览观光为主,参加的活动也多以游览观光、健身疗养和探亲访友为主,具有“传统旅游”的特征。老年人旅游多是“经济旅游”,因为历史的原因,我国老年人大多有勤俭节约的习惯,在外出游玩时十分注重物有所值,强调舒适、安全,不太追求单纯的奢侈、豪华。老年人的另一大特点是好思古怀旧,希望得到尊重。在旅游活动过程中,他们希望导游员与他们多沟通、多交流,很怕寂寞。为此,导游员在带领老年旅游者(团)进行参观游览时,应根据老年人的特点,因人而异地做好讲解介绍工作。

（二）导游员的服务

1. 对儿童旅游者(团)的服务

针对旅游团中成年旅游者携带儿童旅游的情况，导游员可从以下几个方面为其提供服务：第一，照顾好儿童的安全。儿童的特点是好动，导游员应根据这一特点照顾好他们的安全。为吸引他们，导游员可酌情给他们讲些有趣的童话和小故事，防止其乱跑摔伤或走失。第二，照料好儿童的生活。首先是用餐照料，由于儿童个子小，成人的餐桌椅对其很不适合，尤其是外国儿童，使用中餐更为困难，因此，导游员应根据儿童的这一特点，在用餐前同餐厅联系，安排好他们的用餐事宜，如提供儿童座椅、刀、叉、勺等；其次是起居照料，遇有气候变化，导游员应及时提醒家长为其增减衣服或带好雨具，如在北方，要提醒家长多给孩子喝水等。

导游员服务这样的旅游团时，须注意在旅游活动中，不要为了突出儿童而冷落成年旅游者；不能为了讨好儿童给其买食品、玩具；不能单独带旅游者的孩子外出活动；儿童生病，不宜将自己携带的药品给其服用，应建议家长请医生诊治。在旅游接待中，儿童的住宿、用餐和机(车、船)票等有不同的规定，导游员须特别注意。

导游员带领专门的儿童旅游团进行参观游览时，其主要的任务有两条：第一，讲解景点突出爱国主义教育；第二，特别关注小朋友们的安全问题。导游员在宣传讲解中，语言要生动形象，富有激情而又准确，语速要亲切、缓慢，导游技巧上多使用提问式或启发式的手法，使小朋友对景物产生浓厚的兴趣，同时也要让他们了解一些相关的历史知识，适当地进行美学教育和社会实践。在安全问题方面，导游员要主动配合学校老师做好安全防范工作，不准他们乱跑瞎闯，确实做到有组织、有纪律、听指挥，同时告诫他们不要随意买小摊上的食品，不喝生水，注意个人卫生，保证儿童旅游团顺利安全地完成活动。

【参考案例】

小石是A市某国际旅行社的一名导游，因为工作出色，收到的表扬信很多。经理发现，给小石写表扬信的旅游团差不多都有小孩，于是经理请小石介绍一下接待有儿童的旅游团的经验。小石一时不知该如何说起，经理提示说："你就说一下，当你到飞机场、火车站去接团的时候，如果接到这样的旅游团，你所做的头三件事是什么？”小石说出了以下三件事：“第一件事是先要找到全陪或者领队，第二件事是要招呼客人，把客人集合在一起，这第三件事嘛……，我怕小孩会东奔西跑，就拉住小孩的手，走在团队的前面！”听到这里，经理高兴地说：“小石做的这第三件事就是值得大家学习的。他一拉小孩的手，和客人的交往就开了一个很好的头啊！”

分析：导游员是为全团旅游者服务的，但经常会为个别旅游者提供针对性的服务。一般来说，小孩是整个旅游团注意的中心，与小孩的交往能引起大多数旅游者的注意。小孩年龄小，缺乏自我保护意识和能力，小石拉起小孩的手，不让他们乱跑，这一行为表明了要保护他们的意思。再说带小孩外出的旅游者，不仅比其他旅游者疲乏得多，还常担心小孩的安全，在飞机场和火车站这些小孩容易走失的场所，小石拉起小孩的手，让小孩的父母有了安全感，也体现了小石的行为具有“超前服务”的意义。

2. 对老年旅游者(团)的服务

在旅游者队伍中，老年旅游者的数量逐年增多，其中 70 岁以上的高龄旅游者也屡见不鲜。对于这类旅游者，导游员应发扬中华民族尊敬老人的优良传统和美德，根据他们的生理特点，在旅游过程中不辞辛苦地关怀他们，认真做好各项服务工作。

(1) 合理安排行程。

由于年龄的增长、生理的变化，加上周围社会环境的变化，老年人往往会形成一些心理和行为上的共性特征，如感觉迟钝、反应迟缓、习惯固定化等。导游员要根据老年旅游者的生理特点和心理需求，对旅游团的行程路线进行科学合理的安排，使整个旅游过程成为一次既舒心又轻松的经历。

(2) 放慢行进和讲解速度。

导游员在带领老年旅游者(团)进行参观游览时，首要任务是安全问题。因此导和游的工作都要突出一个“稳”字：讲解时速度要慢，声音要响亮，服务态度要亲切、热情和周到，在导游服务的讲解技巧上多运用含蓄幽默的方法，使老年人“游中有乐，乐中有游”。碰到上山下坡、路滑不平时，要适当搀扶，做到“走路不观景、观景不走路”。总之，整个旅程安排要宽松,劳逸适度,参观游览完一个景点后要适当地给他们一些自由活动的时间。

(3) 多做提醒工作,关心老年旅游者的身体。

由于老年旅游者岁数大,记忆力差、视力欠佳、行动迟缓,导游员应多做提醒工作。如出发时间、集合地点、活动日程、游览线路、随身物品的保管等要反复讲;游览中要时刻注意他们的行走方向,以防掉队走失,要提前告诉他们,一旦找不到自己的团队,千万不要着急乱走,要站在原地等候,导游员会按原路找到他们;天气变化时要提醒他们增减衣服;晚间活动时,要提醒司机将旅行车停放在有灯光、没有台阶或其他障碍物的平坦地点,以防他们上、下车时摔伤;外国的老年旅游者,如对人民币票面不熟悉,要提醒他们不要同他人兑换人民币,以防受骗。

二、对残疾旅游者(团)的服务

(一) 残疾旅游者的特征

在旅游团中,有时会有截瘫、聋哑、盲人或视力障碍等残疾旅游者,这些残疾旅游者有一些典型的生理和心理特征。

1、残疾人的一般心理特征

(1) 容易感到孤独。

这是残疾人普遍存在的一种情感体验。残疾人因为有某种缺陷(如聋哑人有言语障碍、盲人有行动障碍等)导致他们活动的范围很小,交流的对象有限,久而久之就会产生孤独感,随着年龄的增长,孤独的体验会日益增强。

(2) 非常敏感。

由于残疾人在生理或心理上有某种缺陷,容易造成当事人过多地注意自己,对别人的态度和评论特别敏感,尤其是别人对自己带有贬义的、不恰当的称呼,极易引起他们的反感。一旦有人做出伤害他们自尊心的事情,他们往往难以忍受,甚至会当即流露出愤怒情绪或采取自己的方式加以报复。

(3) 有强烈的自卑感。

自卑感是每个残疾人都有的一种情感体验。残疾人在生理或心理上的缺陷使他们在学习、生活和就业方面会遇到很多困难。如果他们从社会或其亲属那里得不到足够的支持和帮助,甚至遭到厌弃或受到歧视,就会产生强烈的自卑心理。

2. 不同类型残疾人的特征

截瘫旅游者的一个典型特征就是行动困难。由于残疾的肢身给他们带来了巨大的困难,他们更容易表现出严重的自卑感,但是,他们的意志品质却得到了更充分的发展。

聋哑旅游者由于丧失了听力而无法感知或不能清晰感知声音刺激,失去了一条最重要也最通常的感知语言的途径,只能靠手势语言和别人进行交往,靠视觉器官的直观形式获得信息,因此他们视觉敏锐,形象思维非常发达,而逻辑思维和抽象思维则相对差些。

盲人或有视力障碍的旅游者,由于视力残疾,其感知周围世界或适应环境的能力较低,行动不便。出于安全需要,他们在户外进行活动的机会较少,与他人的交往也较少。但他们的内心世界有着丰富的情感,情感体验比较深沉而含蓄。盲人的另一个特点是有惊人的记忆力及很强的分辨能力,他们记住的词汇比较丰富,因而具有较强的表达能力。

(二) 导游员的服务

对残疾旅游者,导游员首先要端正自己的态度,在任何时候和场合都不应歧视或讥笑他们,也不要打听其残疾的原因,而应对他们表示尊重和友好;其次,要根据他们的实际情况和需求,提供适合他们需要的服务,同时注意不要伤害他们的自尊心。

1. 对截瘫旅游者的服务

对截瘫旅游者,导游员应做好如下工作:

(1) 根据接待计划,明确这类旅游者是否需要轮椅。如需要,应提前通知饭店和有关单位进行准备。

(2) 与计调部门或有关部门联系,安排方便这类旅游者存放轮椅和其他物品的旅行车。

(3) 提前到机场办理有关手续,以便直接进入隔离区接待他们。

(4) 在活动安排上,要充分考虑他们的生理条件和特殊需要。如选择行进线路时尽量走平地,避免走台阶;用餐时通知餐饮部安排在一楼用餐等。

2. 对聋哑旅游者的服务

如果导游员接待的是单纯的聋哑人旅游团,一般都配备手语翻译,导游员要借助这位合作者把有声语言通过手语翻译传递给旅游者。但是导游员在讲解时应注意,要保持与旅游团成员的目光接触,而不能把视线停留在翻译者身上。如果旅游团中只有个别的聋哑旅游者,导游员应将其安排在旅行车前排就座,以便在导游员讲解时他们可以通过辨别口形来获取信息。导游员讲解时,应面向他们,并放慢讲解速度,使他们能够了解更多的讲解内容,导游员若能用手语讲解,效果更好。

3. 对有视力障碍的旅游者的服务

有视力障碍的旅游者除了没有视觉以外,拥有与正常人一样的听觉、味觉、嗅觉、触觉,导游员应发挥他们这方面的特长,让他们用各种感官来体验旅游的乐趣。接待有视力障碍的旅游者,导游员应将其安排在前排就座,以方便他们下车,并能揣摩导游员讲解的内容。导游员讲解时,应主动站在他们身边,与他们谈话应直接面对他们,虽然不能与盲人进行目光交流,但他们能明显感受到并尽量回应与他们讲话的人。在参观游览中,凡能触摸的东西或物品,应尽量让他们触摸。

三、对宗教旅游者(团)的服务

(一) 宗教旅游者的特征

宗教旅游者是指以宗教朝觐活动为内容的旅游者,这类旅游者是比较特殊的旅游群体,如来自亚洲的佛教旅游者,来自西方国家的基督教旅游者,来自西亚、北非、中亚、南亚和东南亚等地的伊斯兰教旅游者。相对于常规旅游者(团)而言,他们具有两个明显的特征:

1. 旅游目的地明确,计划严格

宗教圣地是这类旅游者的目的地,如麦加吸引着全世界的穆斯林,我国的四大佛教名山接待着大量的佛教徒。宗教旅游者的旅游目的十分明确,他们前往的旅游目的地是经过认真选择后才决定下来的,在某个地方举行某种活动具有严格的计划性,不能轻易改变。

2. 禁忌较多,要求严格

宗教旅游者由于其信仰、习俗的特殊性,都保留着其宗教本身所特有的禁忌。在旅游中,为了体现其态度的虔诚,往往又将禁忌内容加以强化,不会越雷池半步,越过禁忌他们就会认为是对信仰的背叛。对这类旅游者的接待工作,多根据教义的规定进行,整个过程要庄严肃穆,使他们获得精神上的归属感。

（二）导游员的服务

有些旅游团是专门的宗教旅游团，有些是一般旅游团中有宗教人士参与。他们虽以普通旅游者身份旅游，但导游员在接待过程中要注意尊重其宗教信仰和生活习惯，并设法满足其特殊要求。

对旅游者在饮食上的禁忌和特殊要求，导游员一定要提前通知饭店的餐厅或用餐的餐馆。对于一些伊斯兰教人士用餐的餐厅，一定要有穆斯林标志牌，导游员要认真落实。

对旅游者的讲经、祈祷等特殊要求，导游员一定要为其提供方便。如由天主教人士组成的旅游团，每天早上会在车上讲经、做祈祷，此时导游员和司机应主动下车，等他们祈祷完毕后再上车。

导游员在讲解和同旅游者交谈中，需注意不要向他们宣传"无神论"，也要避免涉及有关宗教问题的争论，更不要将宗教与政治、国家联系起来。

四、对考察旅游者(团)的服务

（一）考察旅游者(团)的特征

考察旅游者(团)是指以特定的旅游资源为对象，有目的、有计划地参加考察活动的旅游者或团体。与常规旅游者(团)相比，他们具有以下特征：

1. 外出旅游的目的明确

考察旅游者是出于工作需要而外出的旅游者，其主要目的是完成自己的考察任务。随着和平与发展成为当今世界的主流，各国、各地区之间在政治、经济、科技、文化等方面开展了广泛的合作，相关人员交往日益频繁。他们外出过程中所需的服务和其他旅游者大致相同，但比一般的旅游者有着更直接、更明确的目的。

2. 社会地位高，消费能力强

这类旅游者一般具有一定的身份和地位，如企业家、专家、学者和公务员，收入较高，还有些旅游者由所在单位出资，有的单位为了树立形象，要求其工作人员外出消费时须达到一定的标准。

3. 对服务水平要求高

为了提高工作效率和维护自己的身份地位，他们要求享受较完善的服务，注重舒适、方便、快捷。在观赏中，他们会提出更多的问题，要求导游员解答。他们还会提出更多的要求，希望导游员与有关方面协调。总之,他们会有更多出乎意料的举动,要求导游员予以配合。

4. 出行季节不受限制,对目的地选择没有太大的自由

因工作需要,他们随时出行,不受自然因素影响,对目的地的选择首先考虑工作需要。

(二) 导游员的服务

接待考察旅游者(团),对导游员的知识面和灵活处理问题的能力有着更高的要求,导游员可从以下几个方面为其提供服务:

1. 做好相关知识的准备工作

为了能与考察旅游者有较好的沟通,在讲解中尽量满足旅游者的需求,导游员须提前做好相关的知识准备,如专业术语、行业知识等。准备的知识应针对具体的考察对象而不同,要根据考察团的计划安排,对某个或某几个具体的考察对象做重点的知识准备。导游员在讲解中,不能仅仅停留在泛泛的背景资料的介绍上,而要对具体的对象进行较为详细的讲解。既然旅游者选择了某地区作为考察对象,就说明该地区有着重要的影响力,所以,导游员要收集相关资料,掌握相关的背景知识。例如,接待到上海进行城市建设考察的旅游团,导游员就需要了解近年来上海城市建设的发展过程、突出成就、具体数据,以及当地政府的有关政策和居民的态度反应等。

2. 留给旅游者充足的游览时间

考察旅游者对其考察的对象有着浓厚的兴趣,这也是他们外出旅游的主要目的。因而在旅游过程中,导游员要为旅游者安排充足的时间,在导游讲解的基础上,让旅游者有更多的时间自己去观察、研究、走访、记录,以实现他们的目标。

3. 讲解时讲浅不讲深

导游员是杂家而不是专家,即使在某些方面有所专长,也不一定会在接待某个专业考察旅游团时正好对口。因此,导游员在为专业人士做基础性、概述性方面的内容讲解时,要介绍自己有充分准备和把握的内容,切忌硬充内行。在接待专业考察旅游团时,导游员的讲解要避免那些本质性和规律性的理论问题,可以把讲解的重点放在观赏对象的外部内容上,如与之联系的背景介绍、在当地的影响程度及被重视的程度等。旅游者在面对考察对象时,可能会向导游员提出各种问题,导游员要本着实事求是的态度,认真解答。若一时解答不出,也不能不懂装

懂,毫无根据地乱讲。

五、对探险旅游者(团)的服务

(一) 探险旅游者(团)的特征

探险旅游者(团)是指以征服自然、探索奥秘、实现自我价值为目的,到未开发的地方进行野外旅游的具有冒险精神、自主意识的人或团体。与一般旅游者(团)相比,他们具有如下特征:

1. 需求偏好突出,专业性较强

探险旅游者(团)对探险环境感兴趣,喜欢冒险,追求刺激和神秘感,需求偏好较为突出。例如,登山旅游所依托的山岳景观对于观光旅游者来说可能毫无吸引力,而探险旅游者却能在登山的艰难过程中获得无穷的乐趣。此外,探险旅游者具备一定的专业知识和能力,他们的野外生存能力、参与实践能力、自救自助能力都比常人强,没有接受过专门、长期训练的人是没法参加探险旅游的。因此,接待探险旅游者(团)的导游员,也应该具有一定的专业探险能力。

2. 旅游目的地具有特殊性

探险旅游者(团)的旅游目的地有着与众不同的特点,其目的地大多是人迹罕至、未经开发的自然景观,其旅游形式也多样化,有登山、攀岩、潜水、漂流、滑翔、滑雪、骑车、陡崖穿越等。非常规的旅游线路和旅游方式意味着行程的艰苦,而探险旅游者正是在这个艰苦的过程中得到了乐趣,实现了自我价值。

3. 反复消费性和追求成长性

从事过探险旅游的人往往有再次参加类似活动的愿望,这种类似活动可能是其他类型的探险旅游活动,可能是在其他地点开展的同类探险旅游活动,也可能是在同一地点开展的更高难度的探险旅游活动。马斯洛认为,心理需求是一种成长性的需求,满足一定层次的需求后会产生更高层次的需求。同样,探险旅游者往往会为自己设置更高的目标,即具有追求成长性。有关研究表明,多次参加探险旅游活动的旅游者往往偏爱人迹罕至的目的地,偏爱更崎岖的路途以及比初次经历更难以控制的局面。

4. 配套装备较多

为了保证探险旅游的顺利完成,探险旅游者必须携带一些必要的配套装备，而不能像常规旅游者那样轻装上阵。探险对象不同，所携带的装备也不同，但大致有以下三类：一是生活保障设备，主要有帐篷、背包、睡袋、水壶、炊具、防寒袜、防寒手套等；二是探险专用设备，这因探险活动的类别不同而有所不同，以登山为例，主要有手套、登山靴、绳索、上升器、下降器、头盔、护目镜、氧气瓶、登山杖等；三是辅助设备，主要有指南针、望远镜、照相机、地图、医药箱等。这些必需装备，是探险旅游者完成探险活动的必备条件，其数量之多、品种之全，也是常规旅游所无法相比的。

（二）导游员的服务

1. 上团前要做好充分的物质准备

探险旅游者需要的装备是很多的，这些装备有的是旅游者自备，有的是当地接待部门准备。不管是哪种情况，导游员上团前都必须做好充分的物质准备。如果是旅游者自备，导游员要提醒、督促旅游者，并认真检查每个团员的装备准备情况；如果是当地接待部门准备，导游员要组织旅游者进行租借，认真检查装备的使用功能，并负责教会旅游者使用。

2. 身心素质良好，具备一定的专业知识

专业探险大多有专门的教练和向导，一般探险性质的旅游活动如橡皮舟漂流、骑马、骑骆驼、定向比赛等，大多是由导游员组织、服务的。无论何种探险活动，对导游员的身心素质都有较高的要求，导游员只有具备了健康的身体、过硬的心理素质和与探险活动相关的知识与能力，才能有效地提供导游服务。

3. 要细致、周到地照料旅游者的生活

探险旅游者的生活照料主要是指安排旅游者的食宿。探险旅游者在野外的环境比较艰苦，而保证旅游者有个良好的食宿环境则成为顺利完成探险活动的一项重要因素。因此，导游员应提前落实每天晚上要住宿的地方，如果在野外宿营，要对宿营地有充分的了解，做好搭帐篷的各种准备工作。关于饮食，导游员要了解当天的用餐地点和用餐方式，提醒餐厅准备高热量、营养丰富的饭菜，如果安排团队野炊，则要准备好必要的灶具、炊具及原料。此外，对于时间长、路途较远的探险活动，导游员要认真清点后勤保障车辆的物资准备，包括食品及急救药品等。

【复习思考题】

1. 处理旅游者的个别要求应遵循哪些原则?

2. 满足旅游者亲友随团活动要求的正确做法是什么?

3. 旅游者要求代买并托运贵重物品,导游员该如何处理?

4. 旅游者因故要求提前离团,导游员应做哪些工作?

5. 在哪些情况下,导游员应劝阻旅游者自由活动?

6. 导游员接待残疾旅游团时应注意哪些问题?

【案例讨论题】

据《中国旅游报》的一篇报道,江苏省中国旅行社的某位最佳导游员接待了一个台胞团,团中有一对夫妇带着一个十一岁的儿子。坐船参观千岛湖猴岛时,小男孩不小心被猴子咬伤了大腿内侧。听到男孩的呼救声,这位导游员急忙冲上去赶走了猴子,自己后背也被抓了一道长长的口子。意外发生后,他急忙将孩子送往医院救治,并垫付了医疗费。孩子父母想结束游程返台,全团客人的情绪也受到了影响。他考虑到台湾同胞来祖国一趟非常不容易,在征询医生意见后,建议大家继续旅游,孩子由他抱着参观景点。在黄山,他硬是把孩子抱上去参观了狮子峰、始信峰,又一步一步地将孩子抱下来。就这样,孩子在他的陪伴照料下游览了黄山、南京、厦门,客人们的游兴也越来越浓。散团时,台胞们送了五百元小费让他收下,他婉言谢绝了。那对夫妇含着热泪对他说:"江苏中旅的导游真是太好了,待我们就像亲人一样……"

讨论:根据儿童旅游者的特征,导游员如何提供针对性的服务?本案例中,导游员在孩子父母要求中途退团的处理上,以及整个导游服务过程中,给我们的启示有哪些?

【模拟操作题】

1. 教师将班里学生分成若干小组,每个小组选出一名学生扮演导游员,其他学生作为旅游者。要求作为旅游者的学生在表演中提出一系列的特殊要求,由扮演导游员的学生来模拟处理。

2. 教师事先安排几位学生分别扮演老年、残疾、宗教、考察等类型的旅游者,要求其他学生根据所学知识模拟完成相应的导游服务工作。

第三篇　导游艺术篇

第六章　导游讲解艺术

导游服务工作主要由生活服务和讲解服务两部分组成，其中讲解服务尤其能够体现导游工作的文化性和精神性。在导游讲解服务中存在着一些内在的规律，这些规律就是讲解艺术。导游员必须遵循这些规律，否则会导致自己的讲解偏离导游工作的本质和任务。本章介绍了导游语言的运用规则、导游讲解的常见技巧以及导游词的创作方法。

【导入案例】

导游员小刘带领一个30人的旅游团参观龙门石窟，团里的成员是南京市某高校美术系的老师。下面是她讲解的奉先寺："各位游客，再走几十级台阶就到奉先寺了。洛阳龙门石窟海内外闻名，其中以奉先寺的石窟造像最具代表性。奉先寺的布局是这样的：一佛、二弟子、二菩萨、二天王、二力士，另外还有两个供养人。主佛名为卢舍那佛，是报身佛，意即证得了绝对真理获得佛果而显示了佛的智慧的佛身。中国美学大家李泽厚先生称这个卢舍那佛是'中国古代雕塑作品的最高典范'。奉先寺大卢舍那像龛是唐高宗及武则天亲自监管的皇家工程，工程设计和施工都是由高宗亲自任命制定。根据《大卢舍那佛龛记》记载：大唐高宗天皇大帝之所建也，佛身通光，高85尺，二菩萨高70尺，迦叶、阿难、金刚神王各高50尺。为此，武则天曾经于咸亨三年捐出'脂粉钱二万贯'。而当地更是传说卢舍那大佛就是武则天的化身。大家请看，卢舍那大佛被赋予了女性的形象：面容丰腴饱满，双目细长，眉若新月，眼睑下垂，双目俯视，嘴巴微翘而又含笑不露，她庄重而文雅，睿智而明朗，是一个将神性和人性完美结合的典范。"

导游员小刘的讲解是否明了易懂？导游讲解语言有什么要求和特

点？她的讲解符合旅游团内旅游者的身份与学识吗？导游员应该如何收集材料撰写景点导游词？又应该如何灵活安排讲解的顺序和内容？这些问题就是本章所要解决的。

第一节 导游的语言艺术

导游员是旅游者接触时间最长、印象最深的旅游服务工作者，也是旅游者评价一个目的地旅游接待服务水平的重要方面。导游员的工作内容决定了导游员既是文化的"传教士"，也是照顾旅游者饮食起居的"管家"，还是促进各国人民相互了解的"国际主义者"。要履行好自己的各种角色，导游员必须善用语言，因为语言是导游员提供以上服务必要的"生产工具"。没有语言，就不会使旅游者产生宾至如归的感觉；没有语言，就不会使旅游者正确了解旅游资源而产生审美体验；没有语言，就没有旅游团队融洽和谐的气氛；没有语言，就没有导游工作。

一、导游语言的概念和特点

（一）概念

人类在从猿到人的进化过程中产生了语言，它是人类进行交际的符号系统，其基本成分是语音、词汇和语法结构。语言一经产生，对人类的心理发展起着重大的推动作用。人们可以凭借语言来交流思想和彼此之间的感情。正如斯大林说的，"语言是手段、工具，人们利用它来相互交际、交流思想，达到互相了解"。在各种沟通媒介中，语言是人类传播信息最有效、最便捷的途径。

俗话说："江山之美，全靠导游之嘴。"正是导游员的讲解调动了旅游者的积极性，帮助旅游者得到美的感受。我们把这种对旅游者进行导游讲解、传播知识、实现沟通和交流思想的生动形象的口头语言称之为狭义的导游语言。

人类进行沟通的手段多样，无声的动作、生动的表情和有声的语言都可以作为沟通方法。导游员要善于运用这些方法达到与旅游者交流思想、感情，强调讲解内容的目的。例如亲切友好、笑容可掬的表情会让旅游者如沐春风，而适当的手势可以增强口头语言的表现力等。因此从广义的角度来说，导游语言是指导游员在导游服务过程中必须熟练掌握和运用的所有含有一定意义并能实现沟通目的的一种符号。

这里的“所有”是指能实现沟通目的的符号，除了狭义的导游语言——口头语言之外，还包括体态语言、书面语言和副语言；“含有一定意义”是指能够传递某种信息或者表达某种感情；“一种符号”是指含有一定意义的媒介物。例如，导游员在带领团队游览中山陵时，主动搀扶一位腿脚不灵便的旅游者，并且带着关切的表情对他说：“这里的台阶比较陡，我们都要小心些。”这里的导游语言既包括导游员说的这句话，也包括他主动搀扶的动作以及关切的表情。这些语言表达了导游员对旅游者发自内心的关怀，而且让旅游者听了舒心，这就实现了情感的交流。如果导游员只是口头说请旅游者小心，但是离旅游者远远的，表情也是冷冰冰的，那么表达关心的效果就会大打折扣。所以，导游员仅仅会使用口头语言是不够的，还要学会综合运用体态语言、副语言等来做好自己的工作。

（二）特点

导游语言是一种服务语言，针对的是外出旅游寻找休闲、放松、享受的各种各样的旅游者，所以它与其他职业语言，如外交语言、商务语言等相比，具有以下特征：

1. 涉及的知识面广

导游员是文化的“传教士”，是“教师”，所以导游的语言就像一部小百科全书，上至天文、下至地理，大到世界局势、小到油盐酱醋，都要涉及。导游员虽然不能成为各个方面的专家，但是要尽量做到知识面广，“特中有专，广中求深”，在某一方面能研究得比较深入，对于自己所在的城市和景点了解得比较透彻。即使在某一点上不能说得很有深度，起码不能说错，也就是“外行看我像内行，内行看我不开黄腔”。导游语言的这个特点要求导游员不仅具有宽广的知识面，而且要掌握丰富的词汇及其运用。如讲解中国古典园林时使用的“借景”、“框景”、“抑景”、“对景”、“漏景”等名词，讲解宗教时使用的“佛教三宝”、“伊斯兰教五功”等。

2. 灵活运用

导游语言切忌千篇一律、千人一面，要从不同的时间、空间和对象出发，在讲解内容、语音、语调、表达方式等方面灵活变通。例如在长途行车的过程中，如果客人精力充沛、精神集中，可以安排专题知识的讲解；如果客人长时间坐车比较疲劳、感觉枯燥，可以适当组织一些娱乐活动，通过讲故事、唱流行歌曲、唱地方小调等方式调节客人的情绪。同样的景点，则要根据旅游者的文化层次和审美需要的不同来进行不同的讲解。这就要求导游员在每次讲解的过程中，对自己的知识库进行归纳、选择，根据景点和客人的需要来酌情讲解，所谓“博观而约取，厚积而薄发”。

3. 追求美感

不同类型的旅游者有一个共同的旅游需求，那就是求美。因此导游语言除了提供丰富的知识之外，在语言表达方面还要做到具有美感。首先，在进行导游讲解的时候要追求美感，能够勾起旅游者的审美欲望。例如在讲解苏州网师园殿春簃时，可以这么说：“屋后略置湖石，配以梅竹等植物，从花窗望出去，花木扶疏，小枝横斜，一叶芭蕉，几竿修竹，半掩窗扉，若隐若现，极富诗情画意。”这是用简单而形象的语言说出了殿春簃的园林艺术特色。在介绍中餐什锦拼盘时，用这样的语言：“鲜红的番茄，嫩绿的生菜，乳白的芦笋，配上生脆的黄瓜，撒上一层生洋葱丝，犹如一幅素净的田园风景画，给人以柔和、舒适的雅趣。”这可以引导旅游者在菜肴入口之前先得到视觉上的享受，也增添了对这道菜的期待。其次，导游员要善于根据旅游者不同的审美需要、不同的文化素养、不同的审美意识和审美观念，利用不同的导游语言去引导旅游者发现美、认识美、欣赏美。有些旅游者需要通俗易懂的讲解，而有些旅游者则要求更为专业、深入的讲解。在本章的导入案例中，导游员可以根据这个团专业性强、文化素质比较高的特点，安排更高层次的讲解。

【补充材料】①

例如：李泽厚先生说龙门石窟奉先寺的卢舍那大佛是中国古代雕塑作品的“最高典范”，为什么是“最高典范”呢？

首先，雕塑家们很善于创造典型环境。卢舍那佛这一大龛造像放在整个龙门石窟造像中最高的地方，而且在近十万尊造像中卢舍那佛

① 陈慰德，《我的导游生涯》，49 页～53 页，北京，中国旅游出版社 2002

最大,通高17.14米。这个最高、最大,一下子就把这一龛造像的气势突显出来了。卢舍那佛踞坐在大唐王朝的中心区域——中州的东部洛阳,大有统括宇内、君临天下的气魄,具有强烈而明显的宗教意义和政治上的象征意义,这就是雕塑家创作的主旨。

其次,雕塑的特点是非常重视体积、轮廓和块面。正三角形是最稳定的造型。请看一看这尊卢舍那大佛,俨然就是一个大的正三角形。哪怕是在伊河对面看她一眼,也会留下难忘的印象。人们常说:“眼睛是心灵的镜子。”我们看一个人,如果首先看他的眼睛,就可以找出了解他的全部表现的根据。而目光,又是最能充分流露人的灵魂的,是内心生活和情感的集中点。人的眼球是略显凸出的,而雕塑作品中的眼球却是凹下去的。这样,有光线的折射才会有神。各位不妨试一下,无论你站在哪个角度,卢舍那佛都关注着你。而且随着阴晴明晦的变化,佛的眼神也在发生变化,似乎与观众有心灵的交流,这尊佛像就变“活”了。形式上她还是佛,实际上她已经是活生生的人了。中国有个成语叫“画龙点睛”,其实雕塑也要点睛。

我们再看这整个佛像,造型匀称,身材颀长丰腴,肩背宽厚大方,胸腹富于生机和质感,螺形发髻,身着袈裟。稳重的坐姿与衣纹流动的曲线构成鲜明的对比,不仅造型美观,而且取得了动静相宜、静中寓动的艺术效果。大佛面容丰满圆润,其最醒目的特征便是史书记载的武则天式的“方额广颐”,半月形眉自由舒展,细长的双目放射出慈祥、睿智而又神秘的光芒。“佛即是帝,帝即是佛”在这里得到了最明显的体现。

再次,雕塑家在处理各种艺术中的矛盾时显示出高超的技巧。佛的下部大刀阔斧,粗犷有力,而佛的面部和发髻则精雕细刻、圆润细腻;大三角形的直线与袈裟的曲线形成强烈的对比,向下的目光和微收的嘴唇又与圆形的佛光和向上的火焰形成鲜明的反衬;佛的高大并不显得孤峰耸峙,她与两侧的左右群雕形成一个和谐生动而完整的画面。阿难朴实温顺、忠厚虔诚,迦叶谨严持重、老练沉着;天王力士,金刚怒目,威武雄健,如鼎立岳峙;两位菩萨,饰以璎珞宝珠,戴华丽宝冠,面相庄严;两位女供养人则是头梳双髻,裙裾曳地,娴静温存。凡此种种,都显示出艺术家们在处理高大与广阔、粗犷与细腻、沉静与流动、外形与内心、曲与直等方面的极其高超的艺术技巧。这样大规模的佛龛雕刻,结合得如此紧密,相互呼应、有机地突出主题,形成如此绵密而又不可分割的整体，不要说在中国，就是在世界雕塑杰作中也是十分罕见的。

这一段讲解圆满地解答了卢舍那大佛被称为“中国古代雕塑作品的典范”的原因，为旅游者提供了深层次审美的线索，帮助旅游者获得审美的感受，事实上也收到了良好的效果。

二、导游语言的形式

在现代导游服务中，导游员运用最多的是口头语言和体态语言，每一类又可以分成若干语式。

（一）口头语言

口头语言是导游服务中使用频率最高的语言，以说和听为形式，其构成应该包括语音、语义、语法和词汇。在对话当中，一些构成要素常常被省略，但是语音和语义要能使对方明白。口头语言可以分为独白式和对话式。

1. 独白式

这是一种单向的语言传递形式，就是导游员讲、旅游者听。导游员在许多导游环节中需要运用独白式的口头语言，致欢迎辞、介绍饭店情况、沿途导游、景点讲解、致欢送辞等都是独白式。例如①：

例 1 个园是目前扬州保存较好的一座清代私家园林，是全国重点文物保护单位，被誉为全国四大名园之一。个园内景色以竹、石取胜，而叠石又以春、夏、秋、冬四景造园手法著称。园林专家陈从周先生说过：“个园以假山堆叠的精巧而出名，在建时，就有超出扬州其他园林之上的意图，故以石斗奇，采取分峰叠石的手法，号称‘四季假山’，为国内唯一孤例。这种假山似乎概括了画家所谓‘春山淡冶而如笑，夏山苍翠而如滴，秋山明净而如妆，冬山惨淡而如睡’以及‘春山宜于游，夏山宜于看，秋山宜于登，冬山宜于居’的画理，实为扬州园林中最具地方特色的一景。”这也是个园之所以能名列全国四大名园之一的原因所在。

例 2 大家一定很想知道“二十四桥”这个名字的来历，我先朗诵一首唐朝大诗人杜牧的诗给大家听：“青山隐隐水迢

---

① 王兰，《扬州导游词》，97 页，北京，中国旅游出版社 2004

迢，秋尽江南草未凋。二十四桥明月夜，玉人何处教吹箫。”这首诗证明至少扬州在唐代时就有二十四桥，但到底是桥名还是桥的数量，不得而知，因此现在还有争论。大体上有三种说法比较常见：一种说法为扬州确有24座桥，并在宋代学者沈括《梦溪笔谈》的《补笔谈》里详细记载了当时24座桥的桥名。第二种说法为泛指扬州水多桥也多，有古诗说扬州“园亭多是宅，车马少于舟”。扬州，扬州，州界多水水扬波嘛！第三种说法是流传于民间的传说，相传隋炀帝曾携24个美女在扬州西北郊的一座名曰吴家砖桥的桥上吹箫，人称“二十四娇”，古时“桥”、“娇”谐音，久而久之，人们就称此桥为“二十四桥”了。

从上面两个实例可以总结出独白式语言的特点：

第一，针对性强，目的明确。导游员的独白式语言自始至终都是针对旅游者而言的，或者是为了介绍景点概况，引起旅游者兴趣，如例1；或者是为了说明某一个问题，如例2。不能讲跟旅游和旅游者没有关系的话，也不能自言自语或无病呻吟。

第二，表述完整、充分。独白式语言通常可预先准备，在了解团队旅游者的背景后对症下药，也可以知道要游览哪些景点，在讲解过程中会涉及哪些方面的知识，然后有针对性地查阅资料、选择内容、设计层次、提高逻辑性，甚至可以反复排练以达到理想的讲解效果。独白式语言的进行一般不会受到旅游者的打扰，就算有旅游者提出问题，导游员也可以先把独白讲完再回答。如例1中导游员引用了陈从周的话，颇有权威地说明了个园的景观特色以及艺术成就，例2中先提出问题“为什么叫‘二十四桥’”，接着介绍了三种比较常见的说法，并且分别以《梦溪笔谈》、扬州城名的由来、民间传说为论据，显得既有说服力又避免了绝对化。

2. 对话式

这是一种双向的语言传递形式，存在于导游员和导游对象之间，可以是对话，也可以是商讨。例如：

例1 导游员：“早上好！”

旅游者：“早上好！”

导游员：“昨晚睡得好吗？”

旅游者：“还可以，谢谢。”

导游员:“如果有什么要求尽管吩咐,我会尽力的。”

旅游者:“没什么,辛苦你了。”

例 2 导游员:“这座假山的特点在于叠石,层次分明,立面丰富,将太湖石‘瘦、皱、漏、透、秀、丑’的特点充分发挥了出来。”

旅游者:“太湖石的前五个特点我还能理解,例如说‘瘦’是指山石精神矍铄,‘秀’是指外表纤细美丽。‘丑’的含义是什么?”

导游员:“‘丑’是指太湖石造型的怪异和别具一格。太湖石主要产于太湖地区,是巨厚的石灰岩层在太湖风浪的冲击、侵蚀和水的溶蚀下形成的,表面会有嵌空、穿眼以及各种险恶的形状,是为‘丑’。”

旅游者:“哦!”

导游员:“每一块太湖石的形状都不相同。据说采石的工人必须随身携带锤子、凿子等工具,潜入深水中,先探明其形状,然后再设法截取。因此,太湖石是以‘高大为贵’。”

对话式语言的特点是:

第一,语言比较简洁。对话式不像独白式可以长篇大论,其目的主要是为了相互沟通,有时只需要只言片语即可,如例 1;有时句子不一定需要完整,因为交谈双方处于同一语境,辅以表情、手势,双方就能相互理解了。

第二,语言比较灵活。导游员可以根据旅游者的反应随时组织自己的语言,视情况决定交谈的内容、方法、话题等。如例 1 中,导游员只是对客人例行问候,如果这个时候客人真的提出了一些问题,导游员也可以顺势做出回答。

第三,信息反馈及时。在对话式语言中,导游员可以及时听到旅游者的回答,看到旅游者的表情,得到真实而原始的信息反馈。从中导游员能够分辨旅游者是否对话题感兴趣、信息有没有被正确理解、意图有没有被接受,进而决定是否需要改变话题、调整语言等。如例 2 中,旅游者对太湖石“丑”的特点提出了疑问,导游员就能知道旅游者对这个话题感兴趣,于是继续谈太湖石的特点,还谈了对太湖石的评价。

(二) 体态语言

体态语言是指以人的服饰、姿态、表情和动作等来表示一定语义和进行信息传递的无声语言,又称为态势语言、人体语言或动作语言。在导游服务中,体态语言虽然不能单独用于导游讲解,但它是口头语言的一种必要的辅助,也是导游语言中不可或缺的组成部分,对于导游员与旅游者之间的情感交流和信息传递大有帮助。

教育家陶行知先生曾经说过:“演讲如能使聋子看得懂,则演讲之技精矣。”这正说明了体态语言在传神达意方面的作用。在导游员表达情绪、情感和态度时,体态语言甚至比口头语言更明确、更具体、更富有感染力。一道关切的目光、一个真诚的微笑,比口头的欢迎辞更能温暖旅游者的心灵。在讲解的时候,合适的体态语言还能提高旅游者倾听讲解的兴趣,保证信息沟通更加顺畅有效。当然,体态语言也有美感,所以导游员要学习并运用得体的表情和适当的动作。

1. 表情语

表情语是指通过面部肌肉和腺体变化来传递的信息,它是由眉、眼、鼻、嘴的不同组合构成的,如眉开眼笑、怒目而视、愁眉苦脸、面红耳赤、泪流满面等。面庞是最为常用也是最有用的沟通区域,面部表情是人类的基本沟通方式,也是情绪表达的基本方式。美国心理学家艾伯特·梅拉比安在一系列研究的基础上得到了这样的结论:“日常生活中,人际交往传递的信息量,7%凭借语调,38%出自声音,55%来自表情。”这说明了表情的重要性。下面分别讨论在表情语中比较重要的眼神、微笑以及面部整体表情。

(1) 眼神。

语言学家拉尔夫·沃尔多·爱默生认为“人类的眼神所能表达的思想至少与他的舌头传递的信息是一样多的”,各种眼神始终与人们的思想、感情紧紧地联系在一起。导游员可以通过眼神表达自己的情感,也可以通过旅游者的眼神洞察他们的内心世界。旅游团里的旅游者对别人是否尊重自己是很敏感的,导游员的目光如果长时间停留在某一个客人的身上,别人就会不高兴,觉得自己没有得到导游员的尊重,被冷落了。有时候,团里会有特别不合群的人,对这样的客人,更要用目光关注他,让他觉得至少还有一位导游员在关注着他。但是目光停留的时间通常必须控制在1分钟之内,否则就会引起不必要的误会。具体来说,导游员运用眼神要注意“目视之处”、“对视时间”和“目光分配”这三点。

首先是“目视之处”。最恰当的地方就是旅游者的脸部，在眼睛到嘴部之间，这样是平视，给人以平等、自信、认真、坦诚之感。但要记住别犯以下错误：边说话边看别处；目光停留在人体某些不恰当的部位，这会让旅游者觉得你心术不正，有邪念。

其次是“对视时间”。对视时间的长短不同代表了不同的人际关系。导游员在讲解或与旅游者进行交谈时，视线接触旅游者的时间一般占到全部讲解或谈话时间的40％左右。超过60％，时间有点长，会使旅游者感到不自在，并且长时间盯着旅游者也是一种失礼的举动，导游员如与旅游者一次视线接触的时间超过1分钟，就进入了对方的社会心理意义上的私人领域，代表的意思有“亲密”和“仇视”两个极端，所以导游员不应该与旅游者有长时间的对视，特别是异性；少于讲话时间的20％则太短，会给旅游者形成这个导游没有诚心、心不在焉或应付差事的感觉，也是失礼的举动。

最后是“目光分配”。导游员的目光应该扫描到所有在场的旅游者，不能有所遗漏。如果与某一位旅游者交谈了较长的时间，就要及时与在场所有的旅游者进行目光接触。如果导游员不得不把目光长时间地分配给一部分旅游者，就应该增加与其他旅游者对视的次数。在导游员无法用语言表达对旅游者表示尊重的时候，可以用目光的对视来替代。当导游员需要一位或几位旅游者帮助自己对团队施加影响时，可以在跟大家说话的同时，用目光来暗示自己所选定的对象。

导游员在运用目光时要注意交际的对象和不同的社交场合。如果有的旅游者做错了事情，正觉得很尴尬，导游员千万不要看旅游者，也不要看了一眼马上转移目光，如果被旅游者发现，会觉得是导游员在嘲讽或者蔑视自己。目送旅游者时，要等旅游者走出一段距离、估计不会再回头观望时再转移视线，否则会使旅游者觉得导游员不是真正重视自己，只是敷衍了事罢了。

【参考案例】

小白是导游，有一次带的团里有个比小白年纪小的女孩子，一路上两人很谈得来。三峡游船上举行舞会，小白没有戴隐形眼镜，看什么都是模模糊糊的。他觉得有一个人坐在离他不远的地方，他想看清是谁，所以盯住那个人看了比较长的时间。舞会散了，有人敲小白的门，小白带上眼镜一看，原来就是那个女孩。女孩邀请小白到甲板上走一走，说要和小白发展超过一般朋友的关系。小白说这是绝对不可能的。那个女孩竟然哭了，说："你既然不肯跟我好，为什么在舞厅里老是盯着我看？"小白怎么也解释不通，弄得很狼狈。

分析：这是一起由于导游员运用目光语不慎而造成的误会。小白与这个女孩的对视时间显然超过了1分钟，进入了女孩的私人领域，引起了女孩的误会，以为小白对她有好感，最后造成了对旅游者感情的伤害。导游员一定要注意避免这种情况的发生，与旅游者对视的时间不能太长，尤其是异性。

(2) 微笑。

微笑是社交的通行证，法国大作家雨果曾经说："微笑是阳光，它能驱散乌云，赶走黑暗，带来光明，把人们的种种忧虑、沮丧、苦恼的情绪一扫而光。"导游员脸带微笑会使人感到和蔼可亲、平易近人，且值得信赖。一个笑容可掬的导游员更容易跟旅游者建立一种亲切自然、轻松愉快的关系，缩短双方的心理距离，促进导游工作顺利进行。微笑首先要真诚，皮笑肉不笑只会让旅游者更加讨厌。其次，不能时时刻刻都在微笑，这样会显得很虚伪，特别是旅游者遇到不幸的事情时，导游员切忌微笑。

(3) 面部整体表情。

人类的大多数面部表情具有文化的普遍性和非习得性，各个民族和国家的人不需要翻译也能"读"懂对方的基本面部表情，如愉快、厌恶、惊奇、悲哀、愤怒、恐惧等。不同的情绪由不同的部位决定：悲哀显现在眼睛，快乐和厌恶显现在嘴部，惊愕的表情由前额显示，愤怒则由面孔全部显示。导游员要取得交际的成功，一方面要善于控制自己的面部表情，另一方面要善于观察旅游者的面部表情。导游员控制自己的面部表情要注意以下几点：

首先是灵敏。导游员要随着讲解的内容迅速转换自己的面部表情，这要求导游员要随时保持对导游词的新鲜感，每次都像第一次讲解一样充满感情。如果因为相同的导游词讲了无数遍而表情麻木，旅游者肯定会不满，因为旅游者是第一次来到这个景点，即使导游员对这个景点熟悉万分，也不能用面无表情打击他们的好奇心和高涨的游兴。

其次是真诚。导游员讲解和交谈的表情都应该是真诚的，任何虚情假意都会引起旅游者的反感。这就要求导游员有一颗真正热爱旅游者的心，只有这样，才能有真诚的表情。

最后是有分寸。导游员在讲解时的表情要有分寸，做到自然、合理、和谐，不能夸张。试想一下，如果导游员像滑稽演员一样对旅游者做出许多夸张的表情，旅游者就会怀疑他的专业性，这样的讲解也就不能收到良好的效果。

2. 动作语

(1) 首语。

这是通过头部的活动来传递信息的一种体态语言，分为点头和摇头。世界上绝大部分国家都把点头当作肯定、同意、承认、认可、满意、顺从、感激的意思，把摇头当作否定、不同意、不满意、不承认、不理解的意思。但是在保加利亚、尼泊尔、斯里兰卡和印度等国家，意思恰好相反，"点头不算，摇头算"。导游员要做好工作，需要正确了解旅游者的首语，并且在讲解中适当地配上首语。

(2) 手势语。

这是通过手指动作等来表达语义和传递信息的一种体态语言。手势在导游员和旅游者的交流中起到强化口语作用，有时还能起到说明口语所难以表达的内容的作用。

语义随着手指动作的不同而不同，既可以指人或事物，也可以传情达意。但是，手指动作具有民族性和文化性，相同的手指动作在不同国家表示的语义会有差别，甚至完全相反。导游员要根据接待旅游者的国家和地区选用恰当的手指动作，以免引起误会。如竖起大拇指在许多文化中是表示夸奖的意思，在中国表示"好"、"很棒"，在日本表示"男人"、"您的父亲"、"最高"，在韩国表示"首领"、"自己的父亲"、"部长"、"队长"，但在希腊却有侮辱他人、叫人滚开的意思，在法国、英国、印度、新西兰则表示"搭车"；OK 手势，即将拇指、食指相接成环形，其余三指伸直，掌心向外，在美国这种手势表示"同意"、"顺利"、"很好"的意思，在法国则表示"零"或"毫无价值"，在日本是表示"钱"，在泰国表示"没问题"，在巴西、德国则表示"粗俗下流"；V 形手势，即食指与中指伸直分开，手指背向自己，其余三个手指屈向手心，这种手势源自于英国，由"二战"时的英国首相丘吉尔首先使用，因为"V"字在英文中代表了胜利

Victory的第一个字母，所以"V"向人们表达了胜利欢欣的意义，现在已传遍世界，但如将掌心向内，就变成了骂人的手势。

导游员在运用手势时，要运用那些表示尊重、欢迎、理解等含义的手势，不能使用表示命令、侮辱等含义的手势。在讲解过程中，导游员经常需要指示方向，这时不要只伸出一个食指，最好整个手掌平展摊开，手心朝上或朝右侧面伸出去，这样的手势既平和又得体。

总之，导游员必须注意使自己的表情体态端庄得体、稳重大方，给旅游者留下有风度、懂礼仪、可以依赖的好印象。

三、导游语言的运用原则

朱光潜先生指出："话说得好就会如实地达意，使听者感到舒服，发生美感，这样的说话就成了艺术。"导游员说话是与旅游者进行交流的，也要做到"达意"和"舒服"，给旅游者以美的享受。要做到这一点，首先要求导游员有扎实的语言（中文或外语）功底，在运用语言时还要遵循以下四个原则：

（一）正确

正确是指导游语言的规范性，也是导游语言科学性的体现。导游员要有爱国爱乡的热情，为旅游者介绍景点应该洋溢着热爱和自豪之情，但绝不能无中生有、胡编乱造或者张冠李戴。如果旅游者发现导游员有信口开河的地方，会"一伪灭千真"，怀疑导游员以前所有讲解的真实性。因此要求导游员讲解时注重正确性，对地名、物名、人名、朝代、日子、尺寸、斤两、方位、里程这些内容，表述上要完全正确；对风俗民情、民族习惯、历史典故等情况的介绍也要客观真实，不能随意编造或者添油加醋，误导旅游者。不能动不动就用"全国最有名的"、"最大的"、"最美的"之类的语言，这样固然能引起旅游者的兴趣，但如果只是导游员自己信口开河，势必会引起有见识的旅游者的反感。因此，导游员对讲解要抱着一种严肃认真的态度，讲究字斟句酌，注意词语的组合、搭配。另外，在引用一些名人名言时要注意完整正确，切忌一知半解闹出笑话。

导游语言的正确性主要体现在以下三个方面：

(1) 语音、语调、语法、用词造句正确。外语导游员还要避免家乡音和汉语语法的影响，例如"汽车"在日语里是火车的意思，不能望文生义,就以为是中文里的汽车。

(2) 导游讲解的内容必须有根有据,正确无误,即使是神话传说也要有本有源,而且必须与景点有紧密联系。

(3) 使用敬语和谦语要注意对方的风俗习惯与语言习惯,并且适合自己的身份。例如日本人非常重视语言的使用方法,日语有敬语、自谦语之分,作为中国的导游员,是一种服务的身份,应该使用服务性语言,体现对客人的尊重。如果导游员既不用敬语,也不用自谦语,而是用简语,就会给客人一种傲慢、不尊重人的感觉,缺乏亲切感。

【补充材料】

(行车途中)

各位朋友、女士们、先生们:

大家一路辛苦了,现在各位已经来到了宝岛台湾。如果你认为"宝岛"只是台湾纯粹感情性的表述的话,那多半是因为你不了解她。只要你稍微了解一下,我敢打赌你会惊叹:哎哟!这可真是宝岛呀!

你知道吗?台湾面积仅为3.6万平方公里(包括澎湖、金门等外岛的陆地在内),可是在这片土地上,竟然有293座海拔超过3 000米的高峰(均在台湾本岛上)!在南北距离394公里的台湾本岛上,有明显的热带、亚热带和温带三种并存的气候!隆冬时候,从最南端气温达20多摄氏度的海滩赶往中北部的高山赏雪,驱车不足5个小时(已经考虑了山区路险的因素)!

台湾地热资源丰富,温泉密度居全国之首。著名的有北投温泉、阳明山温泉、关子岭温泉、四重溪温泉等四大名泉。台湾温泉有的历史悠久,有的野味十足,洗完皮肤会变得粉红透明,非常舒服。

台湾物种丰富,森林覆盖率在50%以上,阿里山的"神木"、"三代木"均是树中明星。茂密的森林中栖息着众多的动物,并有许多珍禽异兽,如帝雉、云豹、水鹿、黑熊等。台湾有蝴蝶380多种,是中国蝴蝶最多的省份,其蝴蝶数量之大、种类之多,举世闻名,故又有"蝴蝶王国"之称。在台湾的物种中,原生特有种的比例相当高,在18 400多种野生动物中即占20%以上,如樱花钩吻鲑、台湾猕猴、台湾黑熊、蓝腹鹇等,这使台湾成为世界物种保育的重地之一。

在台湾2 300万总人口中,有10多个共计40多万人的少数民族,呈现着多姿多彩的习俗和文化。即使在占绝大多数的来自祖国大陆各地的汉族人民中,也分别保留着从家乡带来的各式各样最传统、最正宗的风俗习惯。无论在宗教信仰、建筑、语言、生活习惯及饮食风味上,台湾均展现出和谐共荣的缤纷景象。其中"美食"为最鲜明的一项代表,但凡台菜、客家菜、湘菜、川菜、各式料理,或是传统小吃、地方特产美食,都呈现出多元丰富的美食特点,使台湾"美食王国"之名备受世界肯定。

过去50年里台湾创造了举世闻名的经济奇迹。她曾经是世界上最大的电脑产品供应者,直到现在,其笔记本电脑、液晶显示屏的供应量仍然占据世界首位;台北的101大楼据说是世界上最高的大楼;新竹科技园以高新技术产业著称,创设于1980年,是亚洲地区最早的科技园。

现在,我想大家一定会说:宝岛台湾,真是名不虚传!

在这一段导游词中,导游员列举了详细的数字来说明台湾被称为"宝岛"的原因,并且从自然资源和人文资源两个方面入手,系统分析了台湾的资源优势,非常具有说服力。

(二)清楚

这也是导游讲解科学性的一种体现,具体来说要求导游员做到:

(1) 口齿清晰,简洁明了,确切达意;措词恰当,组合相宜;层次分明,逻辑性强。

(2) 文物古迹的历史背景和艺术价值,自然景观的成因及特征必须交代清楚。

(3) 使用通俗易懂的语言,忌用歧义语和生僻词汇,避免冗长的书面语言;不要满口空洞的套话、华而不实的描绘和不伦不类的比喻;使用俚语要谨慎,一定要了解其正确含义以及使用场合,不能乱用。

(三)生动

导游员的讲解要生动形象、诙谐幽默,为旅途创造一个轻松愉快的氛围,让旅游者获得快乐。生动也是导游讲解艺术性和趣味性的表现,不仅是指讲解的内容生动,而且表达方式也要生动,导游员的神态表情、手势动作和声调要与讲解的内容相一致,做到引人入胜。人们常说"看景不如听景",指的就是通过导游员生动形象的语言,可以让一草一木、一泉一石在旅游者心目中都"活"过来,起到画龙点睛的作用。具体来说，要做到以下三点：

1. 巧用形象化的比喻

形象化就是导游员通过自己的讲解使得旅游者面前的景物栩栩如生，给旅游者如临其境的感觉。例如：

（浙江雁荡山灵峰夜游的导游讲解）且看灵峰的主峰，右侧为一个小伙子，他“国”字脸，天庭饱满，眉清目秀，发型还是“三七”分的呢！小伙子身材较高大，不过有点小“缺陷”——背好像有点“驼”吧！其实不然，小伙子身后背了一个旅行背包，所以初看确实容易让人误解。小伙子的双手搂住了恋人的纤腰，可能是刚从外地旅行回来吧。两个恋人好久不见，当然是很亲热的了。他久违的恋人有波浪式的披肩长发，一身得体大方的服装，因为身材娇小，所以还踮起脚来，双手搂住小伙子的脖子，微微扬起她的脸朝向小伙子的脸部。一个让人心动的动作便在这瞬间发生了。

2. 善用幽默感

幽默是生活和艺术中的一种特殊的喜剧因素，是指通过影射、讽喻、双关等修辞手法，抓住生活中可笑的或者喜剧性的特征于“情理之中，意料之外”巧妙表达，以引人发笑或感受情趣的特殊能力。幽默源于知识、阅历和性格，是一个人聪明才智的标志。幽默能使导游讲解锦上添花，使旅游者欢笑、轻松、愉快，使气氛活跃，提高旅游者的游兴。

例如，在讲到登长城注意事项时，如果只是板着脸告诉旅游者不能如何如何，效果肯定不好。如果加点幽默，效果就完全不同：“长城地势险要，注意防止摔倒，尽量不要在城墙上做奔跑式的跳高练习。另外，也不要头也不回一股脑儿往前走，一直走下去就是丝绸之路了，有人走了两年才走到，特别辛苦。”①如果是提醒客人不要忘了携带好自己的贵重物品，可以这样说：“请不要忘了所携物品。如果忘了，我就拎着它去你家了。不需感谢，只要你报销交通费就可以。不过，这交通费可是够贵的啊！”客人大笑之余，格外注意，效果比一般的提醒好很多。

但要注意，幽默应该是有礼的、高雅的，运用幽默要注意品味，不能

① 王连义，《怎样做好导游工作》，250 页，北京，中国旅游出版社 2005

伤害在场的任何人,不能针对一个人的身体缺陷,也不能针对他国的内政和宗教,更不能讲黄色幽默和黑色幽默。

3. 表情、动作的有机配合

在讲解过程中,导游员若能够将自己的神态表情、手势动作、语音语调与讲解的内容有机配合,把表情、动作也当做征服旅游者的工具,这样一定会产生很好的效果。

(四) 灵活

灵活即根据不同的对象和时空条件进行导游讲解。导游员在讲解过程中,要注意看人说话、看时说话,特别是在讲解过程中,内容的详略取舍、讲解角度的选择、讲解技巧的运用都要看旅游者的具体情况和当时的旅游环境。灵活性原则主要体现在以下两个方面:

1. 要看人说话

导游员面对的旅游者来自各行各业,层次悬殊,审美情趣也大相径庭,因此导游员不能用一种讲解来为所有的旅游者服务。导游员应该选取旅游者希望知道、有能力接受、感兴趣的内容。如果是海外旅游者,他们往往对中国的民俗风情很感兴趣,可多讲这方面的内容;如果是国内旅游者,因为没有语言障碍,成长的社会背景也一样,可以对景点的内容讲得深一点;如果是专业的学者,可以选择他们感兴趣的专业话题进行详细深入的讲解,也可以进行一些讨论;如果是文化层次比较低的旅游者,就要多讲一些传闻轶事,使讲解生动风趣。

2. 要看时说话

导游员的“工作车间”是广阔的社会,在这个“车间”里会发生什么情况,导游员是无法准确预测的。当旅游者对车窗外发生的某一种情况大感兴趣,而导游员仍按照自己事先准备的导游词滔滔不绝地讲解,效果肯定不好,这时导游员可以转变原有的思路,转到旅游者关心的问题上。例如,导游员正在车内进行概况讲解,车外饭店门口正好有一对结婚的新人恭候客人光临,海外旅游者都饶有兴致地看着这一幕,还有人拿出照相机拍照。这时如果可能,导游员可以叫司机停车,然后跟旅游者讲一下中国目前的婚恋习俗:在中国,目前法定结婚年龄是男的22岁,女的20岁,人们可以通过自由恋爱和做媒介绍两种方式认识结婚对象;现在中国城市居民结婚的费用很高,有一项针对6万人的调查得出结论是,算上房子、汽车,通常结婚要花55万人民币左右。旅游者听完，对中国目前的婚恋习俗就有了一个深刻的印象。

四、导游语言的运用艺术

导游语言艺术是指导游员为提高向旅游者的表达效果和树立良好的导游形象所表现的驾驭语言的能力与技巧。精心设计的导游词可以给旅游者带来美的享受。“良言一句三冬暖，恶语伤人六月寒”，一句话怎样说，讲究不讲究技巧，效果大不相同。

导游语言艺术是一门活的艺术，没有固定的格式，它主观上受到导游员的素养、学识、个性的影响，客观上受到带团时的时空条件的制约。从导游语言艺术本身来说，为了提高导游语言的沟通效果，给旅游者以美的享受，可遵循以下三点基本要求：

（一）巧用声音

导游讲解主要使用的是口头语言。在口语中，要准确、形象、生动地表情达意，除了斟酌讲话的内容之外，还需掌握声音变化的技巧，包括音量的大小适中、语调的高低强弱、音色的优美动听、节奏的抑扬顿挫等。在这一点要求上，导游讲解和朗诵、演讲、小品表演等都是有相通之处的。但是，掌握声音变化技巧不是一件容易的事情，需要有很好的修养和高超的技术。德国人哈拉尔德·巴特尔指出：“讲话的艺术在于适中。”导游讲解运用声音也必须“适中”。

1. 优美适中的语音、语调

“声音是你的第一张名片”，导游员讲话的语音、语调要优美适中，从而产生感染力，打动旅游者的心弦。导游员的语音、语调不仅要与自己的讲解内容、思想感情相符合，而且要与听众的数量、讲话的场所相协调。

(1) 音质。

所谓音质是指声音的品质。人们都喜欢听百灵鸟歌唱，不喜欢听乌鸦的叫声，因为两者的音质差别很大。人与人之间的音质也有很大的区别：周华健的歌声清亮温暖，张国荣的歌声低沉而富有磁性，杨钰莹的歌声清甜亮丽。区别的形成既有先天的原因，也有后天训练的成分。导游员如果没有像歌星那样好的先天条件，但只要后天有意识地训练，仍然可以做到声音明亮、柔和，充满热情，具有自己的风格，从而吸引旅游者。为了让音质出色，导游员平时要注意保护自己的嗓子，在旅游旺季和高温天气要适量适时饮水,保持声音的自然圆润。

(2) 音量。

音量是指声音的大小。导游员的音量有两个基本要求:一是恰当、适度,声音当大则大,当小则小,当平则平。大,不能达到声嘶力竭的程度;小,不能小到别人都听不见的程度,应当以能让旅游者听清楚(必要时可以借助扩音器)为标准。二是要顺畅、自然,音量不能没根据地忽大忽小,或者很生硬地变化,这样不仅听起来不自然,还会引起误会,干扰内容的正常表达。

把握音量要从讲解内容、讲解对象和讲解场合出发。根据讲解内容来控制声音,主要是将主要信息词语加大音量,起到强调的作用;也可以欲扬先抑,即先故意压低声音,造成一种紧张的气氛,吸引旅游者的注意力,再突然提高以增强感染力。另外,人多的时候,音量要适当大一些;人少的时候,音量可以小一些。室外讲解时,音量要大一些;室内讲解时,音量则放低一些。对全体旅游者讲话,声音要稍高;对几个人促膝谈心,声音要低。

(3) 语调。

语调是指语言声调的高、低、长、短、抑、扬、顿、挫,以及声音的轻、重、快、慢等。通过这些因素把表达者的思想感情和态度表现在语音上,形成不同的高低起伏。语调常常根据导游员讲解的内容和内心情感的变化而发生变化。

在现代汉语中,语调是以声调(阴平、阳平、上声、去声)为基础的,通过平仄的对应和交错形成语言的抑扬之美与说话声音的节奏之美,使语言具有音乐一般的节奏感,让人乐意听。导游员讲解时如果语调平平、缺乏变化,容易使人昏昏欲睡,不能很好地沟通。语调还涉及音质,不同的音质适宜表达不同的感情。情绪高涨、抒情、颂扬时,音质应当明亮、圆润些;谴责、愤怒、悲伤时,音质应该低沉、压抑些。

导游员语音、语调的掌握跟呼吸、运气有直接的关系。要达到上述要求,最重要的是呼吸要得当。要平稳地呼吸,不能大口大口地呼吸,这样可以使讲话持续长久;要采用腹式呼吸,最好是横膈膜呼吸。因此,导游员在训练自己的语音、语调时,要有意识地加强呼吸训练,使自己的呼吸不再短促,使用扩音器讲话时就可以避免明显的呼吸声。

2. 适宜的语言节奏

语言节奏是有声语言运用的一种形式，是一个比较复杂的综合性概念。一般来说，节奏与表达中的抑扬顿挫、轻重缓急、回环往复等方面的因素都有关系。有的学者将节奏比喻为群山的绵延起伏、江河的波涛翻涌，没有峰谷的循环、交替，没有前后的连接、呼应，就没有节奏。

一般将节奏分为轻快型、凝重型、低沉型、高亢型、舒缓型、紧张型等六种，在运用的时候以一种类型为主，其他类型渗入其中，既体现了节奏的丰富性，又能够表达各种思想感情。导游员需要着重掌握的是如何调整节奏，使音节、音步的搭配匀称平稳，给人以整齐和谐的美感。具体的运用技巧主要是以下三点：

(1) 选用音节相称的词语，使之互相搭配和互相对应。

一般说来，单音节匹配或对应单音节，双音节匹配或对应双音节，多音节匹配或对应多音节。例如，“认真学习”、“互相帮助”是整齐的双音节之间的搭配，如果换成单音节搭配双音节“认真学”、“互相帮”，就不太顺口。再如，“见树不见林”与“只见树木不见森林”分别是单音节搭配单音节、双音节搭配双音节，达到了音节平衡的效果。

(2) 扩充或压缩词语以平稳节奏。

为了使音节平衡匀称，有时必须对词语进行扩充或压缩。例如：①

例 1 为什么要建这么大的广场呢？那是为了让人们感觉到太和殿的雄伟壮观。站在下面向前望去：蓝天之下，黄瓦生辉。层层石台，如同白云。加上香烟缭绕，整个太和殿好像天上仙境一般。

例 2 大家请看，这里东界钟山，南临九华，西对清凉，环抱在群山之中的玄武湖，碧波万顷，娟秀妩媚，像一面清澈明亮的镜子，将“龙蟠虎踞”的古城映照得格外雍容动人。环、樱、梁、翠、菱五块花团锦簇的绿洲镶嵌在472公顷的烟波浩渺的湖面上，远山近水，波光粼粼，山岚倒影，起伏晃动。难怪古人赞：“钱塘莫美于西湖，金陵莫美于后湖。”这里的“后湖”就是玄武湖。

① 国家旅游局，《走遍中国——中国优秀导游词精选（文物古迹篇）》，41页，北京，中国旅游出版社1998。

例1中将“下”扩展为“之下”，将“如”扩展为“如同”，例2中“钟山”用全称，而九华山简称为“九华”，清凉山简称为“清凉”，都是为了跟前后的双音节进行匹配。这些语言运用技巧给表达增加了音步和谐、节奏明快的美感，使导游讲解具有较强的艺术感染力。

(3) 调整句式以平稳节奏。

句式的调整也可以协调语言节奏，主要是将结构比较整齐的一组句子与结构比较松散的句子相互交错使用，构成忽整忽散、忽急忽缓的表达节奏。例如：

人们到了台湾总会向往阿里山，要前去探访。这是因为阿里山的景观奇特，在未曾涉足的人们的印象中，朦胧神秘。阿里山的四季有着林相多变、繁花似锦的自然景色，不仅可以观赏到云海浩渺的磅礴，朝阳初露的璀璨和余晖夕照的绚丽，还可以眺望中央山脉的茫茫雪原，以及海拔最高的玉山山峰。这里有建造年代久远的爬山森林火车，历史留下的遗迹现在让人们尽情浏览淳朴山野的乐趣，感受有惊无险的刺激；一曲“阿里山的姑娘美如水”的传唱，把“美女”的悬念镌刻在世人的脑海，留下美好的遐想；有世界上独一无二的阿里山“巨木群”和“神木”，令人惊叹大自然的深邃和旺盛的生命力……阿里山是一间内容丰富的自然课堂，一座清爽宜人的森林浴场，一方不可多得的旅游胜境。

这一例中下加横线的部分是散句，娓娓道来，徐缓自然；下加波浪线的是整句，或四音节一顿，或七音节一顿，结构整齐，节奏铿锵。散句和整句相互交替，急缓自如，节奏变换，取得较好的效果。

(二) 活用修辞

修辞是运用在口头语言和书面语言中以增强表达效果的格式。恰当地运用修辞，能使导游语言形象生动，更具美感。修辞的主要方法有比喻、比拟、夸张、映衬和引用等。例如：

“日月潭是台湾的标志之一，它像一块碧玉静静地躺在崇山峻岭的怀抱中。”(比喻)

“黄浦江有两个‘孩子’，一个叫浦东，一个叫浦西。新中国诞生以前，她一家子深受三座大山的压迫，母亲河身上停泊的尽是外国的军舰和商船，两个‘孩子’被压得喘不过气来。”

(比拟)

“远处，博格达峰三峰并立，白雪皑皑，直插云端，阳光照耀下，峰顶光芒闪耀，犹如一位神色威武的天神。”(夸张)

“欢迎大家来岳阳八百里洞庭，领略湖光山色，一起走进沙鸥翔集、平沙落雁、鹤鸣九皋、鸳鸯戏水的水禽自然博物馆。”(映衬)

“西湖荷花，种植面积最多时达 27 公顷，栽培品种有西湖红莲、绍兴红莲、玄武红莲、台莲、青莲等 30 多种，主要分布在北里湖、岳湖、小瀛洲等 10 多处。盛夏时节，‘接天莲叶无穷碧，映日荷花别样红’成了西湖夏季一道独特的景观。”(引用)

(三) 借助体态动作

导游员在讲解或与旅游者沟通时，为了达到更好的效果，可以借助面部表情、手势动作、语音语调等来强调重点，加深印象，引起共鸣。例如在讲解兵马俑时：“这些兵俑手执短兵器、长兵器和远射兵器，如剑、钺、吴钩、矛、戟、铍、弓、弩等。这些兵器主要是用铜和锡做成的，经分析，里面还含有其他十三种稀有金属。为防止兵器生锈，秦人在兵器表面涂了一层铬盐氧化物，这种镀铬技术在 20 世纪 20 年代才由德国人发明出来，而我国在 2000 多年前开始在兵器上镀铬，这实在令人叹服！”随着这段讲解，导游员脸上应该流露出兴奋、自豪的神色，语音提高，在讲到“铬盐氧化物”时可以把语速放慢进行强调，并伴随一定的手势，从而打动旅游者，激起旅游者的自豪之情。

五、导游交际语言艺术

导游交际语言，是导游员在与旅游者以及相关旅游接待单位的工作人员进行接触时使用的语言，主要包括见面时的寒暄，旅游过程中的劝说、道歉、提醒、回绝和赞美等。如果能科学使用导游交际语言，必能提高导游服务质量，和谐气氛，解决难题。

(一) 寒暄

寒暄是指社交场合中交往双方见面时相互问候的应酬话，也是导游员和旅游者交谈的开始。寒暄不是可有可无，也不是简单地打招呼，它是一种必要的沟通方式。导游员和旅游者第一次见面或者隔了一晚上刚见面时，照例都要说几句寒暄的话，好沟通彼此的感情，创造一种和谐的气氛。寒暄的常见类型有：

1. 问候型

中西方通用的问候型寒暄包括“你好！”、“早上好！”、“中午好！”、“晚上好！”、“大家好！”等，这是导游交际过程中使用最多的问候语。如果是国内旅游者并且比较熟悉，见面时可以问候“上哪儿去呀？”、“吃了吗？”、“怎么这么忙啊？”等，这一类问候并不是真正的提问，只是交谈开始之前的引入，所以可不回答。但如果是不熟悉的客人，尽量少用或不用此类问候语。如果是外国客人，这样问他会让客人觉得你是在干涉他的自由、打听他的隐私，因此不能用这一类问候语。还有一类问候语比较庄重，如“幸会！”、“久仰！”等，一般用在比较正式的场合。如果导游员只是第一次跟旅游者见面，而且旅游者不是名人，用“幸会”、“久仰”就会让旅游者觉得是在讽刺他，收到相反的效果。

导游员在问候的时候应该尽量采用肯定语态，如“你们辛苦了！”，而不是疑问语态“你们累不累啊？”。因为只是问候，并不是真正在询问旅游者的意见。如果用了疑问句，旅游者就会感觉需要回答，这样就复杂了。

2. 攀认型

这是抓住双方的共同点，并以此为契机进行发挥性问候，以达到与旅游者顺利接近的目的。如中国客人去夏威夷旅游时，当地导游员是这样说的：“大家看我晒得很黑，一定以为我是当地的波利尼西亚人。可是，我和大家一样是中国人，是在台湾长大的中国人！”接待教师团的时候这样说：“诸位都是人类灵魂的工程师，看到大家，我觉得特别亲切，因为我出生在一个教师家庭，我的爸爸妈妈都是教师。”导游员与旅游者接触的时候，只要留心，一般都能发现这样或那样的共同点，然后以此为着手点进行攀认型的问候。

3. 关照型

这是在寒暄时积极关注旅游者的各种需求，在寒暄过程中不露痕迹地解决旅游者的疑难。关照型问候中针对的疑难包括衣食住行和心理等方面，导游员如果能在寒暄中关注某些问题，并不着痕迹地解释清楚，就能消除旅游者的某些担心，活跃气氛。例如带团去西湖旅游，正好碰上下雨天，客人都担心看不清楚，这时导游员可以这样寒暄：“各位朋友,大家早上好!宋朝大诗人苏东坡有一首好诗:'水光潋滟晴方好,山色空蒙雨亦奇。欲把西湖比西子,淡妆浓抹总相宜。'阳光明媚的西湖固然美不胜收,烟雨蒙蒙的西湖更是景中一绝。懂行的人都知道,'晴湖不如雨湖,雨湖不如夜湖,夜湖不如雪湖'。晴了多天的杭州,知道大家远道而来,特地把雨中西湖难得一见的淡妆美呈现出来,这真是各位的好福气呢!大家还在等什么?赶紧跟我下车一起饱览雨中西湖的秀色吧!"这样的寒暄可以减少旅游者因为天气问题而产生的担心,调动他们的情绪,自然也容易被旅游者接受。

不管采用哪一种寒暄方式,导游员都要注意掌握分寸,恰到好处,既要建立认同感,又要自然切题。

(二) 劝说

在旅游过程中,导游员经常需要就某一件事或某一种行为对旅游者进行劝说。如因为各种原因旅游日程被迫改变,需要劝说旅游者接受;对旅游者的某些越轨行为需要劝说其改正等。劝说要达到好的效果,一是要以事实为基础,摆事实讲道理;二是要讲究方式、方法,使旅游者易于接受。

【参考案例】

某旅游团结束了黄山的旅游之后,原计划乘下午 4 点多的飞机去上海,预计 1 小时可以到达。不料天气不好,飞机不能起飞,而这批客人大多数当夜已经在上海预订了房间,并且只有第二天一整天的时间在上海活动,第三天就要出境。导游员先进行了一番思考和分析:若继续等飞机,只能听天由命,即使等到明天也不见得可以起飞;坐火车,买票来不及。再计算一下坐汽车到上海大概 5 小时左右,加上夜间行路等因素,夜间 12 点之前可以赶到饭店,于是决定改乘汽车去上海。导游员对旅游者说:"因为天气原因飞机不能起飞,耽误了大家的时间,我感到很抱歉,大家急着想去上海的心情我也能理解。现在如果我们继续在机场等下去,不知道什么时候天气才能变好,飞机才能起飞,一切都只能听天由命。如果今晚赶不到上海,我们订的房间就要取消,明天的安排也会受到影响。如果乘汽车去上海,路上花的时间虽然比较长,大约需要 6 小时左右,但是我们一定可以在今晚 12 点之前到达上海,大家可以住进饭店休息,明天的行程也不会受到影响。并且,坐飞机看不到景色，坐汽车还能沿途欣赏非常美丽的风光，感受中国乡村的魅力。”旅游者听完导游的劝说，有一部分人同意了，另一些人受影响也认可了。最终，这个团在夜里安全到达了上海。

分析：这个案例中的导游员设身处地为旅游者着想，提出的建议合情合理又具有可行性。在对旅游者进行劝说的时候，先提出如果继续在机场等下去，一切只能听天由命，甚至会影响第二天的行程。接着提出解决方法，即改乘汽车，还加上乘坐汽车能看景的优点，最终让旅游者同意了这个方案。

（三）道歉

导游工作具有很强的综合性，受到“天时、地利、人和”等多种因素的影响，难免会造成一些误解或者意外的麻烦。一旦发生这类情况，导游员不能无动于衷，而是应该及时道歉尽快消除误会，平息怨气，求得旅游者的谅解。导游员道歉时，应该注意以下几点：

1. 勇于承担责任

道歉首先要有勇于承担责任的诚意和勇气，“知错能改，善莫大焉”。道歉并不丢脸，反而体现出导游员有责任心、有勇于承认错误的人品和修养，让人敬佩。如果发生问题，例如接团时迟到了，导游员对旅游者的道歉只是强调一些客观因素，像下雨、交通事故等，这种不愿承担责任的道歉显然是无法让旅游者接受的。

2. 掌握道歉的技巧

首先，道歉要善于把握时机，应该选择旅游者心平气和、心情愉快的时候道歉，而不是选择旅游者身体疲乏、精神紧绷的时候道歉。例如，在环境优美的餐厅里道歉，效果显然要比刚结束一天的行程，旅游者筋疲力尽时好得多。其次，道歉要善于借物传情。如果发现直接道歉不太方便，可以选择写信或者打电话的方法，向旅游者表示歉意。最后，道歉要善于创造宽松的气氛。导游员诙谐幽默的话语、吉祥的祝福，往往能够让旅游者转怒为喜。例如，旅游车在一段坑坑洼洼的路上行驶，颠簸不堪，有旅游者提出抱怨。这时，导游员是这样说的：“请大家稍微放松一下，我们的汽车正在给各位做身体按摩运动，按摩时间大约是 10 分钟，不另收费。”此话一出，引得旅游者哈哈大笑，也忘记了不适。

3. 掌握分寸

分寸是道歉中比较难以把握但又必须把握的一点。有错固然要改,要勇于承担责任,但是要分清楚责任是不是应该由导游员来承担。如果不管三七二十一,把旅游过程中所有的过错都揽在自己头上,不停道歉、过于自责,反而会让旅游者认为导游员什么工作都做不好,不利于导游服务。因此,在选择道歉语言时,要分清是表示遗憾还是表示歉意,是道歉还是认错,必须把握好表达的分寸。例如发现客人丢失行李,要分清楚原因:如果是客人自己弄丢了,导游员需表示的是"深感遗憾";如果是机场方面的原因,导游员"必须道歉",因为这毕竟是旅游接待中的一个环节出错,给旅游者带来了损失和不快;如果是旅行社或者导游员自己的原因,那就应该"主动认错",并且立即设法解决或者弥补。

当然,道歉也不要一再重复,这样既会损害导游员自己的形象,也让旅游者厌烦。如果旅游者提出的要求导游员不能或不愿满足,又不想让旅游者难堪,这时候需要艺术地回绝,而不是道歉。

(四)提醒

在导游服务中,导游员经常会遇到少数旅游者由于个性或生活习惯的原因,表现出群体意识较差或丢三落四的行为,如迟到、走失、遗忘物品或不遵守公共秩序等。对这类旅游者,导游员要从关心旅游者的安全和保证旅游过程顺利的角度出发,经常督促和提醒他们。但是,直截了当的提醒往往含有命令的成分,导游员处于为旅游者服务的位置,不能直接命令旅游者,因此导游员在提醒时要注意艺术性,使提醒的内容在轻松的氛围中被旅游者接受。具体来说,要注意以下几点:

1. 委婉含蓄

导游员的提醒要避免直接,要把情感融入其中,尽量做到委婉含蓄,多用"请"、"对不起"等敬语。如同样是提醒客人以后不要再迟到,表情轻松地说"对不起,您又迟到了",要比板着脸说"请你以后不要再迟到"效果好很多。

2. 适度幽默

用幽默的语言进行提醒,可以使旅游者在欢愉的气氛下受到启示或警觉。例如,有客人迟到,受到了其他客人的非议,导游员说:"没有关系,迟到的人也能进天堂,天堂的大门总是敞开的。"既化解了尴尬,又委婉地提醒大家不要迟到,比"算了算了,大家不要计较了,这位先生下次加强点时间观念就行"这样的说法效果好多了。又如,几位年轻的旅游者在游览时,纷纷骑到一尊大石狮上照相,这样既危险又损害文物,导游员见了连忙提醒说:"请各位不要招惹这忠厚老实的狮子啦!"这比导游员一本正经地说"请不要损坏文物,不然要罚款的"更委婉,也更容易让人接受。

【参考案例】

某导游员带了一个散客团,当他从各个饭店把客人接上车之后,就开始宣布"旅游纪律",请大家共同遵守时间安排。

自由活动之前,他宣布:"二十分钟之后在这里集合,请大家不要迟到。"到了集合的时间,只有不到一半的客人回来了。等客人到齐之后,他对大家说:"希望大家遵守时间。时间是大家的,你一分钟,我一分钟,加起来可就是一个很大的浪费。"这一次,他发现旅游者自顾自地交谈,并不理会他的告诫。

在第二个游览点的活动开始之前,该导游员又说:"我现在给大家三十分钟的自由活动时间,十点钟准时在这里集合。谁迟到,谁就要在车上唱歌。"谁知道,到了十点半,客人才姗姗而来。在车上,他再一次要求大家遵守时间。

就这样,他不断地提醒客人"要遵守时间",而客人对他也越来越不耐烦。终于,在去最后一个游览点的途中,冲突爆发了。当他介绍完景点的概况,又一次提出"要遵守时间"时,旅游者中立即发出了一片嘘声:"看你年纪不大,倒像老太婆,这一整天都在听你唠叨来唠叨去!""你一会儿这,一会儿那,一会儿要罚唱歌,一会儿要罚请客,究竟是你为我们服务还是要让我们为你服务啊?"

分析:散客团的特点是旅游者自由度比较大,导游员确实应该多做提醒工作。但是本案例中的导游员,提醒的方式既直接又单一,提出的"罚唱歌"、"罚请客"等点子也因为提醒的次数过多而失去了玩笑的作用,最终导致冲突当面爆发。导游员在旅游团中是服务者的角色,应该在提醒的方式上多下工夫,这样才能既保证行程如期进行,又不会导致旅游者产生负面情绪。

（五）回绝

回绝就是对别人的意见、要求予以拒绝，主要针对旅游者提出的一些不合理或不可能办到的要求。如果导游员不该拒绝的拒绝了，有可能会耽误大事；导游员该拒绝的不拒绝，轻易允诺了不合理的要求，不仅事情办不成，还可能引起麻烦。因此，导游员应该掌握必要的回绝艺术，既符合导游员服务者的身份，又不会伤害旅游者的面子。

1. 柔和式回绝

这是导游员用温和的语言进行拒绝的方式，不是一下子就生硬地拒绝旅游者的要求。采取这种方式回绝，不会使旅游者太失望，避免导游员和旅游者之间出现对立关系。例如，一个团队正在按照预定行程观光旅游，其中几个客人提出要增加几个景点，并希望马上得到答复。导游员采取柔和式回绝，说："这些意见很重要，如果条件允许，我们将给予考虑。"这里导游员没有明确拒绝客人的要求，但是用客观条件作为借口，暗示了拒绝的意思。又如，一位美国旅游者邀请导游员到其公司去工作，这位导游员回答说："实在对不起，我还没有这种思想准备，也许我的根扎在中国的土地上太深了，一时拔不出来啊！"这样回绝既清晰表达了拒绝的意思，又不至于使对方难堪，效果比较好。

2. 迂回式回绝

这是导游员对旅游者的发问和要求不正面表达意见，而是绕过问题从侧面予以回应或回绝的方式。例如，某美国客人问："你认为毛泽东好还是邓小平好？"导游员回答："那请你告诉我，华盛顿好还是林肯好？"客人语塞。又如，某日本客人问："我经常看新闻，最近一段时间，中国生产事故频发，死亡率想必不会低吧？"导游员回答："同贵国一样，每人死一次。"客人无语。再如，一名导游员在介绍计划生育是我国的一项基本国策时，忽然有位西方旅游者插嘴说："导游先生，你是否可以介绍一下中国的性文化？"导游员先是一怔，随即恢复了平静，笑眯眯地说："不好意思，中西方在文化和伦理上存在着差异，因此民族风俗也不同。例如，在古代建筑中，西方讲究直观，而东方讲究含蓄；在接受礼品时习惯也不同，西方人喜欢当场打开共同欣赏，而中国人从不当着客人的面打开礼盒，而是要回避或是等客人走了之后才去欣赏。"这样就迂回地拒绝了客人的问题。

3. 引申式回绝

这是导游员根据旅游者话语中的一些词语加以引申而产生新意的回绝方式。如某旅游者在离别之前把吃剩的半瓶药送给导游员并说："这种药很贵重，对治疗我的病很管用，现在送给你做个纪念。"导游员谢绝说："既然这种药很贵重，又对您很管用，送给我这没病的人太可惜了，还是您自己带回去慢慢用更好。"这位导游员用客人的话进行自然地引申，既维护了自己的尊严，又达到了拒绝的目的。

4. 诱导式回绝

这是针对旅游者提出的问题进行逐层剖析，引导旅游者对自己的问题进行自我否定的回绝方式。如有位法国客人问导游员："有人说，西藏应是一个独立的国家，对此你是怎样看的？"这位导游员反问他："您知道西藏政教领袖班禅、达赖的名字是怎么来的吗？"该旅游者摇摇头说："不知道。"导游员接着说："我告诉您吧，他们的名字是清朝皇帝册封的，可见西藏早就是中国的一部分。正如布列塔尼是法国的一部分一样，您能因为那里的居民有许多自己的风俗就说它是一个独立的国家吗？"这位法国旅游者摇摇头笑了。又如，一位英国客人是天文学家，他认为只有英国的天文学和格林尼治天文台才是世界一流的，其他的都不足为观。导游员并没有直接否定这一点，而是问这个客人："请问您见过几次哈雷彗星？"客人回答："我还没有见过，它要 76 年才出现一次呢！"导游员接着问："据您所知，关于哈雷彗星的记载最早见于哪个国家的典籍？"客人沉默了一下，然后笑了，说："你很聪明，你是一个爱国者，我也是。"原来记载最早的典籍是中国的《春秋》，所以中华民族也是爱好天文的民族。

总之，不管导游员运用哪一种方式回绝旅游者，关键都要尽量减少旅游者的不快，以寻求其谅解和认同为基本原则。

（六）赞美

从心理学角度讲，人喜欢被赞美，人也需要被赞美。每个人被赞美时内心都是愉快的。在导游交际中，导游员如果能善于赞美，既可以满足旅游者渴望获得认同、尊重的心理需要，又可以加强旅游者对导游员的认同感、信任感，使双方在感情上产生共鸣。许多导游员不擅长使用赞美来拉近与旅游者之间的距离，这其实是没有认识到赞美的益处。

赞美有两点要求:一是要诚恳实在。赞美必须发自内心才能取得理想的效果,没有诚意的赞美等于阿谀奉承或讽刺嘲弄,只会让旅游者觉得受到了冒犯;赞美还必须实在,要言之有物,不能虚伪轻浮、华而不实。二是要切合语境。导游员的赞美要与表达时的语境相适合,并且能够选择最佳的表达方式或手段,以取得最佳的赞美效果。例如,有一位个子瘦小的男导游员见了一位身材比较健硕的女旅游者,他这样赞美道:"小姐,你的身体真健壮!"这位旅游者听了十分不高兴,反唇相讥说:"谢谢! 你的身材真苗条!"这位导游员的赞美收到了完全相反的效果,主要是因为没有看准对象,女性一般喜欢别人称赞自己"苗条",该导游员用"健壮"来称赞这名旅游者,旅游者心里还以为导游员在讽刺她呢,难怪要用"苗条"这个形容女性的词来回敬导游员。导游员如果这样说:"小姐,您的皮肤真好!"效果就会大不一样了。

赞美的方式有以下几种:

1. 具体清晰式

这是在旅游过程中,导游员针对旅游者的具体情况,有意识地对旅游者进行赞美。如:"×××,您拍的这些照片真漂亮,真像专业的摄影师啊!""×××,您爬山爬得这么快,身体真棒!"

2. 间接迂回式

这是导游员间接含蓄地表达赞美,不露痕迹地称赞旅游者,让旅游者感受到融洽的气氛。具体可以从旅游者的职业、籍贯、民族,其所在地的习俗、特产、气候等方面展开话题。如:"到底是教师,知识面真是广博!""见到您,我才相信'苏州出美女'千真万确啊!""听说您的母校非常出名,出了许多优秀的人才。""您是广东人啊,广东真是太厉害了,中国家电业的一些大名牌都让你们广东给包了。"这样的赞美虽然不是直接针对旅游者,但有时比直接赞美的效果更好,受到赞美的旅游者会产生一种自豪感。

3. 显微放大式

这是导游员抓住一件具体的小事及时赞扬,表现出一种细致入微的体贴,让旅游者觉得导游员十分关注自己而感到由衷的高兴。一个人值得赞美的地方不仅仅是那些明显的优点,还包括那些不明显的或尚未发掘的可贵之处。导游员运用显微放大式的赞美,有助于进一步发掘旅游者的各种潜能,发挥旅游者的积极性,配合导游员共同完成游览任务。例如，在参观故宫时，导游员赞扬一位克制吸烟的旅游者，说："各位团友，刚才我看见黄先生想抽烟，但最终还是克制住了自己的欲望，将烟收了回去。可见他的文物保护意识在参观故宫的过程中得到了极大的升华。大家应该向他学习，现在请大家掌声鼓励一下。"掌声使黄先生的脸上绽开了灿烂的笑容，全团的气氛也更活跃了。

第二节　导游讲解艺术

相同的导游讲解内容，不同的导游讲解方式，取得的效果是不同的。导游员通过有声有色的讲解和介绍，使旅游者不仅能看到景点的表象，而且能了解景点的背景、内涵、历史地位、名人轶事等，从而产生更深的感受，获得美的享受。在导游讲解中，有一些行之有效的实践方法和技巧，它们是导游讲解艺术的具体体现。

一、导游讲解的概念与属性

（一）概念

导游讲解是导游员以丰富多彩的社会生活和璀璨壮丽的自然与人文景观为题材，以兴趣爱好不同、审美情趣各异的旅游者为对象，对自己所掌握的各类知识进行整理、加工和组织，运用口头语言进行的一种意境再创造。

导游讲解是旅游者能够得到审美享受的重要条件，如果讲解内容翔实，表达方式生动灵活，就会让旅游者乘兴而来，满意而归，反之则不然。要做好导游讲解，首先必须收集尽可能多的资料，再加以鉴别、挑选、运用，从而拥有丰富的景点材料。如徐霞客称赞黄山之美有"五岳归来不看山，黄山归来不看岳"，还有"登黄山天下无山，观止矣！"导游员可以根据具体情况选择其中一句或两句都用。其次是根据旅游者的不同需要，把知识通过逻辑思维的方法组织起来，使之条理化、艺术化，形成导游词。最后用适当的语言艺术将其表达出来。这就是导游讲解的形成过程。

（二）属性

导游讲解是面对旅游者传播景点相关知识的过程，是为了满足旅游者求新、求异、求美的欲望，它具有以下的属性：

1. 思想性

这是指导游讲解具有政治倾向性。任何导游员都生活在具体的社会历史条件之下，导游讲解必须从这个背景出发，符合社会制度的要求。对于我国的导游员来说，导游讲解的思想性主要体现在两个方面：第一是以爱国、爱乡、爱社会主义作为指导思想。导游员作为一个国家、地区的形象代表，其思想感情、道德观念、行为举止都是旅游者了解一个国家、地区人民整体素质的窗口，导游员要把对祖国悠久历史、壮丽河山的热爱之情融入自己的讲解，使旅游者在领略我国壮丽山川的同时，体味中华文化的博大精深，感受中华民族不屈不挠的精神。第二是讲解的内容必须健康。导游员在选取讲解材料时要能够明辨是非，除恶扬善，分清荣辱，保证讲解内容健康无害。导游工作需要面对形形色色的旅游者，导游员不能为了迎合个别旅游者的低级趣味而在讲解中掺杂庸俗、黄色、迷信的内容。

2. 知识性

这是导游讲解的基本属性。导游讲解的首要任务是传播知识，导游语言、讲解方法等只是帮助导游员如何讲得更好的手段。虽然面对的景点各异，但都要求导游员具有丰富的知识，只有这样才能讲透、讲好，所以导游员必须不断完善、更新自己的知识体系。但凡知名的导游，无一例外都是知识渊博、经验丰富的专家，具有不懈的探索精神。在西方国家中，对导游员的知识要求也是很高的。例如在法国，规定职业导游员必须具备三个条件：一是必须持有高级旅游专业证书者；二是持有艺术考古学术证书或罗浮宫艺术学校毕业证书，并懂得两门外语，通过规定考试合格者；三是已有五年翻译导游经历者。导游员在具备了渊博的知识之后，还要注意传播知识的方法，如讲解时条理清晰，语言通俗易懂等，不仅重视在景点的讲解中传播知识，也重视在与旅游者的闲谈、问答中传播知识。

3. 情感性

导游员在讲解时，如果毫无感情地平铺直叙，就无法让旅游者专心欣赏旅游资源，无法激起旅游者的兴趣，无法使旅游者沉醉于情景交融的高层次享受中。导游讲解的情感性体现在两个方面：一是对所讲景物的情感。导游员对景物所抱有的或自豪、或兴奋、或赞叹的情感会使得讲解具有情感倾向，易于与旅游者产生情感共鸣。一旦旅游者的情绪受到导游员的感染，就能以一种积极的态度去欣赏景物，导游讲解起到良好的效果。二是对旅游者抱有真诚的情感，要设身处地地为旅游者考虑，摸透旅游者的心理，讲旅游者感兴趣的内容，采取旅游者易于接受的方法，这样才能使旅游者对导游员产生信任感，达到双向交流的目的。

4. 艺术性

艺术性是指通过形象反映事物、生活，表现思想感情所达到的准确、鲜明、生动以及形式、结构、表现技巧的完美程度。导游讲解的艺术性越强，达到的效果就越好。要使导游讲解具有艺术性，首先讲解的内容不能生搬硬套、照本宣科，而是应该言之有物、生动有趣；其次，讲解的语言不能平淡无味，而是应该跌宕起伏，富有幽默感；最后，要注意讲解方法应灵活多变，或是横向对比，或是虚实结合，或是引而不发，或是制造悬念，或是画龙点睛，使讲解富于变化，引人入胜。例如在西安汉唐宫殿遗址，呈现在旅游者面前的只是一些残垣断壁，但是有的导游员能对此讲上两个小时，旁征博引、引经据典，使历史的画面重现在旅游者眼前，引发旅游者思古之情，达到了“点石成金”的效果。

5. 创新性

导游讲解的内容不能一成不变，要具有时代感，讲解方式、方法也要不断推陈出新。随着时代的发展，有一些讲解内容要摒弃，如封建迷信、怪力乱神、阶级不平等的内容；有一些内容则要增加，例如创建和谐社会、可持续发展等；有些内容则是新解读、新注解，符合现代人的审美标准。例如某导游员对“东施效颦”做了这样的通俗幽默的新注解：一个女孩最悲哀的事莫过于和另一个绝代佳人做邻居了，东施姑娘就是这样一个倒霉孩子。村西头住着著名的大美人西施，把她比得头不是头，尾不是尾的。但爱美之心人皆有之，东施姑娘好学向上，积极向西施姑娘靠拢，处处向西施看齐，但就是有那么些无聊的人以此为据，嘲笑起东施姑娘来，把一颗爱美的心扼杀在摇篮里。如果那时候东施姑娘被树立成“爱美模范”，说不定现在的“整容之都”不是韩国，而是咱中国了。

有一点需要注意，凡是涉及政治、宗教和民族的内容，导游员都应该慎重对待，如南方的导游员向东北、内蒙的旅游者讲解岳飞、文天祥等人物时，要注意不要按照史书上的记载将他们直接称为抗金、抗元的民族英雄,否则不利于民族团结。

【参考案例】①

(上海大观园的部分导游词)大凡读过《红楼梦》的人都知道薛宝钗在《红楼梦》中是个举足轻重的人物,也是历来众多红学家和学者以及读者争论比较集中的一个角色,争论的焦点无非一是说她是好人,二是说她是坏料。是非暂且不论,但有一点是共认的,那就是——她是一个被封建社会的礼教制度毒害、摧残的悲剧人物,她的不幸命运是封建制度造成的。

其实,说薛宝钗好也行,说她坏也罢,这些都是读者个人的理解和观点,《红楼梦》就是有这样的魅力,让人们从它诞生之后,读到现在,争到现在。这种"读"和"争",读的是人生,争的是世间。也许人们还要读它几百年,争论几千年呢!

以前听说过一个非常有趣的调查,说有人在大学生中调查这样一个课题:林黛玉和薛宝钗之间,你选择谁作为终生伴侣?结果显示,绝大多数男生选择了薛宝钗。而许多女生则认为,贾宝玉可以喜欢,但是不可以做丈夫……

这就值得人们去思考,去重新翻阅《红楼梦》了。薛宝钗从小丧父,以后随着母兄客居大观园。曹雪芹将她安排在二十几回后才亮相,如果说她"坏",那么这种坏也是有限的。在书中薛宝钗是以容貌丰美、品格端方、举止娴雅的面貌出现,因而博得贾府众人的好评,就连林黛玉也不得不"暗服"。

诚然,从如今现代人的角度观察和理解,薛宝钗自然有爱的权利,甚至有和林黛玉竞争的自由,根本谈不上什么"第三者"和"插足者"。试看天下哪一位不是把追求幸福和美好的爱情生活当做人生的一大目标的呢?

分析:导游员的这一段讲解,与一般红学家得出的结论不太相同,通过客观分析书中对薛宝钗其人的描写,并且列举了在大学生中所做的调查的结果,得出了薛宝钗追求自己所爱的人的行为不应该被曲解,是可以理解的这样的结论,体现出了时代的气息,并且带有导游员自己

① 蒋炳辉,《导游带团艺术》,26页,北京,中国旅游出版社 2004

的真实感受，旅游者听后自然产生一番感叹和议论。

二、导游讲解的原则

导游方法的运用和创造是一种艺术活动，因人而异，而且对不同的旅游者也不能采取相同的讲解方法。但是优秀的导游员在进行导游讲解时总是能得到各种旅游者的称赞，这是因为他在讲解时遵循了以下基本原则：

（一）以客观事实为依据

导游讲解虽然需要艺术创造性，但并不同于作家，可以虚构人物、故事等，而是必须从客观现实出发，以此为基础组织自己的讲解材料。导游活动中的客观现实包括各种自然、人文和社会的旅游资源，有的是有形的，如名山大川、名胜古迹，而有些则是无形的，如神话传说、历史故事、社会制度等，它们都是导游讲解的出发点。这个原则具体体现在两点：一是导游讲解的内容必须真实反映客观现实，不得脱离客观现实，尤其是涉及政治、政策、宗教、人物评价、科学技术等方面的问题；二是导游讲解艺术不能脱离现实，不管采取哪一种讲解方法都必须从景点的客观实际出发，不能为了博得旅游者一笑而凭空臆造出一些不切实际的甚至荒诞不经的讲解。

（二）针对性

导游讲解内容必须从旅游者的实际情况出发，因人而异。导游员每次接待的旅游者年龄、职业、文化层次、审美倾向都不相同，如果导游员只有一套导游词“以不变应万变”，收到的效果肯定不理想。导游员应该根据旅游者的特点，尤其是旅游者的文化层次来灵活选择讲解内容。一般说来，文化层次比较高的旅游者希望听到深层次的知识和比较独特的审美观念，文化层次低的旅游者则相反。例如介绍故宫，对于文化层次较低、初次来华的旅游者可以讲得简单一些，讲解中适当穿插一些传闻轶事以活跃气氛；对于文化层次比较高的旅游者应该多讲一些，并应有适当的广度和深度，除介绍故宫本身的情况之外，还应该讲一些有关的典故和背景知识；如果是历史或古建筑方面的专家，导游员就要在其专业方面侧重介绍。

（三）灵活性

灵活性是指导游讲解内容并无定法，应该因人而异、因地而异、因时而异，关键在于根据讲解时的实际情况随机应变，可详可略、可长可短、可断可续，一切视具体情况而定，切忌千篇一律，讲解的方式也要根据旅游的时间、地点、人物灵活选择。如果是在淡季，景点人少，可以选择在景点里多停留几个点进行详细讲解；如果旺季人多，就要选择人少的地方尽量多讲一些。如果是年轻人，要选择一些他们熟悉的说话方式和比较时髦的词汇；如果是中老年人，则要注意不能选择太时兴的词汇，否则会导致沟通不良。同一个景点，白天晚上、晴天雨天的讲解内容也不相同，贵在灵活，妙在变化。

以客观事实为依据、针对性和灵活性实际上是导游活动本质的体现，也是导游方法的基本规律，三者之间相互联系，构成不可分割的整体。导游员在讲解工作中要自觉以这三个原则为指导，不断提高自己的讲解水平。

三、导游讲解的方法

导游讲解方法是为了加强讲解的力度，增加对旅游者的感染力和活跃讲解气氛而采用的讲解技巧，是导游讲解艺术的具体体现。它能帮助旅游者开阔眼界，增长知识，引导旅游者去探索美、发现美、欣赏美，从而实现旅游目的。国内外资深导游员根据自己的经验，总结出了一些行之有效的讲解方法，现介绍如下：

（一）概述法

这是对景点的背景、整体布局、艺术特色等情况进行轮廓性介绍的一种方法。它的特点是简明扼要、重点突出，给旅游者留下初步印象，适合于在较大景点的入口处示意图前进行讲解。

当旅游者刚来到景点的时候，游兴正浓，急于下车到景点里面看个仔细，这时导游员应该采用概述法将景点的历史沿革、占地面积、布局、主要景物的名称、游览线路、集合时间、地点等情况做简要介绍，满足旅游者想“先睹为快”的心情，激发旅游者“看个究竟”的兴趣。例如，导游员带领旅游者参观沈阳故宫，在进景点之前，可以把旅游者带到示意图前这样讲解：①

---

①　国家旅游局，《走遍中国——中国优秀导游词精选（文物古迹篇）》，168页，北京，中国旅游出版社 1998

沈阳故宫始建于后金天命十年,即 1625 年,建成于清崇德元年,即 1636 年。它是清太祖努尔哈赤和清太宗皇太极修建并使用过的宫殿,距今已有 370 余年的历史。在全国现存宫殿建筑群中,它的历史价值和艺术价值仅次于北京故宫而居全国第二位。沈阳故宫初建时叫"盛京宫阙",清迁都北京后,又称"奉天行宫"。它是中国历史上最后一个封建王朝清王朝的发祥重地,也是清统一中国后东北地区的政治、经济中心。沈阳故宫占地 6 万多平方米,大小建筑 70 余所,由 20 多个院落组成,总计房屋 300 多间。皇太极即位后,为修筑这座宫殿,先后征集了 30 多万各族劳力,伐木9 000多立方米,烧制瓦 700 多万块,汇集各地能工巧匠并融合了满汉建筑的艺术特色,才建成了这座气势恢弘的帝王宫殿。故宫按自然布局分为中路、东路和西路三部分。现在,我们就按这个顺序进行游览。

(二)分段讲解法

这是将一个大的景点分成前后衔接的若干部分,按参观线路的顺序进行分段讲解的方法。这是一种在景点导游中常见的讲解方法,适用于规模比较大或参观线路比较长的景点。

导游员首先向旅游者介绍游览的顺序和注意点,然后带领旅游者按顺序参观,边看边讲,由此及彼,逐渐达到高潮。需要注意的是,在讲解一个景观的时候不要过多涉及下一景观需要讲解的内容,可以在快要结束时点到下一景观,从而引起旅游者的兴趣,做到前后衔接。例如讲解长江三峡时,长江三峡是一个长达 200 千米的大型线型风景区,自西向东由瞿塘峡、巫峡、西陵峡三道峡谷组成,导游员可以沿旅游线路进行分段讲解。若顺江而下,首先介绍长江及三峡概况,再沿旅游船行进的路线依次介绍瞿塘峡、巫峡、大宁河小三峡、西陵峡、三峡大坝及葛洲坝等。

(三)突出重点法

这是导游员在景点讲解中避免面面俱到,而是突出某一方面的讲解方法。如果景点需要讲解的内容很多,导游员面面俱到反而无法给旅游者留下清晰的印象,不如分清主次轻重,有所突出。一般说来,需要突出的内容主要有四个方面:

1. 大景点中具有代表性的景观

规模大的景点中往往有很多景观,导游员不可能也没有必要对其一一详细讲解,而是应该做好周密的计划,选择其中最具代表性的景观进行重点介绍。这些景观要求既有自己的特征,又能概括全貌。例如,南京的灵谷寺是位于钟山风景区内的一个大型景点,里面的景观比较多。讲解的时候可以以中线为主,重点介绍无梁殿、灵谷塔,前者是灵谷寺中唯一基本保留下来的明代建筑,殿内以砖代木梁,论历史、建制、规模都是我国砖石建梁式建筑中的佼佼者,后者是目前南京地区最高的宝塔,它们既代表了灵谷寺的历史,又是灵谷寺内纪念北伐战争阵亡将士的重要建筑。

2. 景点的特征及与众不同之处

每一个景点都有自己的特色,就算是相同类型的旅游资源,也有各自的“个性”。导游员除了介绍共同的属性之外,更应该突出景点的特征。例如讲解黄山:安徽省境内的黄山,是世界文化与自然双重遗产,奇松、怪石、云海、温泉并称“四绝”,其中这松可算是黄山之花。雨打霜欺,使它们都呈平顶式。贫瘠的土地,锻炼了它们顽强的生命力。有的小松,高不过一米有余,粗不过一握,而其根却强壮有力,穿过石壁,长达丈余。向阳的本能,又使它们的根条多向一面生长,迎客、陪客、送客、凤凰、连理各呈风采。

3. 旅游者感兴趣的内容

虽然不同的旅游者兴趣爱好各有不同,但是相同的职业和客源地、相近的文化层次的旅游者在旅游需要上还是有共同之处的。导游员可以通过事先掌握旅游者的一些资料来揣摩他们的爱好,准备导游讲解,重点讲解团内大多数旅游者感兴趣的内容,往往能收到好的效果。例如,在北京故宫导游时,如果旅游者是建筑界的人士或对中国古建筑感兴趣,导游员除了介绍故宫的概况外,要突出讲解中国古代宫殿建筑艺术、宫殿布局、建筑思想、特有陈设、装饰物的象征意义等,如果能将中国的宫殿建筑与民间建筑进行比较,将中国宫殿与西方宫殿的建筑艺术进行比较,导游讲解的层次就会大大提高,令旅游者叹服;如果旅游者是历史学家或者对中国历史感兴趣并有研究的,导游员就不能在建筑艺术上多费口舌,而是应该更多地讲解故宫的历史沿革、曾发生的重大历史事件以及故宫在中国历史上的地位和作用。

4. “……”之最

一般说来，人们在心理上对“最”感兴趣，也喜欢追求“最”。在导游讲解中，导游员可以利用旅游者的这一心理特征，面对某一景点，根据其实际情况，用最大、最小、最古、最新、最高等唯一性的内容来介绍景点，加深旅游者对景点的印象。例如北京故宫是世界上最大的古代宫殿建筑群，天安门广场是世界上最大的广场，三峡工程是世界上最大的水利工程，拉萨机场是世界上海拔最高的机场，白马寺是中国最早的佛教寺庙，京杭大运河是世界上最长的人工运河，台湾是中国面积最大的岛屿，台北 101 大楼是目前世界上最高的大楼等。如果不是第一，那么第二、第三也值得一提，如我国的长江是世界第三大河，黄河是我国的第二大河，海南岛是我国的第二大岛等。不过，在运用这种讲解方法时，不能凭空杜撰或张冠李戴，一定要符合客观事实，否则会弄巧成拙，反而使导游员陷入尴尬的境地。

（四）触景生情法

触景生情法是一种借景生情、情境结合的讲解方法。导游讲解要有主题，但是可以围绕主题适度展开，也可以依据景点进行合理的想象和描述。这种讲解法有两层含义：一是讲解由此及彼，充分发挥，利用所见景物制造意境，引人入胜；二是导游讲解的内容与所见景物和谐统一，使其情景交融，使旅游者浮想联翩，尽享旅游的乐趣。例如在讲解敦煌莫高窟的时候，可以先介绍 328 号洞窟的壁画和雕塑的艺术成就，然后讲美国人华尔纳 1924 年盗走这个洞窟内的一身半跪式供养菩萨像，再讲到文物保护的工作及现在政府和民间回购当年散落国外的文物等情况，让游人对帝国主义大肆盗取我国珍贵文物的行径顿生愤慨之心，同时感叹当时因为国势衰落所以才会备受欺凌，并产生一种责任感，希望逐渐强大的国家能够加大文物保护力度，让当年流落在外的国宝都能重回祖国。注意，运用触景生情法要得当，不可牵强附会，生拉硬扯；讲解要生动自然，内容要符合实际情况，不能为了要触景生情而放弃准确性。

（五）虚实结合法

这是在导游讲解过程中将典故、神话传说等与景点介绍有机结合，以拓展讲解的广度和深度。虚实结合法中的“实”是指景点的实体、实物、史实、艺术价值等，而“虚”则是指与景点有关的民间传说、神话故事、逸闻趣事等。在运用虚实结合法时,导游员要注意以“实”为主,以“虚”为辅,“虚”是为“实”服务的,是为了提高讲解的趣味性、知识性和说服力,将无情的景物变成有情的讲解。例如,在讲解杭州西湖时,可以讲许仙与白娘子的断桥相会,岳飞、于谦、秋瑾的英雄事迹,还有白居易、苏东坡、柳永等文人的诗文轶事。在讲解长江三峡时,经过瞿塘峡时可以讲“刘备白帝城托孤”的故事,经过巫峡时可以讲“神女峰”的神话,经过西陵峡时可以讲屈原、王昭君等名人的传说。

在中国,几乎每一个景点都有美丽的传说,导游员尽可以用来充实自己的讲解。但是,运用虚实结合法要注意适度,过多的神话故事如果情节雷同,就会让旅游者生腻。神话故事、典故的应用要以客观事实为依托,不能脱离所讲的景点景物,不能为了讲故事而讲故事。

（六）问答法

这是导游员根据不同的情况,在讲解过程中有意创造一些情境,适时向旅游者提出一些问题或者启发旅游者提问的导游方法。如果导游员从头到尾都是采取独白式的讲解,旅游者的注意力势必不能长时间集中。导游员适时提一些问题就可以吸引旅游者的注意力,激发旅游者的想象思维和求知欲,使旅游者全身心地参与到游览过程中,享受自我成就感。问答法主要有三种方式:

1. 自问自答法

导游员提出问题,目的只是让旅游者思考一下,并不需要他们回答,稍作停顿之后,导游员再作简洁明了的回答或生动形象的介绍,从而吸引旅游者的注意力,激起他们的兴趣,给他们留下深刻的印象。此法一般适用于一些难度较大,旅游者回答不出来的问题。例如:

举世闻名的十三陵,是明朝的13个封建皇帝的陵墓,坐落在北京西北郊昌平区境内的燕山山麓。有人要问明朝是16帝,为什么叫十三陵呢?这要追述一下明朝的历史。明朝开国皇帝朱元璋,建都于南京,死后葬于南京钟山之阳,称“明孝陵”。第二帝允炆,即建文帝,因其叔父朱棣以“靖难”之名发兵,打到南京,建文帝不知所终,有人说当时宫中起火被烧死了,有人说出家当了和尚,总之是下落不明,这在明朝历史上是一个悬案,所以没有陵墓。第七帝朱祁钰,因其兄英宗皇帝被俘,宫中无主,在大臣和太后的旨意下即了帝位,后英宗被放回，在心腹党羽的策划下，搞了一场“夺门之变”，英宗复辟又做了皇帝，朱祁钰被害死之后，英宗不承认他是皇帝，将朱祁钰在十三陵陵区内修建的陵墓捣毁，把他以王的身份葬于北京西郊玉泉山。这样明朝 16 位皇帝有两位葬于别处，一位下落不明，其余 13 位皇帝都葬在这里，所以统称“明十三陵”。

2. 我问客答法

这是导游员提出问题由旅游者来回答的方法。采用这种问答法时要注意提出的问题不能太难，应是稍加提示客人就可以回答出来的。提出问题之后，导游员要视情况对旅游者进行诱导和提示，如果实在没有旅游者回答，导游员也不能强迫。旅游者的回答不论对错，导游员都要听完，并且给予鼓励，即使旅游者说的很离谱也不能笑话他。最后，导游员要总结旅游者的回答，引出后面的讲解。例如，参观北京故宫时可以向旅游者提问：“故宫始建于哪个朝代？当时是哪个皇帝?”旅游者多半知道是明朝，但是不一定知道当时的皇帝是永乐帝朱棣，这时导游员就可以接着讲故宫的营建历史了。

3. 客问我答法

客问我答法有两种情况：一是旅游者主动提问，导游员被动回答；二是导游员有意引导旅游者提问，然后进行回答。不管旅游者提的问题是什么，导游员都不能笑话他们，更不能显示不耐烦的情绪，而是要将讲解和回答问题有机地联系起来，不能旅游者问什么就答什么，要选择跟景点讲解有关的问题回答，而且要掌握主动权，不能让旅游者的提问打乱了自已的讲解思路。同时，在上团之前，导游员要进行充分的知识准备，以防止出现被旅游者的问题难住的情况。所以，在实践工作中导游员要善于总结经验，寻找在某一景点旅游者通常会提的问题，事先准备，总结回答的技巧，这样就能随时满足旅游者的好奇心了。

（七）制造悬念法

这是导游员在讲解时提出令人感兴趣的话题，但是故意引而不发，激起旅游者急于知道答案的好奇心，从而产生悬念的讲解方法，俗称“吊胃口”、“卖关子”。

制造悬念法要用得成功，必须选择合适的“关口”。应该选择讲解正引人入胜时来卖“关子”，这样才能激发旅游者进行思考，激起他们的好奇心，让他们对后续的讲解满怀兴趣。例如，在带领旅游者参观中国台北的猫空观光茶园时，可以先讲一下台北的茶文化，了解茶的分类、茶树的生长、采茶的工作、制茶的过程、品茶的考究，然后提出问题："为什么这个地方会有这么一个奇怪的名字——猫空?"旅游者一般都不知道，然后可以带他们去看茶园的地形。原来当地有溪涧水道被水流冲得坑坑洼洼，犹如猫爪的痕迹，即"猫孔"，而"猫孔"和"猫空"谐音，最后这个地方就得名叫"猫空"了。当地的居民据说是在清朝乾隆年间从福建安溪迁移过来的，所以猫空的茶是乌龙茶。

制造悬念法在吸引旅游者注意力方面很有效果，但是"悬念"不可乱造，"关子"不能乱卖，以免适得其反。

（八）类比法

这是一种用类似的东西进行对比，以熟喻生，达到触类旁通的效果的讲解方法。它是将眼前旅游者不熟悉的景物跟他们熟悉的东西进行对比，使他们能迅速对眼前的景物有一个理解，起到事半功倍的效果，而且能让他们感到亲切，激发他们的游兴。

类比法包括同类相似类比和同类相异类比，不仅具体的物与物之间可以类比，抽象的事物如时间、风俗习惯也可以类比。

1. 同类相似类比

这是将形态、性质都很相像的两个事物进行比较，便于旅游者理解并产生亲切感。例如，可以将北京王府井大街分别比喻为美国纽约的第五大街、日本东京的银座、法国巴黎的香榭丽舍大街；把上海城隍庙比做日本东京的浅草；把西安的钟楼比做法国的凯旋门；把苏州比做"东方威尼斯"；把梁山伯和祝英台、许仙与白娘子的爱情故事比作罗密欧与朱丽叶。在对日本客人讲解乾陵壁画时可以说："中国盛唐时期美女的特征跟在日本高松冢古坟里发现的壁画上的特征非常相似。"日本客人仔细一看，果然是这样，于是对乾陵壁画有了具体的了解。同样，在对美国客人讲解西安半坡村遗址时可以这样说："半坡人的生活在很大程度上和当今美国居住在'保留地'的印第安人的生活习惯很相似。"那么美国客人就会恍然大悟。在介绍自然景观中的地貌造型时，对中国的旅游者可以将其形容为孙悟空、牛魔王、老寿星等，对外国客人如果也这样解释的话，就会令他们"丈二和尚摸不着头脑"了，此时导游员可以将其比喻为白雪公主、圣诞老人等，他们就会倍感亲切，也更容易接受和理解。

2. 同类相异类比

这仍是将两类相似的事物进行比较，但是要比出规模、质量、风格、水平、价值等方面的不同。例如，在讲解唐代长安城的规模时，可以将其与东罗马帝国的首都君士坦丁堡和阿拉伯帝国的首都巴格达相比，它是君士坦丁堡的7倍，是巴格达的6倍。这个数字足以说明唐代长安城的浩大与壮观。又如，讲解颐和园的园林风格时可以把它跟法国的凡尔赛宫花园进行类比。颐和园为自然山水式园林，园中不论叠山、理水、修路，还是栽种花草树木，都讲究源于自然、高于自然，同时，园林里充满了中国的文化特色；而凡尔赛宫花园则是属于几何规则式的园林，园林中有壮丽的主建筑、严格的中轴线、地毯式的花圃、笔直的林荫道、华丽的雕像和喷泉，修建成几何图形的树木等，整齐划一、均衡对称，给人一种征服自然的感觉，反映了当时上层社会的意识。

3. 时间之比

导游员在介绍某一个事件发生的时代时，对中国客人可以讲是唐朝还是清朝，是武则天还是皇太极，可是对外国客人来讲这就很难理解，因为他们对中国的历史了解很少。如果对时间进行横向对比，客人就会清楚了。例如，在游览北京故宫并介绍其历史时，如果说故宫建于明永乐十八年，不会有几个外国客人知道这是哪一年；如果说故宫建于公元1420年，讲解的效果就会好一些，因为公元纪年是中外通用的；如果说故宫建于哥伦布发现新大陆前72年、莎士比亚诞生前144年，讲解的效果就更好了，外国旅游者不仅记住了故宫修建的年代，还给他们留下了深刻的印象，使他们产生中华文明历史悠久的感觉。如果讲到康熙皇帝，可以说他是跟法国的路易十四、俄国的彼得大帝同时代的帝王，而且都是在本国历史上很有作为的君主，就有利于外国旅游者理解康熙皇帝了。又如，在讲解秦兵马俑时，可以说秦始皇时期大概相当于古罗马对马其顿的第一次战争并打败汉尼拔的时期(公元前215年—公元前205年)；讲到文成公主到西藏时(公元641年)，就说是在英法百年大战(公元1337年—公元1453年)前700年文成公主就来到了西藏；西周时期相当于古希腊荷马时期，西汉末年相当于恺撒大帝时期，等等。

正确应用类比法，要求导游员具有丰富的知识，熟悉客源国，对相比较的事物有深刻的了解。如果只是把风马牛不相及的事物放在一起进行比较,不但不能加深旅游者对景物的认识,反而会误导他们。

(九)画龙点睛法

这是导游员用精辟的词语概括所游览景点的精彩之处和突出特征,以给旅游者留下深刻印象的讲解方法。一个景点可以讲解的内容有很多,如果导游员用画龙点睛法,以简练的语言做出总结,点出该景点的精华所在,那么旅游者就会对整个景点的讲解留下深刻的印象。例如,对南京,导游员可以用"古、大、重、绿"这四个字来概括其特点:"古"是指南京作为六朝古都、十朝都会有着悠久的历史;"大"是指南京有中国最大的河流——长江、中国最大的铁路公路两用桥——南京长江大桥、中国现存最大的古城墙——明城墙;"重"是指南京的地理位置重要,历史文化厚重;"绿"是指南京的城市绿化工作做得好,是中国绿化率最高的城市之一,人均占有树木十几棵。又如,游完大理,导游员可以用"风花雪月"来概括大理的风光,这四个字代表了大理的四大名景:下关风,上关花,苍山雪,洱海月。对西安,可以用"早(历史年代早)、长(建都时间长)、全(文物门类全)、高(艺术水平高)、大(气势规模大)"这五个字总结西安在中国历史和中国旅游业中的特殊地位。青岛风光可以用"碧海、蓝天、绿树、红墙"来概括。游览苏州古典园林之后,可以将中国古典园林的造园艺术用"抑、透、添、夹、对、借、障、框、漏"九个字概括,既能帮助旅游者欣赏园林,又让他们对中国古典园林的艺术成就产生一定的理性认识。

运用画龙点睛法要注意不能为了突出特点而信口开河、胡编乱造、夸大其词,所讲的内容要有根据,有权威性。

(十)由点及面法

这是由景点的部分引出全貌或由某一景、某一物引出相关景物的借题发挥式的讲解方法。这里的"点"是指旅游者参观游览的点,"面"则是指参观游览点之外更多的景点及相关知识。例如,在游览南京明孝陵的过程中,由明孝陵开创明清两代宝城宝顶式的帝王陵墓形制说起,介绍中国古代帝王陵墓的构成、形制演变过程、风水思想以及南京明孝陵和北京十三陵之间的一脉相承的关系等。又如,在参观我国台湾高雄佛光山时,导游员可以从佛光山谈到台湾的宗教派别、宗教建筑、宗教活动的情况,如台湾的宗教建筑特别多,除了传统的佛教、道教，还有供奉孔子、关羽的庙，香火都很旺，传统的宗教在我国台湾仍然盛行，但是台湾人会用西式的建筑材料来修建佛教寺庙，例如用花岗岩雕塑佛像，将中国传统文化的内核与现代建筑手法完美融合。通过这样的由点及面法，可以拓宽旅游者的视野，增加旅游者的知识，必然会受到欢迎。

（十一）妙用数字法

这是引用具体数字来精确地说明事物的形体特征、性能特点和功用大小的讲解方法。在景点的讲解中总会涉及很多数字，如果平铺直叙地讲数字，旅游者往往不会感兴趣。因此，导游员要学会妙用数字，为自己的讲解服务，具体有三种方法：

1. 数字换算

这是将导游讲解中涉及的与事物、人物、年代等有关数字换算成贴近旅游者生活的数字的方法，方便他们理解，往往能让旅游者留下深刻的印象。例如在介绍故宫的房间有 9 999.5 间时，导游员可以这样换算："假如一个人从出生那天开始，每天住一间的话，要到他 27 岁时才能将故宫的房间都住上一遍！"这样一讲，故宫的规模之宏大就更令旅游者印象深刻了。又如，在参观十三陵地宫时，导游员如果只说当时皇帝为了营造地宫花了多少万两银子，旅游者不会产生具体的认识，可以这样换算："有人计算过，当时若用此项花费购买大米，可供 100 万人吃上 6 年半！"这样的讲解就能更形象地揭示出封建社会帝王腐朽奢侈的生活。讲到我国的长城时可以说："如果把历代修筑长城的土石方用来砌筑一条高 5 米、厚 1 米的高墙，可以绕地球赤道 10 周有余！"这样的讲解会让客人由衷地发出感叹，万里长城不愧是世界奇迹，真是了不起！若是讲解黄河夹带泥沙多的情况，可以这样说："每年经黄河水流走的泥沙有 16 亿吨之多，水中含沙量年平均 37%，到了雨期能达到 60%。如果用这些泥沙修建一个高 1 米、宽 1 米的堤防的话，这个堤防可以绕地球 27 周！"客人不禁惊叹，原来黄河泥沙这么多！

2. 中国传统文化中数字的含义

在我国古代的一些建筑中，其建筑布局和空间结构的数字往往富含中国传统文化，所以导游员不仅要介绍数字，更重要的是把数字代表的含义说清楚。例如，导游员带领客人参观天坛祈年殿时，该殿顶周长 30 丈，殿内有 12 根立柱，导游员可介绍周长 30 丈暗喻一个月 30 天（农历),12 根立柱则暗喻一年 12 个月。

3. 数字的科学内涵

有些数字里包含科学内涵,如 0.618 是黄金分割率,这是人们看上去觉得最美丽的一个比例,在我国的一些古代建筑中就运用了这个规律。例如导游员介绍故宫的太和殿广场时,可以这样说:它的东西宽 200 米,南北进深 130 米,二者之间的比值为 0.65,接近黄金分割率,所以我们看这个广场会觉得很宽敞,很美。这样,一方面让旅游者恍然大悟,另一方面也提高了讲解的科学含量。

(十二) 创新立意法

这是为景点讲解赋予新意的一种讲解方法,超出导游讲解的一般常规,给人以眼前一亮的感觉。例如讲解长城采取这样的导游词:"我们中华民族花了 1 000 多年的时间,在祖国 960 万平方千米的土地上写了一个大字,这个大字就是'人'字。万里长城是这个'人'字的一撇,而千里大运河则是这个'人'字的一捺。这是没有进入吉尼斯世界大全的一个'人'字,我们每一个炎黄子孙都为此而感到骄傲。同时,长城和大运河的存在又时时提醒我们,不要辜负了这一个'人'!"这样的讲解,肯定会给旅游者留下难忘的印象。

运用创新立意法,要求导游员对景点非常熟悉,并且有丰富的想象力和深厚的文化底蕴,创新的说法能够体现景点的文化内涵和资源特征。不能为了创新而创新,结果离题万里,与景点搭不上关系;或者创新得不伦不类,反而影响旅游者的审美效果。

导游讲解的方法还有很多,如知识渗透法、名人效应法、组织故事法、联想法等等。讲解的时候不是只局限于一种方法,导游员可以根据需要将各种方法灵活使用。只有充分掌握了各种讲解方法的优点、适用之处,再加上导游员自己的不断探索和创新,形成自己的导游风格,才能做好讲解工作,获得好的讲解效果。

四、导游讲解艺术与风格

导游讲解艺术是导游员在向旅游者讲解时所表现出来的对事物或景观的准确、鲜明、生动的认识和理解,以及多样的形式、结构和技巧。要使导游讲解达到艺术的高度,首先要求导游员要在掌握知识的基础上对所讲事物或景观有全面的认识、深入的理解和情感的投入;其次,在讲解方式、组织结构和技巧的运用上要根据景观的特点灵活选择，富于变化。

导游讲解是在导游词创作的基础上，在旅游过程中的一种实地讲解，需要导游员具有语言知识、心理知识、调度现场的能力等。每一个导游员在运用各种导游讲解方法、追求更好的讲解效果的过程中都会表现出各自的讲解特点，这也是讲解风格的形成过程。导游讲解风格就是指导游员在导游讲解过程中所表现的思想特点、艺术特点和形象特征，基本上可以归纳为以下三种类型：

1. 直播型

这是指导游员直接将创作的导游词与有关资料融合起来，运用语言传递给旅游者的讲解类型。主要介绍景点的历史背景或地理环境、沿革、主要景观和特色（所起的作用和用途）、艺术（历史）价值等。通过这种直播型介绍，能使旅游者对景点的基本情况有所了解，满足一般旅游者的需求。但是这种方法一是缺乏针对性，对旅游者类型未加区别，所以难以满足要求比较高的旅游者的需要；二是讲解不生动，不能满足旅游者追求趣味的要求。一般新导游员不得不采取这种方法，因为他们掌握的材料比较少，不能形成主题不同的多种讲解方案。当然，还有一些老导游，抱着“做一天和尚撞一天钟”的心理，不思进取，也会长时间满足于直播型讲解。

2. 考究型

这是指导游员将景点介绍与旅游者的需要有机结合起来，具有一定深度和广度的讲解类型。这种讲解不停留在景点本身就事论事，而是引申开去，介绍跟景点有关的一些专门知识，如园林、宗教、饮食、建筑、历史、艺术等。这种讲解类型不仅可以满足那些求知欲强、要求高的旅游者的需要，也可以有效地传播当地的文化。但是它对于一般的旅游者来讲，显得“阳春白雪”、“曲高和寡”，不能吸引他们的注意。持这种讲解风格的导游员一般具有比较多的工作经验和比较强的进取心，勇于探索，善于总结。

3. 趣味型

这是指导游员在景点讲解的过程中穿插比较多的故事、传说和笑料，使讲解变得生动有趣的一种讲解类型。有些导游员为了使自己的讲解生动有趣，吸引旅游者，主动收集关于景点的历史掌故、民间传说等,再加上引人入胜的语言表达艺术,自然吸引了旅游者的注意力,博得他们的喜爱,使旅游过程变得更加轻松、富有趣味。但是,这种类型只能暂时博得旅游者一笑,或是迎合一部分旅游者的需要,对于求知欲比较强的旅游者,如果导游员仅仅用一些故事打发他,显然对方是不会满意的。采用这种讲解风格的往往是一些年轻的、性格开朗的导游员。

以上只是就导游讲解风格做一个基本的归类。如果我们讲某导游员的风格是考究型的,意思是他的讲解总体上趋于这种风格,而不是说他每次讲解都必须涉及很强的专门知识或者讲解要达到一定的深度等。当然,这三种讲解风格各有利弊,不管是采取哪一种风格,导游员在讲解的过程中都要注意逐步完善自己的讲解内容,针对不同的旅游者"对症下药",提高自己的语言表达能力,不断提高自己的讲解水平。

第三节　导游词创作

导游讲解的基础是导游词的创作,它是导游员根据不同的景点和旅游者进行的构思与创造,其内容既体现出景点知识的客观性,又体现出导游讲解的创造性。

一、导游词的概念和组成

(一)导游词的概念

导游词是导游员引导旅游者进行游览观光时的讲解词,是导游员同旅游者交流思想,向旅游者传播文化知识的工具,也是吸引和招徕旅游者的重要手段。

旅游者来到某地旅游时,只有一些关于景点的简单印象,如故宫是明清两代的皇宫,现在是故宫博物院,但是具体的关于景点的文化内涵、审美角度他们都不清楚,需要有人引导,这个人就是导游员。导游员的责任就是要充分介绍这一景点的基本情况,提供相关的背景、适度的知识,还要引发旅游者某种高尚而美好的情感,满足旅游者深层次、全方位的需要。要做到这一点,导游员事先必须进行充分的准备,这个准备就是撰写导游词。有人说导游员只要说不要写,这个观点其实是错误的。要想在讲解时做到语言流畅、措辞恰当、条理清晰、充满说服力,必须要多写导游词。通过写作导游词不断推敲表达方式,安排内容结构,进行充分准备。导游员如果讲的是自己写的导游词,会感觉得心应手,内容或增或减心中都有数,可以在现场灵活发挥,也容易得到客人的肯定。

（二）导游词的组成

导游词一般由三部分组成:

1. 整体介绍

这是用概述法介绍景点,帮助旅游者对景点情况有个大致的了解,以引起旅游者游览的兴趣。

2. 重点介绍

重点介绍游览线路上的重点景观,这是旅游活动的主要内容,也是导游词最重要的组成部分。导游员在选择重点的时候要从旅游者的旅游动机和文化层次出发,考虑他们的兴趣和需要,不能只从导游员自己的理解出发。

3. 习惯用语

具体包括游览前的欢迎、提醒注意事项,结束时的征求意见、感谢合作、良好祝愿等。

二、导游词创作的基本要求

（一）准确

这是指导游词的内容要准确,在遣词造句、叙事上要以客观事实为依据,准确地反映客观实际。要本着对旅游者、对旅行社、对景区负责的态度,了解和准备要讲的材料。如果有些内容导游员心里没有底,也没有办法查实,宁可不要写进导游词,以免把问题暴露给旅游者。另外,要敢于抵制少数景点错误的宣传,或是导游员之间的以讹传讹,要把正确的内容传达给旅游者。在导游词中要避免出现遣词造句方面的错误,不生造词语,不说错词,不说不合语法的句子,在并存的多种语言表达中选择最准确、最具表现力的一种。

（二）鲜明

导游词的主题确定之后,要鲜明地表达出来,传递准确无误的信息。要做到鲜明,导游员可以尝试使用排比、对比、递进、反复等方法来写作导游词。例如:“大桥的建成已成为上海的又一个重要标志。它仿佛是一把钥匙,打开上海与世界的大门;它仿佛是一面镜子,反映着代表中国最先进生产力水平的大都市的现代文明;它仿佛是一部史册,叙述着中国的未来;它仿佛是一本资质证书,充分证明中国完全可以参与和完成世界上的任何项目;它仿佛是一曲优美的交响乐,奏出时代的最强音……”这种排比句气势磅礴,显得鲜明有力。

（三）具体

这是指导游词的重点内容要具体叙述,采用的数据越具体越好,一些细节描写越传神越好,只有这样才能尽显景点的内涵。例如,在重庆渣滓洞的导游词中,关于江姐的英勇事迹就是重点,老导游陈慰德先生选择了江姐写遗书和行刑前两个细节进行具体描写:“在重庆解放前三天,1949 年 11 月 27 日,国民党反动派对关押在渣滓洞和白公馆的革命志士进行了疯狂的大屠杀。革命志士们已经预感到敌人在覆灭之前一定会进行疯狂的反扑,江姐在狱中开始写遗书。监狱里是没有纸、笔、墨水的,江姐用卫生纸做纸,把筷子撅断磨尖了当笔。墨水呢?这难不倒她们。她们用我们老祖宗最原始的取火的做法:从棉袄里取出一团棉花,把它放在两片鞋底中间,再用两只手捏住鞋子,让两片鞋底反复摩擦。大家轮流来做。大约要摩擦将近一个小时,棉花才有焦味,然后用嘴轻轻一吹,着火了,再加上棉花,烧成灰,滴上水,这就是‘墨水’了。江姐就是用这样的笔和墨水,写下了一封遗书。行刑的时刻到了,敌人叫到了江姐的监号。江姐镇静地站起来,梳了梳头,扯平上身的衣服。难友们把她的随身物品递给她,江姐平静地说:‘不用了。’然后就跟着行刑的士兵,走出了牢房。这一去,就再也没有回来……”因为有了这一段细节描写,导游词的感染力大大增强。但是要注意,只能是重点内容具体,其他次要的要讲得精练,这样才能突出重点。

（四）生动

这是指通过使用生动流畅的词语、多种修辞方式、精彩的描写,使导游词显得生动形象,诙谐幽默,让旅游者听起来趣味盎然,从而沉醉在导游讲解中。例如这一段描写:“大熊猫擅爬树,会泅水。当遇到危险时,它会从一棵树荡到另一棵树上。除了‘荡秋千’的绝技,在危急时刻,大熊猫常常跑向斜坡,然后毫不犹豫地用双爪捂住眼睛,把全身缩成一团,骨碌碌地顺着陡峭的山坡滚下去,快得连猎犬都追不上。它常常借此化险为夷。"这一段导游词用比喻和拟人的方法描绘了大熊猫躲避危险时的反应,既生动形象,又简洁流畅。套用一句演讲家李燕杰的话,生动就是"要有小说的形象,就是讲到最典型的人物、最生动的事例、最感人的情节,要绘声绘色、细致刻画,使听众如临其境、如见其人、如闻其声"。

三、导游词的创作技巧

(一) 以人为本

在创作导游词的时候,导游员必须明确创作的目的是为了让旅游者满意,所以一切要从旅游者的需要出发,以旅游者为本。怎样讲美、怎样讲有趣味、怎样讲能让旅游者有收获,导游词就应该怎样写。虽然旅游者的需要具有复杂性,导游员不可能针对每一位旅游者的需要撰写导游词,但是可以针对特定群体的旅游者撰写导游词,以此收到比较好的效果。切忌不顾旅游者千差万别、导游词仅有一篇的情况。

(二) 景点主题要正确、明确

导游词的写作和写文章有共通之处,一篇文章不能没有主题,导游词也必须要有主题,要以主题贯穿于整篇导游词,给旅游者留下鲜明的印象,使他们能从旅游中获得知识,留下美好的印象。每一处景点的相关内容都是极为丰富的,导游员在创作导游词前一定要明白自己想要表达的主题是什么,再围绕这个主题去组织材料。对重点内容要多讲、深讲、讲透,如本章的导入案例,导游员如果是针对旅游者的职业和专业特点,把主题设定为分析卢舍那大佛的艺术创作手法,则应该围绕这个主题设计导游词。又如,山东泰山作为"五岳"中的"东岳",有独尊五岳的地位,讲解时可以以此为主题,讲出泰山的人文内涵。对导游词中涉及的人物或事件的态度和观点也要正确、明确,要有正确的是非观念和爱憎分明的情感。对历史人物要客观公正地评价,对历史事件要正确地评说。对英雄人物、伟人、名人、有高尚道德的人要予以赞扬,对奸佞之人则要给予贬斥。不能不带感情色彩地简单说明,更不能错误地评价历史事件或人物。

(三) 写作内容要新颖、有特色

导游词要符合时代特色,不断推陈出新,这同样是为了满足旅游者的需要。相信没有人会愿意听着几年前甚至十几年前的陈词滥调去欣

赏祖国的美景。例如,中国国旅总社几位导游员创作的导游词《天安门广场》就很新颖:

“今天,当我们站在天安门广场,看着金碧辉煌的天安门和正阳门时,尽管它们容颜依旧,但人民却赋予了它新的生命。封建时代的天安门两侧,都是皇帝直接掌管的统治机关,主宰着对人民的生杀大权。东侧是户部、吏部、礼部,西侧是锦衣卫(明朝特务机关)、刑部、都察院。因此,古人说:‘天安门东边掌生,西边掌死。’现在天安门广场是人民的天下,东侧是革命历史博物馆,记载着中国人民的历史业绩和丰功伟绩,叫总结过去;西侧是人民大会堂,象征着人民至高无上的政治权力,人民参政议政规划未来。从天安门广场的建筑布局,可以看出我国历史文化的延续和发展。有人曾把天安门广场比做一架巨大的托盘,一手托着历史,一手托着现在,纪念碑是顶天立地的支点。……举世闻名的天安门广场,以它丰富的历史内涵、特殊的地理位置,成为世人向往的地方……”

(四)景点揭示要有品味

导游词中对于景点的揭示要有品味,一是要强调思想品位,弘扬爱国主义精神,以唯物主义的历史观指导自己的导游讲解。二是要强调文学品味,适当的引经据典,引用一些著名的诗词、名句和名人名言可以相应提高导游词的文学品味。例如,长城导游词可以引用“不到长城非好汉”,桂林导游词则引用“桂林山水甲天下”,石林导游词引用作家贾平凹的话:“对于石林,一个字也不写,也无法写出来,天下无聊的文人几乎把石林每一颗小石子写上了,可他们哪里知道大美者不能言啊!”华清池导游词可以引用白居易的诗句:“骊宫高处入青云,仙乐风飘处处闻。缓歌慢舞凝丝竹,尽日君王看不足。”三是科学设计讲解的顺序和层次,要“渐入佳境”,层层深入,扣人心弦。

(五)言词通俗化、有时代感

首先,导游词要通俗化。导游讲解要口语化,应在写作导游词时注意多用口语词汇和浅显易懂的书面语,避免难懂的、冗长的书面语词汇和音节拗口的词汇;要多用短句,减少华丽辞藻的堆砌,以便讲起来顺口,听起来轻松;要减少刻意的主观煽情之语,多一点自然的喜闻乐见的常用语、大众化语。例如讲心中不安时,用“心里有十五个吊桶打水——七上八下”比“忐忑不安”效果好；讲感到羞耻时，用“恨不得有个地洞钻下去”比“满脸羞色”效果好。但是，通俗化要避免粗俗，不能用不文明的语言进行导游讲解，如把交女朋友说成“泡马子”，这样的讲解会让旅游者反感。

其次，导游词要有时代感，能与时俱进，顺应时代潮流，体现时代气息。例如，有导游员在介绍上海“一大”会址的时候，把当年参加中共“一大”会议的青年人与现在参观“一大”会址的青年人进行对比，讲出时代青年都怀有一颗“爱我中华，献身革命”的赤诚之心的结论，富有时代感。又如，在讲解华清池的时候，有导游员这样介绍杨贵妃：

> “杨贵妃，她可以说是咱们中国第一个较有影响力的流行教主，地位类似于现在国内的王菲、日本的滨崎步、欧美的小甜甜，引领着唐朝的各种化妆潮流。如当时受吐蕃服饰、化妆的影响出现了‘啼妆’、‘泪妆’，顾名思义，就是把妆化得像哭泣一样，当时号称‘时世妆’，就是杨贵妃带的头，这种妆不仅无甚美感，还给人一种怪异的感觉，用现在的话说是前卫。作为一个流行先锋，杨贵妃也是非常称职的，搞出各种新花样让‘粉丝’(那时叫爱慕者)有样学样，例如光一个眉毛，她就搞过‘鸳鸯眉、小山眉、五眉、三峰眉、垂珠眉、月眉、分梢眉、涵烟眉、拂烟眉、倒晕眉’等等，那时是没有时尚杂志，要是有的话，肯定每期都得围着她这眉毛转。”

【复习思考题】

1. 什么叫导游语言？有哪些形式？
2. 导游语言的运用原则是什么？
3. 导游员应该怎样使用体态语言来提高自己的讲解效果？
4. 怎样说好寒暄、劝说、道歉、提醒、回绝、赞美的交际语言？
5. 导游讲解的属性和原则是什么？
6. 导游词创作的基本要求是什么？如何理解导游词创作的技巧？

【案例讨论题】

(在太和殿广场)尽管故宫周围围有10米高的城墙和52米宽的护城河，皇帝还是担心有人挖地道钻进故宫暗杀他，吓得睡不好觉，绞尽脑汁想了个办法，就是把广场用十五层砖横竖交叉地铺严实了，才终于放下心来。从这件事也可以看出，当时的权力斗争是何等激烈！当然，在大典时，文武百官三呼万岁，但皇帝还是怀有戒心：这里面，这家伙，那家伙，说不定哪个家伙想暗杀老子，不注意哪行！这广场的砖层大约有三四米深。

（在太和殿的石台上）这个由石头做成的东西叫嘉量。嘉量是当时的标准度量衡，表示皇帝公平处事，谁半斤，谁八两，心里自然有数。对面还有一个石头做成的东西，叫做日晷。晷的发音是 guǐ，就是用来看时间的石头表。皇帝的意思是：重量和时间的基准都在老子这里。

那边有鹤和龟，“千年仙鹤，万年龟”，鹤和龟是长寿的象征。不过，日本和中国不同，是颠倒过来说的，叫做“万年仙鹤，千年龟”。为什么说法不一样呢？大概是过去日本的留学生在中国学了词句之后，乘船归国途中，由于船的颠簸使头脑产生混乱，记颠倒了。还有许多例子，如：日本讲良妻贤母，中国讲贤妻良母；日本讲平和，中国讲和平；日本讲法政大学，而在中国叫做政法大学。文字和意思完全一样，只是顺序不同，大概就是乘船颠簸所致。那鹤和龟不单是一种装饰物，也是一种香炉。它们的背部都盖着盖儿，每当大典时，就把盖掀起来，放入檀香燃烧，那烟就从它们的嘴里缓缓吐出，就好像它们都在吞云吐雾一样。

请大家从石台上回头看广场。我们进了故宫之后还没有看见过树。为什么在这么宽阔的地方连一棵树都不种呢？……不是为了防止暗杀，而是为了制造气氛。如果种了树，郁郁葱葱一片绿，鸟儿在上面又唱又叫的，就会呈现生活的气息。如果不种树，就会产生庄严的气氛。我们来想象一下：过去王公大臣要见皇帝时，全都得从天安门走着进来，走在宽阔的路上，看着高大的建筑，在庄严肃穆的气氛中，王公大臣就会越走越感到压力沉重，当走到皇帝面前时，自然就会双腿打着哆嗦跪下来了。

中国历史上最后一个皇帝——爱新觉罗·溥仪 3 岁时当上皇帝，他即位时的御座就在太和殿的正中。现在开始 5 分钟自由活动，5 分钟后在那凉快地方集合。请！

讨论：这是中国国际旅行社北京分社的于柏林先生写的《故宫导游词》（部分），请讨论这篇导游词中运用了哪些讲解方法，并说说这篇导游词的成功之处。

【模拟操作题】

1. 教师指定所在地的若干著名景点，要求学生选择其中一个至少写出两份风格不同的导游词。

2. 要求学生结合导游语言艺术方面的知识，将撰写的导游词进行声情并茂的讲解。可先将全班分成若干组，每组推选一人充当导游，其他人充当旅游者，然后让充当导游的学生进行讲解，由全班其他学生和教师做裁判，选出讲得最好的学生。如果条件许可，本操作题可以放在具体的旅游景点进行。

第七章　导游带团艺术

导游是一门学问，也是一门艺术。有些导游员以卓越精彩的讲解赢得旅游者的尊敬和称赞，有些导游员以热情的态度、优质的服务赢得旅游者的爱戴和喜欢，更有些导游员以熟练运用心理学和公关学等方面的知识而取胜。本章介绍了导游员带团涉及的理念和技巧，并从人际交往、心理学和美学这三个方面详细阐述了导游员带团的艺术。

【导入案例】

导游员小华接待一海外旅游团，在接团时他就答应客人在西安一定带他们品尝"羊肉泡馍"这道风味小吃，可是离开西安到了桂林，客人又提起这件事时，小华吓了一跳，原来他把这事给忘了。小华忐忑不安地向客人道歉，没想到客人反而把小华安慰了一番。小华的同事听了也觉得有点奇怪："按道理说，客人肯定会有意见的。你的客人怎么会对你这么好呢?"原来在旅游过程中，小华做了两件让客人非常感动、非常佩服的事：第一件事是在西安大雁塔游览的时候，一个小偷偷了客人的提包，小华发现后纵身从高台上往下一跳，截住了小偷的去路。那提包是一对夫妇的，里面除了钱和证件之外，还有去香港参加一个会议的机票。这对夫妇自然是对小华感激不尽，全团的客人也都赞叹不已，说是看见小华从那个高台上往下跳的时候，都吓呆了。第二件事是在桂林漓江，在漓江边上拍照的几个老外中的一位老先生一不小心掉进河里去了，在场的人一下愣在那里。小华的车正好在那边下客，见此情景，小华把公文包扔给了地陪，跳进漓江救人，等船工把救生圈扔过来的时候，小华已经把那位老先生从水里扶起来了。小华团里的客人都让小华赶快回酒店，说有地陪在这里就行了，尽管放心。同事听完小华叙述后说:“像你这样,做了两件见义勇为的好事,客人肯定觉得你是一个好人哪!既然是好人,那么失误就肯定不是存心的,是你做的好事感动了客人。”

为什么小华没有履行自己的承诺,非但没有被怪罪,反而得到了安慰?导游员应该如何取得旅游者的信任,实现优质服务?这是本章将要研究的重要问题。

第一节 导游带团理念和技巧

一、导游带团理念

(一)诚信待人

导游员对待旅游者应当诚实守信,真诚待人,这是导游职业道德的基本准则,也是做好服务工作的基础。导游员应该对旅游团队的食、住、行、游、购、娱等活动全面负责,必须当好旅游者的主心骨,始终站在旅游者立场上,明辨是非曲直,认准价值取向,不随波逐流。

(二)树立威信

导游员要带好团队,必须有一定的威信做基础。威信是由导游员的个人道德品质和人格魅力铸成的,而人格魅力是感染旅游者的法宝。

(三)宽以待人

导游员要为旅游者进行长时间面对面的服务工作,摆正心态、和谐处理各种关系十分重要。要学会尊重、体贴和关心每一位旅游者,做到全面性服务和针对性服务的有机结合。对部分旅游者出现的思想波动不横加指责,对少数旅游者存在的缺点不讽刺挖苦,对个别客人遇到的困难不袖手旁观。

(四)树立良好形象

导游员要取得旅游者的信任并不容易。对导游员来说,要拉近与旅游者的心理距离,增强在旅游者心目中的信任感,塑造良好的形象非常重要。安全、可信赖、有能力的导游形象有助于带领旅游者顺利地开展旅游活动。

【参考案例】

作家蒋子龙到香港参加一个笔会，会前先参加了一次由旅行社组织的香港观光活动。观光结束后，蒋作家感慨极多，写一大作发表于《中国旅游报》上，以下是文章中的一部分：

"到香港新机场迎接我们的汉子，相貌粗莽，肌肉结实，说话却撮鼓着双唇，细声细气，尽力做文雅状——他是设想周到的主人提前为我们请好的导游。待大家都上了大轿车，他开始自报家门：鄙姓刘，大家可以叫我刘导、老刘、大刘、小刘，请不要叫我下刘(流)。他说话有个习惯，每到一个句号就把最后一个句子重复一遍或两遍。他自称是60年代初从福建来到香港，曾投身演艺界，报酬比后来大红大紫的郑少秋还要高。当时两个人都在追求以后被称为'肥肥'的沈殿霞，沈是'旺夫相'，嫁给谁谁走运。大家可想而知，沈殿霞最后是挑选了郑少秋，否则我今天就用不着当导游了……"

分析：看了这段文章，作为导游员，你的感受是什么？导游工作的成功之处应该是能否让旅游者在精神上获得享受，或我们常说的所谓"取悦"于旅游者。但同时我们必须明白，"取悦"旅游者靠的是诚恳的态度、周到的服务、高明的技巧、恰当的言语。如果仅仅靠俗气的噱头、低级的语言或是其他类似方式来博得客人一笑，且不说会影响自己的形象，亦不符合我们提倡的"文明导游"。

二、导游带团技巧

(一) 注重人际交往技巧

导游是人际交往频率很高、以控制自我情绪为特征的职业，因此导游员要有很好的人际交往能力。

导游员首先要注重提高语言表达能力。导游员除了介绍景点之外，还有大量时间需要与旅游者交流，互通信息，互换意见。导游语言表达是否妥当，对信息传递的可行性和旅游者的反应态度都有很大的影响。导游员应注意不同民族、不同国家旅游者的语言风格。对东方人，要习惯使用敬语和自谦语；而对一些西方旅游者来说，则要敢于肯定自我。因此，当导游员的讲解或建议得到英美旅游者的赞同时，就不能说"我没有什么，不值得表扬"或"哪里，哪里，过奖了"等客套话，而是应对客人的赞许表示感谢。否则，一味的谦虚常常会使英美客人感到失望或尴尬，对方会误认为你是在否定他的意见。

其次，要学会倾听旅游者的表述。听是一门艺术，不仅要听懂、听清，而且要“听”出对方表述时未道出的真情实意。学会“听”，不仅在于有耐心地倾听旅游者的各种意见和建议，包括牢骚、不满，还在于在“听”的过程中能洞察旅游者心理的真实意图。有些旅游者尤其是国内旅游者不习惯当面或在公共场合表明其真实的态度，包括“不喜欢”、“不要”、“不想”、“不对”等，通常是用一些含糊、不确定的言词来表述，导游员就要在倾听中认真分析，掌握旅游者的真实需要。

（二）把握旅游者心理

导游工作是服务工作，而服务工作归根到底是一门关于人的学问。服务对象的感觉、情绪、思维、需要及个性，都属于心理活动的内容，都需要导游员了解和掌握。随着改革开放的逐步深入，现代旅游者的心理现象更像万花筒一样灿烂夺目：港台旅游者依恋祖国大陆的大好河山而充满好奇心；老年旅游者希望得到像在家中一样的尊重；旅游者中的名人在体验导游服务时，同样希望得到名人效应；能歌善舞者希望能够在旅途中展示自我……这就需要导游员在“导”的过程中读懂旅游者心理，采取相应的“导法”。

如今，许多优秀的导游员在实践中掌握了不同旅游者的心理需要，能针对性地提供优质服务。然而，从感性认识到理性认识，把经验上升到理论，还需要加强学习和深入探讨，这样才能摸索出许多切实可行的服务对策。例如，运用“角色换位法”，体察旅游者心情；运用“情绪转移法”，避免与旅游者发生矛盾；运用“察言观色法”，帮助旅游者解决困难；运用“情感交流法”，融洽主客关系等等。

（三）引导旅游者审美

旅游是一种综合性的审美实践活动。在大众化、社会化的现代旅游中，尤其是团队旅游中，导游员引导旅游者学会审美，越发显得重要。

首先，导游员在旅游者的旅游活动中处于一种特殊地位，旅游者会自觉不自觉地对导游员产生审美需求，这就要求导游员从外表到内心都给人一种美的感觉。其次，旅游者在旅游审美活动中，由于个性差异、文化差异和语言障碍等因素的存在，对同一旅游审美物的审美感受会有很大差异。没有导游员指点、阐述和传递审美信息，即便身临其境，也难以理解其中所蕴涵的美，因此导游员作为景点与旅游者之间的中介，是旅游审美信息的重要传递者。再次，由于旅游者对旅游目的地不熟悉，很难对当地的旅游景点进行全面而准确的把握。导游员应当结合旅游者的特点和当地旅游景点的内容，协调旅游者的审美行为，以使旅游者在有限的时间内获得较多的审美满足。

第二节　导游的人际交往艺术

一、与旅游者交往的艺术

（一）尊重旅游者

尊重别人可以让别人产生自我的肯定。古人说："敬人者，人恒敬之。"尊重他人，就是尊重自己。尊重绝非停留在言行这些表层上，尊重旅游者，就是要尊重旅游者的人格与需求。例如，当要更改游程或计划时，地陪和全陪首先应协商取得一致意见，然后向领队及旅游团中有影响的人物实事求是地进行说明，诚恳地道歉，以求得他们的谅解，并提出可行的方案意见，争取他们的认可与支持，而不是蛮横地要求旅游者服从，体现出了导游员尊重旅游者。

导游员应当认识到，虽然仅就人格而言，双方是平等的，但是导游员是服务人员，旅游者是被服务者，是享受服务的。双方所处地位、所扮演的角色不一样也就不存在比高低、论输赢的问题。双方发生不同意见时，没有必要弄个水落石出，分清谁是谁非。"旅游者永远是正确的"，是说旅游者在任何时候、任何情况下都有权提出他想提的任何问题和要求，导游员必须对此予以满足或做出让旅游者感到满意的解释。

【参考案例】①

小林发现他每次上团两天以后，总会有几位旅游者对他表示不满。有一天，他请刘女士跟他的团，帮他找一找，究竟是在什么地方出了问题。到了晚上，刘女士把小林带团时说话的录音放给他听，要他一边听录音，一边回忆当时的情景。

早上出发之前，有几位客人要上厕所，走错了方向，小林很热情地对他们说："先生，不是在那边，是在这边。"中午就餐的时候，这几位客

---

① 阎纲，《导游实操多维心理分析案例100》，55页，广州，广东旅游出版社2003

人因为在附近的商店购物来迟了一点，差点走错了就餐的包厢，小林又是很热情地说："先生，不是在那边，是在这边。"在茶室品茶的时候，有一位先生把手伸向了另一位客人的茶杯，小林笑着对他说："先生，不是这一杯，是那一杯。"傍晚自由活动的时候，这几位客人要去小吃一条街，但是他们朝相反的方向走去了，小林用手做成喇叭的样子朝他们喊："喂，先生，不是那边，小吃一条街在这边。""哦，我知道了，原来我总是一张口就说'不是'啊！"小林听了自己对客人说的话后恍然大悟，一再向刘女士表示感谢，并表示一定要把这个毛病改掉。

分析：人人都希望得到他人的尊重，而"尊重"的一个很重要的形式就是对他人行为的肯定。当一个人的行为常常被他人否定时，这个人往往会感到自己的全部都得不到承认。在本案例中，导游员小林对旅游者的服务不能说不周到，也不能说不热情，但却引起了旅游者对他的不满，原因就在于他习惯于用否定性言语去和旅游者交往，一开口就用"不是"去否定旅游者的行为。从带团实践来看，旅游者对"否定性言语"忍耐有一定的规律，一般大约在两天后会做出人际拒绝的反应。社会心理学的研究和导游工作的实践都证明，最有效的社会交往言语还是肯定性的陈述句。

（二）保持微笑服务

"微笑"代表着欢迎、和平、友善。当导游员在接团时，见到客人的那一刻，首先把微笑送给客人，就会使客人觉得导游员态度和蔼，平易近人，从而消除了客人对一个陌生导游的戒心，这样客人从心里也就接受了导游员。

有人说，微笑是礼貌之花，是友谊之桥，是醉人心怀的美酒，是令人陶醉的春风。微笑中包含了高兴、同意、赞许和欢愉。正如《如何消除内心的恐惧》一书中所说："你对对方微笑，对方也报以微笑，他用微笑告诉你：你让他体验到了幸福感。由于你向他微笑，使他觉得自己是一个受别人欢迎的人，所以他也会向你报以微笑。换言之，你的微笑使他感到了自己的价值地位。"导游微笑服务，是有效沟通的开始。

（三）学会使用柔性语言

旅游者是旅游服务人员的"上帝"，对"上帝"的合理要求，导游员应当尽量满足。但是旅游团内的旅游者来自五湖四海，他们的性别、职业、年龄、生活阅历、性格各不相同，所以导游员的同一行为会引出旅游者千差万别的反应。有些旅游者出于自尊、防御等个人心理方面的原因，往往会故意给导游员设置障碍。对于这种情况，导游员需要保持平稳的心态，不与旅游者发生正面冲突，尽量使用柔性语言，给予旅游者所需的尊重，使这些旅游者消除“戒心”。

【补充材料】①

一名导游员在机场候机大厅内向游客收取身份证和机票，准备集体办理登机手续。不知怎么回事，少了一位游客。导游员无奈，只得先去办理登机手续。过了一会儿，那位游客急匆匆地赶了过来，导游员望了他一眼，一场不愉快的对话开始了。

导游员：“怎么搞的，就缺你一个？”

游客：“我不知道，没人通知我。”

导游员：“大家都知道！就是你不知道。”

游客：“你这话我怎么听不懂？”

导游员：“难道我在说外国话吗？你听不懂！”

游客：“你这人怎么那么怪？难道我在有意难为你？”

导游员：“你自己心中有数。”

俗话说：“一句话使人笑，一句话使人跳。”语言的力量就是这样神奇，它既能给人带来欢乐和欣慰，也能给人带来悲伤和烦恼，关键在于导游员会不会说话。如果那位导游员换一种说法：“这下我可放心了，要不然大家都在担心呢！”或许上述那场不愉快的对话就不会发生了。

（四）与旅游者建立“伙伴关系”

导游员要始终坚持主动热情地对待每一位旅游者，善于与旅游者沟通感情，与他们建立友情。第一，导游员在与旅游者的接触中，需要多多交流，诚恳地表达自己的意见，认真地倾听客人的心声。第二，导游员与旅游者之间可和平共处，也可求同存异，更可稍加争议，在与客人的交往中，要善于发现他们的爱好，积极与之交流。第三，在与客人

---

① 蒋炳辉，《导游带团艺术新篇》，77页，北京，中国旅游出版社 2005

的接触中,导游员要全身心地投入,把自己融合到团队之中,保持一种健康的心态,从发展友谊的角度为宾客服务。第四,当旅途中旅游者遇到不尽如人意的事情时,导游员应及时与旅游者沟通,安慰他们,并根据不同场景,选择不同的安慰方法。第五,导游员还需重视平日交往的礼节,避免弄巧成拙。这些做法都有助于导游员与旅游者发展美好的友谊,建立一种合作、平等、互利的"伙伴关系"。

【参考案例】①

上海的日语导游谢先生是一位围棋迷,只要遇到棋友手就发痒,总想找对方下几盘。可巧,这年9月份他碰到一次陪同一个日本团游览长江三峡的机会。接团过程中他了解到,旅游团里也有几位棋迷,这一下可算是对上了口,一有机会他们就在一起切磋,交流中毫无顾忌,无所不谈,好像是多年未见的老朋友一般。谢先生对其他客人的服务也不差,无论是与谁接触,都显得既自然又热情,从不冷落对方,完全把自己融入到旅游团之中。无论是在游览中还是在行程中,他与大家谈古论今,好像有说不完的话,叙不完的情。在游船上,他与那几位日本棋友边喝酒边下棋,显得格外开心,不时还与对方争论不休,引得不知内情的人很是惊奇。到各地旅游时,连地陪也为他们的友谊感到羡慕,都认为这位导游员真有两下子,在这么短的时间内,居然把与客人的关系搞得如此之好,客人和他的密切程度比领队都强。散团后,谢先生也一直保持着与这些旅游者的联系,在旅行社中传为佳话。

分析:导游员接待游客是与人打交道,需要与对方沟通。每个旅游团的特点不同,差异很大,与客人搞好关系,并不是轻而易举的事情。本例中的谢先生通过下围棋和客人交上了朋友,减少了一些循规蹈矩的烦恼,增添了一些轻松自如的欢快。

(五)提供个性化服务和超常服务

导游员应该为旅游者提供充满人情味的特殊服务,即个性化服务和超常服务。这些服务往往见于一些细微之处,例如,主动为想合影的

① 程新造,《导游接待案例选析》,87页,北京,旅游教育出版社 2004

游客拍照；旅游者生病，导游员主动将饭菜端进房间以示关心；尽力为想住在一起的一家三口调整房间，如安排加床等，并事先告诉客人是否加费；经过较长时间的行车，抵达目的地后主动指明男女卫生间的位置；客人需要帮助的时候，能积极为客人解决困难等。提供个性化服务和超常服务的关键在于导游员心里要时刻装着旅游者，能从“假如我是一名游客”的角度来观察和考虑问题，时刻提醒自己多为旅游者提供方便。

二、与领队、司机共事的艺术

领队、导游员和司机是带领旅游者(团)的“三驾马车”，他们有共同的工作对象，可以说三者是一荣俱荣、一损俱损。在具体工作中，导游员要妥善处理与领队、司机之间的关系，掌握与他们共事的艺术，这是带好旅游者(团)重要的一环。

（一）与领队合作

1. 尊重领队，主动争取配合

导游员与领队是平等、互补、互利的关系，应尊重领队的工作权限，切忌干预领队的工作，侵害领队的利益。平时导游员应该多向领队请教，平等协商，积极配合领队的工作。例如，主动与领队讨论日程；在出现某些变化时，主动征求领队意见等。导游员应支持领队执行其分内的职责，在他工作的时候能提供必要的帮助，在他失误的时候能善意地私下指出，维护领队的尊严。如果一个导游员在工作中这样做了，而领队又明显地感觉到他的诚心并给予善意的回应，那么不但导游员和领队能感到合作的乐趣，连团里的客人也会感到和谐的气氛。

2. 关心领队，支持领队的工作

领队在工作中需要导游员的支持和协作，导游员应该多支持、多帮助、多关心，共同把团带好。

3. 坚持原则，避免正面冲突

导游员以“为旅游者提供优质服务”为目的，以“不违反协议”为原则。例如遇到领队“打个人小算盘”，提出改变活动日程、减少参观游览时间、增加购物等不正确的做法，导游员应向其讲清道理，尽量说服其按计划执行。如对方仍坚持己见，一意孤行，或故意刁难导游员，应采取必要的措施，如向旅行社反映情况，但应该避免与合作者正面冲突，否则容易激化矛盾,致使带团工作无法顺利进行。

4. 技高一筹,掌握工作主动权

领队常常是由组团社经验丰富的导游员担任,他们对地接社导游员的工作往往有自己的见解和主张。很多年轻的导游员因为工作经验不足,带团效果不好,常常会引起领队的不满和轻视,有时甚至会对导游员工作指手画脚,越俎代庖,这时年轻的导游员就容易失去工作的主动权,成为领队的应声虫。要避免出现这种情况,导游员平时应注意知识的积累,经常总结带团的经验得失,掌握高超的导游服务技能,在对客服务中做到胸有成竹,掌握工作的主动权。

5. 争取大多数旅游者的理解和支持

如果遇到咄咄逼人、爱挑刺的领队,导游员应态度和蔼,热情耐心,通过亲切、周到、细致的服务争取大多数旅游者的理解和支持。当领队提出无礼要求时,一方面,导游员应向领队耐心而委婉地指出其要求的不合理处,以理服人、以情动人;另一方面,争取旅游团内有威信的旅游者的支持,必要时向全团说明情况,这样领队的失当举动也会引起旅游者的不满。

(二) 与司机的合作

导游员和司机的合作,自始至终都是为了共同的目标,但实际工作中总会有层出不穷的矛盾。这就需要导游员在与司机合作的时候,首先要真诚地对待对方,尊重对方,尽量以大局为重,主动沟通信息、交流思想,与司机建立起良好的人际关系;其次是要相互协作,本着互利互惠的原则,切忌无理干扰对方的活动,侵害对方的利益,同时坚决维护旅游者的合法权益;再次要本着相互尊重的原则,尊重彼此的隐私;最后在旅游活动中,出现问题和矛盾时要沉着冷静,果断处理,是自己的责任要勇于承担,并学会换位思考,包容谅解别人的错误或过失,不能以诋毁他人的手段来逃避或推卸责任。

【参考案例】①

一位日语男导游员曾经遇到这样一件事。有一次,他要为一个日本客人送早航,没想到自己起晚了,一睁眼,离预定的出发时间只差十

---

① 孔永生,《导游细微服务》,130页,北京,中国旅游出版社 2007

分钟。他赶紧和司机联系，让他帮助先设法稳住客人，他尽快赶到。等他到了饭店的时候，已经比预定的时间晚了将近半个小时。但他发现客人一点儿也不急，正在有说有笑地吸着烟，和司机比比画画地交流呢。导游员赶紧和客人道歉，客人却说没有关系，并关切地询问他母亲的病情是不是控制住了。当时问得他莫名其妙，原来司机对客人说他母亲病了，需要紧急处理一下再赶过来。那位司机师傅是不懂日语的，真不知道他用什么办法让那位日本客人明白的。

分析：这位导游员在关键时刻得到了司机的帮助，避免了令人难堪的场面出现。不能完全把这件事情视为偶然，这是平时能正确处理人际关系的经验积累在其中。我们不提倡对客人撒谎，然而要提倡司陪人员的相互尊重、相互理解和支持，特别是在关键时刻，一切相关人员要深明大义，相互补台。

三、与旅游接待单位协作的艺术

导游员要妥善处理好与旅游接待单位的协作关系，友好合作，做好衔接工作。导游员应当尊重合作者，善于向合作者学习，有事多请教，平等协商。

（一）尊重相关接待单位人员的劳动

导游员在旅游行程中与接待单位的联系十分紧密，没有他们的支持和劳动就无法完成导游工作。一般来说，导游员是旅行社的代表，也是饭店、餐厅、景点等相关单位的“上帝”，所以这些单位对导游员总是笑脸相迎，但是导游员不可因此而轻视、怠慢合作者。导游员与合作单位工作人员的地位是平等的，工作中要将心态和位置摆正，态度谦和，尊重对方的劳动。

（二）及时有效地沟通，互相了解信息

导游员在带团过程中，常常会因为沟通不够、信任不足而与相关接待单位发生矛盾。比如遇到旅游团临时换菜单、增加或减少客房数量、临时取消景点游览计划等突发情况时，导游员要及时协调，灵活应变，考虑问题全面周到。如果这些工作不到位，很容易引起合作单位的不满，不利于今后工作的开展。

（三）协助弥补供给缺陷

合作单位有时候也会遇到各种突发情况，比如酒店突然出现房间

漏水、设备损坏等情况,导游员在这种情形下要帮助合作单位解决问题,不要故意刁难对方或给对方设置障碍。当然,导游员也必须坚持原则,监督合作单位落实服务质量和服务水平,保护旅游者的合法权益,对弄虚作假、以次充好、滥竽充数的合作单位要给予坚决的回击。

（四）工作上相互支持

导游员因为要与合作单位长期合作,所以双方必须相互理解、相互支持,共同完成工作。例如某旅游者将要离开旅游目的地,到机场才发现自己很贵重的一条项链忘在了饭店。导游员马上给饭店前台打了电话。饭店工作人员则积极配合,及时找回了项链,并派专人把项链送到机场。因此,只有导游员与合作单位具有良好的协作精神,才能高质量地完成接待任务。

第三节 导游的心理服务艺术

一、旅游者的一般心理特征

作为旅游者来说,一般都有一些共同的心理特征:

（一）安全心理

安全是人类的基本需要之一。旅游者初到异地,人地生疏,陌生感使得旅游者普遍存在程度不同的不安心理,求安全心理是每一位旅游者出门旅游时共同的心理特征。

例如,旅游者在用餐时,第一感觉就是希望餐厅所提供的食品干净卫生,最忌饭菜中有杂物,希望装食品的餐具也要干净卫生,否则会影响餐饮质量。旅游者住宿于宾馆或饭店,最大的心愿就是其人身财产要得到安全的保证,尽管现代宾馆安装了电子门锁、烟尘报警装置以及电子探头等先进的防卫设施,但是宾馆的失窃事件时有发生,有的还出现火灾与被害案件等。旅游者也关心旅行交通的安全,如果飞机失事、火车出轨、汽车相撞等威胁人身安全的事件时有发生,谁还敢去“冒险”？所以,旅游者外出旅游,旅行安全是旅游者最大的心愿。

（二）猎奇心理

旅游实践和研究表明,相当数量的旅游者是怀着“外面的世界很精彩”的好奇心而出游的,因而有许多景点靠“新、奇、特”来吸引旅游者。旅游活动之所以日趋兴盛,就是因为它能满足人们猎奇的心理。那些世界级的旅游名胜，那些神秘的景点，那些充满风情的旅游度假区等，都是人们休闲、旅游的好去处。

（三）审美心理

旅游是一种审美活动，旅游者用“寻找美的眼睛”来审视旅游对象，从而满足他们的审美愿望。同样，他们希望导游员是美的使者，不仅仪表仪态是美的，言行是美的，而且还能指点美景，助长游兴。

（四）求全心理

当旅游者以一定的花费和时间换取旅游享受的时候，都存在着美好的期望，这在一定程度上滋长了旅游者的求全心理。他们期望观赏到最佳的景点，遇到的导游员是最优秀的，同时还期望住宿条件安全、卫生、安静，有热情服务，菜肴有特色、干净，就餐环境幽雅，旅途行程准时安全，整个旅程能实现美好愿望，享受优质服务等等。

二、从国籍、层次、年龄、性别、气质分析旅游者的心理特征

（一）东西方人的思维差异

东西方人在思维方式上存在的差异，其根源是什么呢？在这里我们可以借鉴美国著名文化心理学家尼斯比特的观点，他认为：东西方文化的发展有着各自的轨迹，西方文明建立在古希腊的传统之上，在思维方式上以亚里士多德的逻辑和分析思维为特征；而以中国为代表的东方文化则建立在深受儒教和道教影响的东方传统之上，在思维方式上以辩证和整体思维为主要特征。因此，学者们常常用逻辑思维或分析思维来描述西方人，尤其是欧美人的思维方式；用辩证思维来描述东方人，尤其是中国人的思维方式。也就是说，西方的思维更讲究求异的原则，而东方的思维则更强调求同的原则。西方人往往趋向小、土、异的东西，而东方人往往喜欢大、新、同的事物，这种差异在旅游活动中体现得淋漓尽致。

1. 欧美旅游者

欧美各国的传统文化与我国的传统文化相比，存在很大的差异。正是这种东西方文化的差异，使我国对欧美旅游者具有强大的吸引力。欧美旅游者来我国的主要心理需求是欣赏我国几千年的文化古迹，游览我国的名山大川、山水风光，了解我国人民的生活方式、风土人情，满足其求新求异的心理需求。所以，欧美旅游者在我国选择旅游目的地

时，除了基本的观光要求外，大多还会选择那些与他们的生活环境差异较大，具有浓郁中国特色和悠久历史的旅游目的地，例如北京的故宫博物院、西安的秦兵马俑、云南的大理和丽江等。

2. 东亚、东南亚旅游者

东亚、东南亚国家的文化与我国的文化同属于传统的东方文化，在语言文字、宗教、文化等方面深受我国儒家文化、佛教文化的影响，因而对我国旅游目的地的适应性较强。另外，东亚旅游者中，有许多是虔诚的宗教信徒，来我国旅游大多选择那些具有宗教意义的旅游目的地和能修身养性的旅游项目。例如，佛教信徒去峨眉山、五台山、普陀山、九华山等一些佛教名山朝圣、进香、礼佛或做佛事，满足宗教朝觐的需要。值得注意的是，由于有些旅游者是宗教徒，有许多禁忌，因而对旅游服务和旅游设施的要求很高。

3. 港澳台旅游者

港澳台同胞与我们同宗同源，血肉相连，都是黄皮肤、黑头发、黑眼睛的炎黄子孙，同属龙的传人。中国血统的港澳台同胞及华侨大多会从乡土观念出发，因想念同宗亲人而到祖国大陆旅行，探亲访友，寻根问祖，因此社会交往是他们主要的心理需求。港澳台旅游者对旅游目的地的适应性很强，通常喜欢与当地人交往，品尝当地的风味小吃，参加当地的民族节庆活动。由于港澳台旅游者的消费水平较高，所以他们对旅游服务等方面的要求也高。

（二）不同层次旅游者的心理需求

旅游是具有审美性质的高层次消费活动，旅游者的收入、受教育水平、社会地位的不同直接影响到旅游需求的程度、层次、类型、时机与内容。一般受教育程度越高，旅游需求层次和品位越高。有些专家和学者认为旅游者的心理需求，由低到高大致可分为五个层次：

第一个层次为休闲需求。旅游者离开自身的居住地，到另一个地方短时期逗留，观赏异地风光，体验异国风情，使身心得到放松、休息和恢复。

第二个层次为求新求异需求。旅游者通过空间的转移，了解国内外各方面的知识，身临其境地接触全国各地乃至世界各地的居民，欣赏变幻奇妙的自然风光，体验异地文化，得到新的经历，以寻求新的感受、新的刺激，形成新的思想。

第三个层次为社交的需求。旅游者通过外出旅游，结交朋友，建立友谊，给予爱、获得爱，短暂躲避原有的社会关系，解除人际烦扰或建立商务伙伴关系。

第四个层次为发展的需求。旅游者在身处异地的文化氛围中，培养多种兴趣，得到新的知识，掌握新的技能，增加新的阅历，提高个人审美能力，发展自我潜能。

第五个层次为自我实现需求。旅游者借助旅游，充分利用各种旅游资源，发挥主体的能动作用，丰富、改变、创造人的精神素养，主宰自己的人生，获得更高的成就，实现自己的梦想和精神价值。

有时候，导游员遇到的旅游团由不同层次的旅游者组成，就需要特别注意这些旅游者的心理需求，否则可能引起旅游团内不同阶层的矛盾冲突。

（三）不同年龄旅游者的心理需求

不同年龄的旅游者，其旅游心理需求也不同。

青年旅游者思想活跃，精力充沛，活泼好动，求新求异心理突出，喜欢冒险、猎奇，偏爱参与性强和能满足求知欲望的旅游项目。由于青年旅游者刚刚走向社会或正处于求学阶段，他们的消费水平比较低，对吃、住等要求不高。

中年旅游者成熟老练，生活经验丰富，因而旅游动机大多倾向于求实、求知，或求舒适享受，或出自专业爱好。这部分旅游者有稳定的经济收入和一定的积蓄，所以消费水平较高，对旅游服务、旅游设施、旅游产品要求也高。但他们大多有繁重的公务在身，闲暇时间有限，所以对旅游目的地个数的选择非常有限，并且停留的时间较短。

老年旅游者老成持重，既有充足的闲暇时间，又有较强的经济实力，消费水平高，对旅游的方方面面要求也比较高。但老年旅游者大多体力不济，一般不愿从事具有刺激性和需要消耗大量体力的旅游活动与项目，偏爱去清静舒适、交通方便、安全省力的旅游目的地度假或观光。

（四）不同性别旅游者的心理需求

就性别而言，由于男性与女性在生理和心理方面的差异，在社会和家庭中所扮演的角色不同，所以男性和女性的旅游动机与旅游态度也是不同的。例如，成年男性外出旅游多是娱乐、交友、探险或猎奇，而成年女性外出旅游多以了解风土人情、购物为目的。成年男性体魄强健，自主意识较强，不易受促销广告的影响，他们大多选择能发挥体力优势的旅游，注重旅游中的参与性。而成年女性由于体力上的原因和受传统的约束较大，她们更愿意选择观赏性的旅游项目。同时，她们对旅游目的地的整体环境很敏感，注重旅游的情景和感受，另外旅游购物时愿意花费金钱和时间。

（五）不同气质旅游者的心理需求

所谓气质，说的是人们表现在行为举止中的典型而又稳定的特点。目前心理学家们普通认为，在通常情况下，人的气质类型可分为胆汁质、多血质、粘液质和抑郁质四种。胆汁质的人兴奋性很高，脾气暴躁，性情直率，精力旺盛，能以很高的热情埋头苦干，兴奋时，决心克服一切困难，精力耗尽时，情绪又一落千丈；多血质的人热情，有能力，适应性强，喜欢交际，精神愉快，机智灵活，注意力易转移，情绪易改变；粘液质的人平静，善于克制忍让，生活有规律，不为无关事情分心，埋头苦干，有耐久力，态度持重，不卑不亢，不爱空谈，严肃认真，但不够灵活，注意力不易转移，因循守旧，对事业缺乏热情；抑郁质的人沉静，含蓄，易相处，人缘好，办事稳妥可靠，做事坚定，能克服困难，但比较敏感，易受挫折，孤僻寡断，疲劳不容易恢复，反应缓慢。

导游员要比较准确地判断客人的气质类型，就需要从客人行动速度的快慢、动作幅度的大小和行为变化的快慢等多个方面来进行观察。

胆汁质旅游者情绪体验比较强烈，变化迅速，来得快，去得也快。他们做的和想的比较一致，有活力，活动范围大，对旅游活动和社会交往的认知比较灵活，比较容易被说服，也容易波动。话说了一半，他们就说"知道了，知道了"，是这类旅游者比较典型的言语特征。导游员与他们谈话，内容要简明扼要，一次谈一个问题，"信息传递强度"应为中等，重复的次数可以略多。

多血质旅游者比较敏感，容易"上脸"。不过，只要导游员稍做安抚，他们的消极情绪就会过去。所有的旅游活动，不管对自己合适还是不合适，都要参加，做事说做就做。对旅游活动和社会交往的认知也比较灵活，容易被说服，但情绪比胆汁质旅游者稳定得多。对他们的言谈要简洁而全面，"信息传递强度"应为中等，不必多次重复，重点要加以强调。

粘液质旅游者在旅游团中是"好人"形象，说话不多，一团和气，不大会有激烈的情绪表现,但一旦表明态度就会坚持到底。对旅游活动和社会交往的认知,以“全面”为最大的特点。他们不容易被说服,好问“为什么”,给人的感觉是“不灵活”。对他们传递的信息要全面,“信息传递强度”要高,重复的次数应比较多。

抑郁质旅游者和胆汁质旅游者一样,情绪体验深刻。但是他们情绪不外露,对人十分敏感,但又深藏于内,说话比较少。如果是单身,行动常常会落在别人后面。他们在游览中容易感物伤怀,对旅游活动和社会交往的认知不灵活但非常深刻,认知活动更多地指向自己的内心世界。抑郁质旅游者要么不出事,要出事就是大事,这一点需要导游员特别注意。对他们的言谈要和颜悦色,内容要全面,“信息传递强度”应较低,重复的次数应较少。

【补充材料】①

大家都带团去过南京的玄武湖吧?上了菱洲,过了桥,草坪上有两条用草木花卉做成的龙,簇拥着一颗也是用花卉做成的宝珠,这叫“二龙戏珠”。草坪周围有竹子做的篱笆墙,篱笆墙有膝盖那么高,朝南京城的那个方向有一个缺口,差不多有十米吧。草坪上插着一块牌子,上面写着“严禁入内”。但是在“二龙戏珠”处已经有人在拍照。我曾经在那里仔细观察过,发现那些想拍照的旅游者有四种不同的表现。

第一种旅游者行动最迅速,一下子就从篱笆上跳过去,跑到“二龙戏珠”前面去拍照,他们大多属于“胆汁质”;第二种旅游者不那么冲动、冒失,但是他们很灵活,跨过篱笆,走到“二龙戏珠”前面去拍照,他们大多属于“多血质”;第三种旅游者做事求稳妥,不怕绕远,从缺口绕进去拍照,他们大多属于“粘液质”;第四种旅游者也不跳,也不跨,也不绕,留在原地,就在篱笆的外面拍照,或者干脆不照,他们大多属于“抑郁质”。

三、从旅游动机分析旅游者的心理特征

旅游动机是直接推动一个人进行旅游活动,并使人处于积极状态以达到一定目标的动力。常见的旅游动机以及旅游者表现出来的心理特征是:

---

① 阎纲,《导游实操多维心理分析案例100》,33页,广州,广东旅游出版社2003

（一）调节身心健康的动机

有的旅游者希望通过游玩、娱乐来消除身体和心理的紧张、厌倦、疲乏之感，使身心得到放松，保持心理的平衡。

（二）好奇探索的动机

由于好奇和探索心理的驱使，有的旅游者要求旅游对象和旅游活动具有新奇性、知识性和一定程度的冒险性。

（三）审美求知的动机

有的旅游者为了满足自己的审美需求，他们的旅游活动多指向美丽的自然风光，指向那些能和旅游地居民近距离接触的活动，以及参观博物馆、美术馆、名胜古迹和参加各种专题旅游活动。

（四）社会交往的动机

这是人们为了探亲访友、寻根问祖、结识新朋友而进行的旅游活动，是社交动机的体现。具有社交动机的旅游者，要求旅游中人际关系友好、亲切、热情，能得到别人的关心和喜爱。

（五）宗教信仰的动机

目前，世界上超过一半的人信仰宗教。许多宗教徒到异地参与宗教活动，或在特定时间、特定地点进行祭祀活动。在很多国家和地区，宗教庆典成为了民族的传统节日，这些活动能吸引大量的旅游者。

（六）商务动机

商务动机是指人们为了商务活动或公务而出差旅游。参加学术考察、交流，到异地洽谈业务、出差、经商等都属于商务活动的范畴。另外，各种专业团体、政府代表团以及交易会、洽谈会等所参与的旅游活动也属于这类动机。

四、从旅游活动各阶段旅游者心理变化分析旅游者的心理特征

（一）初期阶段

当人们产生旅游需要的时候，就开始收集相关资料，根据个人兴趣、可自由支配收入和闲暇时间来决定选择旅游目的地与旅游方式。当有人来到旅行社咨询旅游线路、报价和旅游目的地的情况时，他们通常都是有旅游欲望的潜在消费者，应该热情、细致地回答客人提出的问题，根据他们的具体情况，推荐合适的旅游线路。

选定了旅游线路和旅游方式，经过一段时间的旅行来到旅游目的

地后，旅游者迫切希望能到饭店休息。一般旅游者希望住宿地点合适，交通便利，服务人员热情周到，饭店设施齐全、卫生条件好、环境优美。还有很多客人会对旅游目的地具有民族特色和地方风格的住房感兴趣，这反映了广大旅游者的猎奇心理。旅游者初来乍到，对新环境有陌生感，比较容易紧张，导游员亲切的态度，可以最大限度地消除旅游者的陌生感、距离感等不安情绪，拉近旅游者与导游员的感情距离。到达目的地，旅游者在行程初期游览时心情十分激动，对于引人入胜的自然旅游景点、文物古迹、现代化的建筑，他们流连忘返，很容易沉醉其中。旅游者还会不断向导游员提出各式各样的问题，对沿途看到的人们的服饰、发型、交通工具和广告、建筑、植物、动物等都可能提出一些问题。对于这样的问题，导游员要耐心回答，因势利导，掌握工作的主动权。

（二）个性表露阶段

随着旅游活动的开展、接触的增多，旅游者与导游员之间越来越熟悉，旅游者也从初到异地的紧张、拘束、压抑和谨慎感中释放出来，产生一种平缓、轻松的心态，其性格、心理方面的特征也开始表现出来。这些心理特征主要表现为：

懒散心理。旅游者的记忆力、思考力随着精神的放松开始不集中，随情景而分散转移。平日健忘的旅游者更加健忘，散漫的人更容易迟到和丢三落四，活泼的人更活泼，爱提问的人提出的问题更广泛深刻，旅游团成员之间的矛盾逐渐显现。在这一阶段，导游员应当组织灵活多样、富有情趣的导游活动，提高旅游者的游兴，并注意观察旅游者的情绪变化，根据旅游者的心理特点安排旅游活动。

求全心理。旅游者花钱外出旅游，往往把旅游活动理想化，希望旅游活动的一切都是美好的、理想的，心理上从而产生过高要求。个别旅游者还会提出一些不友好、挑衅性的问题，提出各种各样、名目繁多的要求和希望。导游员在这一阶段的工作最为艰巨，也最容易出差错。这个阶段最能考验导游员的组织能力和独立处理问题的能力，也是对导游员服务技能、心理素质的一次重要检验。

（三）结束阶段

旅游活动后期，旅游者将结束行程返回原居住地，常常会表现出迫切感和不安感。他们开始想念亲友和家乡，想购买称心如意的旅游纪念品，还要担心行李是否超重，所剩人民币的兑换，即将去外地的旅游者又急于想了解所去城市的基本情况和旅游活动的内容。这个时刻旅游者心态是复杂的,希望有更多的时间处理自己的事务,还会留恋留下足迹的地方和服务周到的工作人员。导游员和旅游者面对离别,如果旅游者之间、旅游者和导游员之间在游程中相处愉快,建立起的友谊会使彼此感到伤感。对于旅途中有不愉快经历的旅游者,导游员可以做一些补救工作,如使旅游者未能得到满足的合理要求得到满足。

第四节 导游的审美艺术

一、旅游者的审美需求

有学者曾经说过:“旅游,从本质上说,是一种审美活动。离开审美,还谈什么旅游?”旅游需要休闲的状态,旅游需要自由的感受,旅游需要艺术的想象,旅游需要审美的情趣。真正的旅游者不应该是浮光掠影、走马观花、直奔目的地的匆匆过客,而应该是玩物适情、情与物游、品味全过程的体验者。这就需要旅游景观的营造、旅游服务的提供等各方面充分考虑旅游者的审美需求。

(一)自然审美型

美好的景物以其赏心悦目的形象刺激人们的感官,唤起令人愉悦的审美情感。自然审美是以大自然为载体的审美文化。自然美是自然事物的美,其主要特征侧重于形式,以自然原有的感性形式唤起人们的美感,是社会性和自然性的统一。自然美本质上也是一种韵律美,只有当审美主体旋律和审美客体旋律形成某种同构关系时,审美客体才能获得审美文化价值。人们走出喧闹的都市投身于大自然的怀抱,既是一种解脱和消遣,更是一种人性的回归。自然美是天赋的,审美主体对它的欣赏不具有强制性和主导性。但是自然美的旋律需要发现,这种发现有赖于审美主体的审美结构和审美层次,因而不同层次的旅游者,即使是置身于同一地理位置的同一自然景观之中,所获得的精神享受也是不同的。例如当徐霞客登上莲花峰,目睹黄山万峰起伏、云雾奔腾的迷人景色时,他不禁“狂叫欲舞”起来,这就是黄山给徐霞客带来的强烈美感。

(二)艺术审美型

艺术审美是旅游者与艺术品发生同构关系而产生的一种文化形

态。所谓“同构”,是指旅游者与艺术创造者通过艺术品进行交流和沟通。导游员为了更好地向旅游者介绍各种艺术特色和风格特征,帮助旅游者了解艺术品的美,有必要对中国绘画、书法、雕塑、建筑、青铜器和陶器等艺术品做深入的研究,充分揭示它的美学特征和时代风格。例如北京颐和园乐寿堂内的“青芝岫”就是一例,乍一看,此石巨大而丑陋,其实古人造山叠石造型讲究丑,以丑为美。“青芝岫”为太湖石,愈是瘦、透、漏、皱、丑,愈是好石。倘若导游员能根据旅游者的文化水平,生动形象地描绘其背景与历史,会不知不觉地强化旅游者对于石头造型的感受,使之成为栩栩如生的审美对象。

（三）社会审美型

旅游者在旅游活动中不仅游览自然山水,同时也观察、体验着社会美,从而形成一种社会审美文化形态。旅游活动中的社会审美是客源地与接待地、东方与西方、民族与民族之间不同的审美意识和不同的文化背景相互碰撞的火花。就拿中西方旅游者的审美意识来说,西方人欣赏大海,主要是欣赏其波涛汹涌的场面和广阔的气势,从中体会壮丽美和崇高美;中国人欣赏山川河流,欣赏山和水的形态美以及人与自然的和谐,因此对自然抱有一种人格化的审美倾向,认为最高境界就是人与自然的融合。社会审美需要沟通和理解,而这种沟通和理解很大程度上依靠导游员的解说。

（四）休闲审美型

人们出门旅游,就是为了消除紧张情绪和疲劳状态,消除不愉快的心情,暂时中断与日常生活、工作的联系。朱熹解释“游”为“玩物适情”,意为在愉悦的生命中体验自由。因此旅游就是人在旅途自由地体验与欣赏,旅游的意义就是自由生命的自由体验。

二、旅游者审美行为的引导

（一）传递正确的审美信息

旅游者来到旅游目的地,由于对旅游景观,特别是人文旅游景观的社会、艺术背景不了解,审美情趣会受到很大的限制,不知其美在何处,也不知如何欣赏。尤其是外国旅游者,他们的审美观同中国人的审美观差别较大,对中国旅游景点的美难以立即领会。

在观赏自然旅游景观、人文旅游景观时,帮助旅游者感觉、理解、领悟其中的奥妙和内在美是导游员的责任。因此,导游员必须掌握一定的美学知识,对当地的文物古迹、社会风情有深刻的认识,帮助旅游者了解当地的审美观和各类景物的审美标准,用生动形象的语言介绍风光美景和名胜古迹,正确引导旅游者从不同角度欣赏旅游景观之美。导游员传递正确的审美信息要做到八个有:言之有物、言之有据、言之有理、言之有情、言之有礼、言之有神、言之有趣、言之有喻。

(二) 激发旅游者的想象思维

人的审美情趣、审美知觉、审美判断、审美感受诸方面不仅存在差异,而且还与人的情绪、心理状态以及思维活动密切关联。此外,审美主体的审美选择性很大,即旅游者审美动机的各不相同,造成了旅游者审美需要的多样性和审美意识的差异性。人的审美活动是以审美对象为依据,经过积极的思维活动,调动已有的知识和经验,进行美的再创造的过程。因而人们在审美赏景时离不开丰富而自由的想象,想象思维是审美感受的枢纽。要成为一名优秀的导游员,必须知道旅游者的审美个性,懂得中外不同的审美观;善于将景物的外在美和内在美的特征与旅游者的审美需要和审美经验结合起来,努力使导游讲解"寓景于情、借景抒情、情景交融",突出最能引起旅游者审美情趣的内容,激发他们的想象思维,调动他们的联想能力,促使他们与审美对象产生情感交流,达到"物我交融"、"物我同一"的境地,从而获得美的极大享受。

(三) 帮助旅游者保持审美状态

1. 调节旅游者的情绪

(1) 补偿法。

旅游者在旅行过程中,常常会对旅行社安排的旅游活动不满,导游员作为一线工作者,易成为代人受过的对象。对于感到受了委屈的旅游者,导游员要摆正心态,实事求是地与旅游者沟通信息,尽量满足旅游者的合理要求。对由于自已和旅行社的原因给旅游者带来的不便应该勇于承担责任,从物质或精神上给予补偿,从而弱化或消除旅游者的不满情绪。

(2) 转移注意法。

导游员有意识地去调节旅游者的注意力,促使他们的注意力从一个对象转移到另一个对象。说服、安慰、讲故事、说笑话、唱歌等方式均可转移注意力。例如,某年秋季的一天,苏州导游员小丽陪同一个商务会议团参加苏州一日游,游览行程包括拙政园、留园、虎丘等著名景点。在游览途中,旅游者听说苏州的观前街十分繁华,要求小丽带他们前去参观。由于时间仓促,若增加观前街游览项目则必须删减原有景点,小丽十分为难。但是如果直接拒绝旅游者,必然引起旅游者的反感,所以小丽想了一想对旅游者说,她将和旅行社联系尽量满足大家的要求,但旅行社要和相关接待部门联系后才能答复大家。景点参观完后,旅游者们十分劳累,时间也很晚了,小丽说她可以带客人们去游观前街。可是大多数客人都感到太劳累而放弃了,少数几个想去的客人也不好意思让小丽和司机为他们几个人服务。小丽在处理这个问题时成功运用了"转移注意法"。

(3) 分析法。

分析法是指导游员对引起旅游者消极不满情绪的原因一分为二地分析,指明事件的得失之处。对因某些特殊要求得不到满足而情绪不佳的旅游者,导游员要冷静耐心地解释原因。例如,某团队有三位旅游者非要住在一间房中,而酒店又没有三人房,他们吵了半天,眼看无法收场。导游员小凤说:"真是对不起了,现在酒店没有三人间,如果我们私自抬床又违反了酒店的规定,在这里我们只住一天,和其他团员住也可以结交新朋友,是一件好事,等明天换了酒店,我一定和地陪协商。各位大哥支持一下我的工作,行吗?"她的一番合情合理的话打消了三位旅游者的念头,一场闹剧平息了。

(4) 暗示法。

暗示是一种常见的心理现象。暗示法指导游员通过自己的表情、手势、行为等来影响和改变旅游者的心理活动。在导游员不便直接做出表示或提出请求时,可借助微妙的暗示来传达真实的意图。此法在导游过程中是一种控制或影响旅游者心理的有效手段。例如发生意外交通事故,导游员临危不乱,其镇定自若的神情和有条不紊的指挥能安定旅游者的情绪。

(5) 直观形象法。

激发旅游者游兴的最主要因素是直观形象。例如,在九寨沟如诗如画的景色前,导游员引导旅游者寻找最佳观景点,旅游者会被眼前直观形象的景物而陶醉,游兴大增。

(6) 语言激励法。

在旅游过程中，旅游者经历了初期的新鲜、兴奋后，就会感到疲倦，经常要中途歇息，因此导游员要学会用言语激励旅游者，让旅游者再次情绪高涨。例如，到北京八达岭长城，要学会鼓励客人，告诉他们"不到长城非好汉"，鼓励旅游者跟上导游员的步伐，一起领略长城的壮丽雄伟。

(7) 组织活动法。

优秀导游员既应该是一位好的向导和讲解员，还应该是优秀的组织活动者。例如在长途客车上，旅游者百无聊赖时，导游员可组织一些活动，让旅游者参与到活动中来，调节心情，活跃气氛，拉近与旅游者的距离。

2. 保持、提高旅游者的游兴

导游员必须像一名乐队指挥或戏剧导演，能够善于运用"协调、沟通、应变、控制"等技巧来保持、提高旅游者的游兴。要想使旅游者在整个旅游活动过程中始终保持旺盛的精力、高昂的兴致，导游员自己必须做到精力充沛、活力四射，具有出色的鼓动能力和诱导作用。

一是要讲解生动。要安排多彩的节目、动听的故事，有感情地进行导游讲解，并根据旅游者的心理变化及时调整讲解内容。

二是要详细了解旅游全过程的各种情况，掌握与旅游团队进行有效沟通的方法。要成功地带领、组织和引导团队，导游员需要详细了解旅游过程中的情况，掌握如何将了解到的情况告诉旅游者的方法，多采取鼓舞、激励等办法积极引导旅游者顺利完成旅游活动。

三是要经常关心旅游者的生活。要与旅游者打成一片，以自己的实际行动激发旅游者的旅游热情。要经常关心旅游者，帮助他们解决生活上遇到的困难。在旅游者气馁的时候，能及时鼓励他们，使旅游者始终充满信心。

(四) 灵活掌握观景赏美方法

旅游者在观赏景点的时候，都面临一个如何观赏的问题。景点的分布组合是受到时空变化制约的，不同的季节对景点审美的影响很大，这就需要灵活掌握观景赏美方法。

1. 动态观赏和静态观赏

动态观赏，是通过步行、乘船、乘车等方式观赏风景。只有旅游者身临其境，全部身心置于美好的风景当中，才能感受到美就在周围。古人早有乘船观赏风景的活动，例如李白在《早发白帝城》一诗中就生动地描绘了他乘船游览长江三峡，一路上所看到的美丽风景："朝辞白帝彩云间，千里江陵一日还。两岸猿声啼不住，轻舟已过万重山。"现在，越来越多的人喜欢自助游。我国著名的海滨城市秦皇岛还开辟了近海和远海的海上游览，乘坐游船就可以从码头沿海岸游览，观赏到数十里旖旎多姿的海岸风景。

静态观赏是指旅游者在一定的位置面对风景的一种欣赏活动，或者缓慢地移动视线仔细欣赏其中的美妙。举黄山的云海为例，黄山云分五海，包括东海、西海、南海、北海、天海，每一处云海都有一个最佳观景点，必须仔细选择合适的位置，才能更好地欣赏云海之美。东海位于白鹅岭以东，在白鹅岭看最好；西海位于丹霞岭、飞来峰西侧，在排云亭看最好；北海位于丹霞岭、狮子峰、始信峰以北，在清凉台观最好；南海位于天都、莲花两峰以南，玉屏楼观南海最佳；天海位于光明顶前，在光明顶看最好。

2. 观赏距离和位置(角度)

(1) 空间距离和角度。

距离和角度是两种不可或缺的观景赏美因素。自然美景千姿百态、变幻无穷，一些似人似物的奇峰巧石，只有从一定的距离和特定的角度观赏才能领略其风姿。例如，从长江游轮上观赏三峡胜景神女峰，远远望去，朦胧中看到的是一尊风姿秀逸、亭亭玉立的中国美女像。然而，若借助望远镜观赏神女峰，定会令人失望，看到的只是一堆石头，毫无美感可言。又如，在黄山半山寺望天都峰山腰，有堆巧石状似公鸡，头朝天门，振翅欲啼，人称"金鸡叫天门"，但到了龙蟠坡，观看同一堆石头，看到的则似五位老翁在拄杖登险峰，构成了"五老上天都"的奇景，这就是由于观赏角度不同造就的不同旅游景点。作为导游员，必须非常熟悉所游览的风景名胜的情况，带团游览时要适时地指导旅游者从最佳距离、最佳角度去观赏风景，使其获得美感。

(2) 心理距离。

心理距离是指人与物之间暂时建立的一种相对超然的审美关系。适当的心理距离是审美活动的一项基本原则和显著特征。一般情况下，人们外出旅游，其目的往往就是要暂时切断与紧张、繁琐的日常生活及工作的关系，暂时摆脱烦恼和不愉快的心情，还有的人希望通过旅游忘记心中的痛苦，获得新的心理平衡。在审美过程中，旅游者只有真正从心理上超脱于日常生活中功利的、伦理的、社会的考虑，超然物外，独立地、自由地进入审美境界，才能尽情地享受美，真正获得观景赏美的愉悦。例如，古时有一名女子住在风景优美的地方，整日与家乡美好的山水朝夕相处，感觉不到它的美。有一次，她离开家乡，乘船在江上航行，极目远眺，突然发现家乡的景色非常美。薄雾、帆影、夕阳、落霞，好一派令人心驰神往的湖光山色。于是这名女子即兴做了一首诗："侬家住在两湖东，十二珠帘夕照红。今日忽从江上望，始知家在画图中。"

3．观赏时机

观景赏美要掌握好时机，即掌握好季节、时间和气象的变化。光照、时令和气候影响着大自然中的色彩美、线条美、形象美、音响美、静态美和动态美。以西湖美景为例，春天的西湖"苏堤十里柳丝垂"，夏天的西湖"映日荷花别样红"，秋季是欣赏"平湖秋月"最佳的时节，而冬季"断桥残雪"是西湖的一大胜景。这就要求导游员十分熟悉所游览的景点，并把握好时机，引导旅游者及时观赏到绝妙的美景。

4．观赏节奏

在旅游审美过程中，导游员要调节旅游者的观赏节奏，以便其获得更多的审美满足感。生理节奏正常，人体的内部机能才能处于稳定；心理节奏适度，人的内心生活才能趋于平和。同样，观赏节奏正常，人的审美活动才能得到满足。导游员应该从旅游者的实际情况出发，使观赏节奏符合旅游者的心理负荷和审美习惯。旅游观赏节奏包括旅游活动行进速度的缓急，导游讲解的快慢、声音语调的高低，以及导游过程的停顿等。

导游员在安排活动日程时，应根据旅游者的年龄、体力和需求的不同，设法使游程丰富多样，旅游活动松紧相宜，使旅游者轻松自然而又不虚此行。在讲解中，导游员要把握好节奏，使讲解流利畅达，快慢相济。对于反应敏捷的年轻人可适当快一些，对于听觉不太灵敏的老年人要适当放慢语速，吐字清晰，有时候甚至要重复。在旅游过程中，导游员应当把握好行程的节奏，对哪儿该快、哪儿该慢、哪儿该停做到心中有数。只有这样，旅游者才能获得旅游的乐趣和美的享受。

【复习思考题】

1. 常见的旅游动机有哪些?

2. 举例说明旅游者在旅游活动中,共同的心理特征有哪些?

3. 导游员应该如何引导旅游者正确审美?

4. 导游员如何根据旅游者的心理特征做好旅游活动各个阶段的服务工作?

5. 正确的观景赏美方法有哪些?

【案例讨论题】

旅游团因飞机误点很晚才抵达宾馆,谁知该宾馆有临时紧急任务,旅游团预订的房间全让会议代表给“占”了。为了改住其他宾馆,所有的旅游接待人员都忙到深夜2点多钟,好不容易才算全部“搞定”。旅游者虽然有些意见和不满,但最后还是同意了。到了第二天,出现大雾天气,旅游车不仅走得很慢,而且交通又堵,到了游览点什么都看不清楚。这时候,旅游者的意见可大了,纷纷向导游员提意见、发难,还有的提出退票、赔款……面对旅游者的种种要求,导游员感到很为难,但她仍镇定地解释说:“女士们、先生们,这次旅游刚开始就遇上了不愉快的事情,作为导游员的我心里也很难过。我并不是想通过我的解释来达到什么目的,我和你们一样遇到了不愉快的事情,这些情况大家都看得很清楚。我是你们其中的一员,也是你们的朋友,你们应该相信我。我一定会更加努力地工作,一定会使你们满意的……”导游员的一番解释使旅游者平静了下来。过了一会儿,不少人向导游员提出以后该怎么办,还有的向导游员提建议、出主意,其场面够热烈的。

讨论:从提意见、发难到提出以后该怎么办,从提出退票、赔款到提建议、出主意,旅游者的这一转变过程说明了什么?导游员应该如何运用带团艺术来拉近与旅游者的心理距离,缓和矛盾?

【模拟操作题】

1. 请学生针对不同旅游动机的旅游者,设计所在城市一日游的旅游日程安排。

2. 教师设置如下情境,让学生应用观景赏美的方法来模拟导游。

情境一:旅游者坐在西湖游船上观赏美景;

情境二:旅游者站在总统府棕榈亭内赏景。

第四篇　应知应会篇

第八章　旅游相关知识

导游员应该掌握一些与旅游相关的常识，如出入境知识、交通邮电知识、货币保险知识、卫生救护知识等，这样才能提供周到的服务，保证旅游活动的顺利进行。

【导入案例】

小陈是某旅游学院的毕业生，他在校期间学习非常努力，大二就考了导游证，大三通过加试又拿到了英语导游证。毕业后他应聘到某国际旅行社，当起了专门接待欧美旅游者的导游员。在工作中，小陈的成绩很突出，经常受到旅游者和单位领导的表扬。同学们纷纷向他取经，小陈说："有今天的成绩，并不只是凭着两张证书，我拿到导游证后就到旅行社实习了，实习以后才发现自己缺的知识真是太多了。所以平时空闲的时候我总是找一些与旅游相关的书籍阅读，带团时也利用晚上时间写带团笔记，如果没有这些积累，仅靠证书是不行的。"有位同学很不解地问他："导游证考试时不是把该学的都学了吗？还有什么需要学的？"小陈笑笑说："我拿到导游证后第一次接待的是英国人，南京一日游。本来我以为带这个团只要讲讲南京景点的英语导游词，应该很好带。可是客人的要求层出不穷，让我始料未及。比如刚接到团队，有客人就问我，他的部分行李需要托运，要怎么办手续，价钱怎么算。还有客人问我，在中国向英国打电话怎么拨号码，能不能打对方的付费电话等等。这些问题弄得我措手不及，只好不断地打电话向老导游请教。这个团带下来，我最大的感触就是要做个好导游不是一件容易的事，书本上的那些知识在实际带团中远远不够用，需要我们自己通过各种渠道多学习、多积累。"

旅游者来自异国他乡,对旅游目的地的许多情况不了解、不熟悉,他们常常会把导游员当做可以信赖的朋友,向他咨询各种各样的问题。因此,为了提高工作效率和导游服务水平,导游员必须掌握相关的旅游知识,这就是本章将要学习的内容。

第一节　出入境知识

一、有效证件

(一) 护照

护照是一个国家的公民出入本国国境或到国外旅行、居留时,由本国发给的一种证明该公民国籍和身份的合法证件。护照一般分为外交护照、公务护照和普通护照三种。

(1) 外交护照。发给政府高级官员、国会议员、外交和领事官员、负有特殊外交使命的人员、政府代表团成员等。持有外交护照者在外国享受外交礼遇(如豁免权)。

(2) 公务护照。发给政府官员,驻外使、领馆工作人员以及因公派往国外执行文化、经济等任务的人员。

(3) 普通护照。发给出国的一般公民、国外侨民等。在我国,普通护照又分为两种:一种是因公普通护照,主要颁发给各级政府、社会团体的一般工作人员和国有企事业单位因公出国人员;另一种是因私普通护照,主要颁发给出国定居、探亲、访友、继承财产、留学、就业、旅游等因私事出国的中国公民。

在中国,外交、公务护照由外事部门颁发,普通护照由公安部门颁发。中华人民共和国护照的有效期一般为 5 年,可延期两次,每次不超过 5 年,华侨可在有效期满前向中国驻外使、领馆或外交部授权的驻外机关提出延期申请。

(二) 签证

签证是一个国家的出入境管理机构(例如移民局或其驻外使、领馆)对外国公民表示批准入境所签发的一种文件。签证是在一个人所持的护照或其他旅行证件上签注、盖印,指明持有人进入该国的事由、允许停留的时间或通过其领土前往其他国家的许可。

签证可以分为外交签证、礼遇签证、公务签证、普通签证等,还可以分为入境签证、入出境签证、出入境签证和过境签证等。旅游签证属于普通签证,在中国为"L"字签证(发给来中国旅游、探亲或因其他私人事务入境的人员)。

希望进入中国境内的外国人须持有效护照(必要时提供有关证明,如来华旅游者申请签证,须出示中国旅游部门的接待证明)向中国的外交代表机关、领事机关或者外交部授权的其他驻外机关申请办理签证。但在特定情况下,如事由紧急,确实来不及在上述机关办理签证手续者,可向公安部授权的口岸签证机关申请办理签证。九人以上的旅游团可发给团体签证,团体签证一式三份,签发机关留一份,来华旅游团留两份,一份用于入境,一份用于出境。

中国公民申办外国签证大致有三种途径:一是本人直接向外国驻华大使馆或领事馆申请办理;二是委托中国旅行社的签证处申请办理(一般只限旅游签证);三是由外国亲友直接向该国移民局申请签证。

签证的有效期是指签证在某一段时间内有效,超过了这段时间,签证就无效了。所以,在获得签证后,必须牢记该签证的有效期,并在该有效期内抵达目的地。签证的有效期限不等,一般国家发给 3 个月有效的入境签证,也有的国家发给 1 个月有效的入境签证。最长的如就业和留学签证,一般为半年或者 1 年以上,最短的如过境签证,为 3 天或者 7 天。

签证的停留期是指准许签证获得者在前往国家(地区)停留的期限。签证的有效次数是指在签证有效期或停留期允许的时间内,可以一次、两次或多次出入其国境。例如,一位签证获得者的签证有效期是 3 个月,允许停留期为 15 天,有效次数是两次,就是指该人在 15 天停留期内可以有两次出入该国国境的机会。

(三) 港澳同胞回乡证

港澳同胞回乡证是港澳同胞来往于香港与内地或澳门与内地之间的证件,由广东省公安厅签发,有效期 10 年。另有入出境通行证,也由广东省公安厅签发,有效期 5 年。

(四) 台湾同胞旅行证明

台湾同胞旅行证明是台湾同胞来祖国大陆探亲、旅游的证件,经口岸边防检查站查验并加盖验讫章后,即可作为台湾同胞进出祖国大陆和在祖国大陆旅行的身份证明。该证由我国公安部委托香港中国旅行社签发,一次性有效,出境时由口岸边防检查站收回。来祖国大陆旅游或访友的台湾同胞，需要延长停留期的，一般可申请延期两次，每次延期不超过两个月。

二、出入境检查

（一）海关检查

根据《中华人民共和国海关法》和《中华人民共和国海关对进出境旅客行李物品监管办法》的规定，进出境旅客行李物品必须通过设有海关的地点进境或出境，接受海关监管。旅客进出境携有需向海关申报的物品，应在申报台前向海关递交“中华人民共和国海关出境、进境旅客行李物品申报单”（见图 8-1）或海关规定的申报单证，按规定如实申报其行李物品，报请海关办理物品进境或出境手续。在实施双通道制的海关现场，上述旅客应选择“申报”通道（亦称“红色通道”）通关；携带无需向海关申报的物品的旅客，即可选择“无申报”通道（亦称“绿色通道”）通关。

中华人民共和国海关
出境旅客行李物品申报单

请先阅读背面的填表须知，然后在空格内填写文字信息或划√

1. 姓名 拼音 / 中文正楷
2. 出生日期 年 月 日
3. 性别 男 □ 女 □
4. 进出境证件号码
5. 国籍（地区） 中国 □（香港 □ 澳门 □ 台湾 □） 外国
6. 出境事由 公务 □ 商务 □ 旅游 □ 学习 □ 定居 □ 探亲访友 □ 返回居住地 □ 其他 □
7. 航班号/车次/船名　8. 同行未满16周岁人数

我（我们）携带：

9. 需复带进境的单价超过人民币5,000元的照相机、摄像机、手提电脑等旅行自用物品 是 □ 否 □
10. 超过20,000元人民币现钞，或超过折合5,000美元外币现钞 是 □ 否 □
11. 金银等贵重金属 是 □ 否 □
12. 文物、濒危动植物及其制品、生物物种资源 是 □ 否 □
13. 无线电收发信机、通信保密机 是 □ 否 □
14. 中华人民共和国禁止和其它限制出境的物品 是 □ 否 □
15. 货物、货样、广告品 是 □ 否 □

我已阅知本申报单背面所列事项，并保证所有申报属实。

携带有9-14项下物品的，请详细填写如下清单：

品名/币种	数量	金额	型号	海关批注

旅客签名　　　　年 月 日

中华人民共和国海关
进境旅客行李物品申报单

请先阅读背面的填表须知，然后在空格内填写文字信息或划√

1. 姓名 拼音 / 中文正楷
2. 出生日期 年 月 日
3. 性别 男 □ 女 □
4. 进出境证件号码
5. 国籍（地区） 中国 □（香港 □ 澳门 □ 台湾 □） 外国
6. 进境事由 公务 □ 商务 □ 旅游 □ 学习 □ 定居 □ 探亲访友 □ 返回居住地 □ 其他 □
7. 航班号/车次/船名　8. 同行未满16周岁人数

我（我们）携带（有）：

9. （居民旅客）在境外获取的总值超过人民币5,000元的物品 是 □ 否 □
10. （非居民旅客）拟留在中国境内的总值超过人民币2,000元的物品 是 □ 否 □
11. 超过1,500毫升酒精饮料（酒精含量12度以上），或超过400支香烟，或超过100支雪茄，或超过500克烟丝 是 □ 否 □
12. 超过20,000元人民币现钞，或超过折合5,000美元外币现钞 是 □ 否 □
13. 动植物及其产品、微生物、生物制品、人体组织、血液及其制品 是 □ 否 □
14. 无线电收发信机、通信保密机 是 □ 否 □
15. 中华人民共和国禁止和其它限制进境的物品 是 □ 否 □
16. 分离运输行李 是 □ 否 □
17. 货物、货样、广告品 是 □ 否 □

我已阅知本申报单背面所列事项，并保证所有申报属实。

携带有9-15项下物品的，请详细填写如下清单：

品名/币种	数量	金额	型号	海关批注

旅客签名　　　　年 月 日

图 8-1　海关出境、进境旅客行李物品申报单

1. 部分限制出入境的物品

(1) 烟、酒。

来往港澳地区的旅客(包括港澳旅客和内地因私前往港澳地区探亲和旅游等旅客),可免税携带香烟200支或雪茄50支或烟丝250克,酒1瓶(不超过0.75升);当天往返或短期内多次来往港澳地区的旅客,可免税携带香烟40支或雪茄5支或烟丝500克,不准免税带进酒;其他进境旅客可免税携带香烟400支或雪茄100支或烟丝500克,酒2瓶(不超过1.5升)。

(2) 旅行自用物品。

非居民旅客及持有前往国家或地区再入境签证的居民旅客携进旅行自用物品照相机、便携式收录音机、小型摄影机、手提式摄录机、手提式文字处理机每种一件。超出范围的需向海关如实申报,并办理有关手续。经海关放行的旅行自用物品,旅客应在回程时复带出境。

(3) 金、银及其制品。

旅客携带金、银及其制品进境应以自用合理数量为限,其中超过50克的应填写申报单证,向海关申报;复带出境时,海关凭本次进境申报的数量核放。

携带或托运出境在中国境内购买的金、银及其制品(包括镶嵌饰品、器皿等新工艺品),海关验凭中国人民银行制发的“特种发票”放行。

(4) 外汇。

旅客携带外币、旅行支票、信用证等进境,数量不受限制。居民旅客携带1 000美元(非居民旅客5 000美元)以上或等值的其他外币现钞进境,须向海关如实申报;复带出境时,海关凭本次进境申报的数额核放。旅客携带上述情况以外的外汇出境,海关凭国家外汇管理局制发的“外汇携带证”查验放行。

关于携带外币出境的问题,国家外汇管理局于2003年8月28日发布了《携带外币现钞出入境管理暂行办法》。其中规定:我国出境人员可以携带外币现钞出境,也可以按国家金融管理规定通过从银行汇出或携带汇票、旅行支票、国际信用卡等方式将外币携出境外。出境人员携带不超过等值5 000美元的外币现钞出境的,无须申领“携带外汇出境许可证”,海关予以放行;携带外币现钞金额在等值5 000美元以上至1万美元的,应向外汇指定银行申领携带证,海关凭加盖外汇指定银行印章的携带证验放；除特殊情况外，出境人员原则上不得携带超过等值1万美元的外币现钞出境。综合此项规定及海关的规定，即携带外币现钞出境时，超过1 000美元应向海关进行申报，海关允许放行的数额为5 000美元。如超过5 000美元，携带人应出示“携带外汇出境许可证”，海关才准予放行。

(5) 人民币。

旅客携带人民币进出境，原规定限额为6 000元。2005年1月1日起限额调整为2万元，超出2万元的不准进出境。

(6) 文物(含已故现代著名书画家的作品)。

旅客携带文物进境，如需复带出境，请向海关详细报明。旅客携运出境的文物，须经中国文化行政管理部门鉴定。携运文物出境时，必须向海关详细申报。对在境内商店购买的文物，海关凭中国文化行政管理部门钤盖的鉴定标志及文物外销发货票查验放行；对在境内通过其他途径得到的文物，海关凭中国文化行政管理部门钤盖的鉴定标志及开具的许可出口证明查验放行；未经鉴定的文物，不能携带出境。携带文物出境不据实向海关申报的，海关将依法处理。

(7) 中药材、中成药。

旅客携带中药材、中成药出境，前往国外的，总值限人民币300元；前往港澳地区的，总值限人民币150元。寄往国外的中药材、中成药，总值限人民币200元；寄往港澳地区的，总值限人民币100元。进境旅客出境时携带用外汇购买的、数量合理的自用中药材、中成药，海关凭有关发货票和外汇兑换水单放行。麝香以及超出上述规定限值的中药材、中成药不准出境。

(8) 旅游商品。

进境旅客出境时携带用外汇在我境内购买的旅游纪念品、工艺品，除国家规定应申领出口许可证或应征出口税的品种外，海关凭有关发货票和外汇兑换水单放行。

2. 禁止入境的物品

(1) 各种武器、弹药、爆炸物；

(2) 伪造的货币、有价证券以及制造设备；

(3) 对中国政治、经济、文化、道德有害的印刷品、胶卷、照片、录音带、录像带、CD、VCD及计算机存储介质等；

(4) 各种烈性毒药;

(5) 鸦片、吗啡、海洛因、大麻以及其他能致人成瘾的麻醉品、迷幻药品、精神药品等;

(6) 带有危险病菌、害虫及其他有害生物的动、植物及其产品;

(7) 有碍人畜健康的、来自疫区的以及其他能传播疾病的水果、食品、药品或其他物品。

3. 禁止出境的物品

(1) 列入禁止进境范围的所有物品;

(2) 内容涉及国家机密的手稿、印刷品、胶卷、照片、唱片、影碟、录音带、录像带、激光视盘、计算机存储介质及其他物品;

(3) 珍贵文物及其他禁止出境的文物;

(4) 濒危的和珍贵的动物、植物(均含标本)及其种子和繁殖材料。

(二) 边防检查

为维护国家主权和安全,禁止非法出入境,各国都在对外开放的港口、机场、国境车站和通道以及特许的进出口岸设立了边防检查站,对出入国境的人和物进行检查。根据《中华人民共和国出境入境边防检查条例》,我国的边防检查工作主要由公安部主管。旅游者入境时,应主动出示交验护照和其他有效证件;接受边防检查站对其行李物品的检查;携带枪支的,应依照《中华人民共和国枪支管理办法》的规定办理。

边防检查站有权阻止有下列情形之一的旅游者出境或入境:未持入境、出境证件的;持用无效出入境证件的;持用他人出入境证件的;持用伪造或涂改的出入境证件的;拒绝接受边防检查的;未在限定口岸通行的;国务院公安部门、国家安全部门通知不准出入境的;法律、法规规定不准出入境的。

出入境旅游者必须填写公安部出入境管理局印制的"边防检查出入境登记卡"(见图 8-2)。按照边防检查柜台前现场指挥的要求,接受边防出入境检查。旅游者需出示本人护照(含有效签证)、国际机票、登机卡及"边防检查出入境登记卡"。边检人员对护照、签证验毕后,将"边防检查出入境登记卡"留下,在护照上加盖出入境验讫章后,将护照、机票、登机卡交还旅客,则边检手续完成。如团队签署的是团体签证或到免签国家旅行,领队应出示"中国公民出国旅游团队名单表”及领队证、团体签证，所有游客需按照名单顺序排队，逐一通过边防检查。

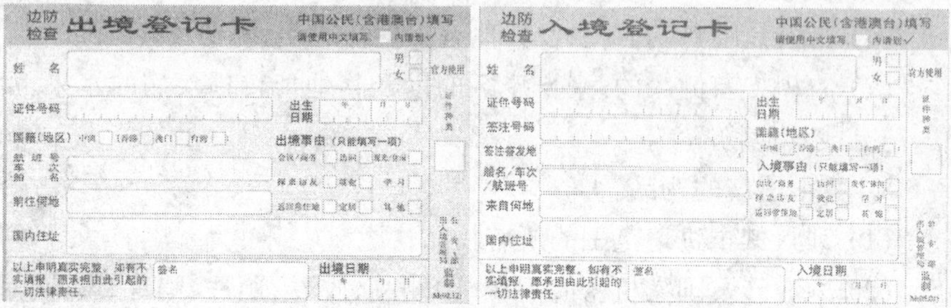
边防检查 出境登记卡
中国公民（含港澳台）填写
请使用中文填写
姓名
男
女
官方使用
证件号码
出生日期 年 月 日
国籍（地区） 中国 香港 澳门 台湾
出境事由（只能填写一项）
航班号 车次 船名
前往何地
国内住址
以上申明真实完整。如有不实填报，愿承担由此引起的一切法律责任。
签名
出境日期 年 月 日

边防检查 入境登记卡
中国公民（含港澳台）填写
请使用中文填写
姓名
男
女
官方使用
证件号码
签注号码
签注签发地
船名/车次/航班号
来自何地
国内住址
出生日期 年 月 日
国籍（地区）
中国 香港 澳门 台湾
入境事由（只能填写一项）
以上申明真实完整。如有不实填报，愿承担由此引起的一切法律责任。
签名
入境日期 年 月 日

图 8-2　边防检查出境、入境登记卡

（三）安全检查

近年来，由于劫持飞机事件和其他暴力事件的不断发生，各机场对登机旅客采取安全检查的措施日趋严格。2001 年 9 月 21 日，我国民航总局、公安部联合发布《关于民用航空安全的通告》，严禁旅客将枪支（含各种仿真玩具枪、微型发射器及各种类型的攻击性武器）、弹药、军械、警械、爆炸物品、易燃易爆物品、剧毒物品、放射性物品、腐蚀性物品、危险溶液及其他禁运物品带上飞机或夹在行李、货物中托运，禁止旅客携带任何刀具乘坐民航飞机。

安全检查是世界各国普遍采用的一种查验制度，我国机场实行国际上通用的安全检查方法。凡是登机旅客都必须经过检查后，方能允许进入飞机。这种检查与海关和边防检查不同，不存在任何免检对象，无论是什么人，包括外交人员、政府部长和首脑，无一例外，一律要经过检查。对身体及随身携带的行李检查方式有以下几种：搜身；用磁性探测器近身检查；过安全门；物品检查；用红外线透视仪器检查。美国“9·11”事件发生后，中国机场的检查更加严格，增加了脱鞋检查、饮品开封检查等许多新措施。

对于出国旅行的公民来说，安全检查是口岸几项检查中的最后一项检查。也就是说，安全检查是在经过海关和边防检查之后进行的。旅客经过安全检查后，即可直接登机启程了。

（四）卫生检疫

为防止传染病由国外传入或由国内传出，各国都制定了国境卫生检疫法,我国也颁布了《中华人民共和国国境卫生检疫法》,据此设立国境卫生检疫机关,在出入境口岸依法对包括旅游者在内的有关人员及其携带的动植物和交通运输工具等实施传染病检疫、检测和卫生监督,只有经过检疫,由国境卫生检疫机关许可,才能出入境。

出境旅游团如果前往或途经的国家为传染病流行疫区,或者欲前往的国家对国际旅行预防接种有明确要求,都需要提前办理黄皮书。并非所有国家都有需要游客出示黄皮书的要求,但有些对某些流行病检查特别严格的国家,例如智利、墨西哥等国家,要求入境的外国人,均需出具预防霍乱和黄热病的接种或复种证明书。出国者如果遗忘了申办接种证明书,到达这些国家时,就可能会面临被隔离、采取强制检疫等措施。

中国海关允许入境但须申报检疫的物品有:种子、苗木及其他繁殖材料、烟叶、粮谷、豆类(入境前须事先办理检疫审批手续);鲜花、切花、干花;植物性样品、展品、标本;干果、干菜、腌制蔬菜、冷冻蔬菜;藤、柳、草、木制品;犬、猫等宠物(每人限带一只,须持有狂犬病免疫证书及出发地所在国或地区官方检疫机构出具的检疫证书,入境后须在检验检疫机构指定的地点隔离检疫 30 天);特需进口的人类血液及其制品、微生物、人体组织及生物制品。

三、外国旅游者在中国境内的权利和义务

《中华人民共和国宪法》明确指出:"中华人民共和国保护在中国境内的外国人的合法权利和利益,在中国境内的外国人必须遵守中华人民共和国的法律。"这一规定的基本含义是:在中国境内,外国旅游者享有合法权益和人身自由不受侵犯的权利,但必须遵守中国的法律,不得进行危害中国国家安全、损害公益事业、破坏公共秩序的活动,违法者将按情节轻重接受中国法律的制裁。

外国旅游者在签证有效期内可在中国对外开放地区内自由旅行,但必须尊重旅游地区的民风习俗。如果希望去非对外开放地区旅行,须事先向所在市、县公安局申请旅行证,获准后方可前往,未经允许不得擅自闯入非对外开放地区旅行。外国旅游者申请旅行证须履行下列手续:交验护照或居留证件;提供与旅行事由有关的证明;填写旅行申请表。

港澳台同胞在祖国大陆住店，购买机票、车票和船票，享受与祖国大陆居民同等待遇，与祖国大陆居民一样可自由去各地参观、旅游。

第二节　交通、邮电知识

一、交通知识

（一）航空

1. 航班、班次的相关知识

民航的运输飞行主要有三种形式，即班期飞行、加班飞行和包机飞行。其中，班期飞行是按照班期时刻表和规定的航线，定机型、定日期、定时刻的飞行；加班飞行是根据临时需要在班期飞行以外增加的飞行；包机飞行则是按照包机单位的要求，在现有航线上或以外进行的专用飞行。

航班分为定期航班和不定期航班，前者是指飞机定期自始发站起飞，按照规定的航线经过经停站至终点站，或直接到达终点站的飞行。在国际航线上飞行的航班称为国际航班，在国内航线上飞行的航班称为国内航班。

班次是指在单位时间内（通常用一个星期计算）飞行的航班数（包括去程航班与回程航班）。

目前国内航班的编号是由执行任务的航空公司的二字英语代码和四个阿拉伯数字组成。其中，第一个数字表示执行该航班任务的航空公司的数字代码，如 1 表示中国国际航空公司，3 表示南方航空公司，5 表示东方航空公司；第二个数字表示该航班的终点站所属的管理局或航空公司所在地的数字代码；第三和第四个数字表示该航班的具体编号，并且第四个数字若为单数表示去程航班（即由飞机基地出发的航班），双数则为回程航班（即飞机返回基地的航班）。例如，中国国际航空公司基地在北京，如果国航北京飞广州的航班号是 CA1301，那么广州飞回北京时的航班号就是 CA1302。南方航空公司基地在广州，南航广州飞北京的航班号是 CZ3101，回程就变更为 CZ3102。

我国国际航班的航班号是由执行该航班任务的航空公司的两字英语代码和三个阿拉伯数字组成。其中，第一个数字表示航空公司，后两个数字为航班序号，与国内航班号相同，单数为去程，双数为回程。例如 MU508，由东京飞往北京，是中国东方航空公司承运的回程航班。

2. 机票的相关知识

机票分为纸质机票和电子机票。纸质机票又包括 OK 票和 OPEN 票两种,OK 票是已经定妥日期、航班和机座的机票,持 OK 票的旅游者若在该联程或者回程站停留 72 小时以上,国内机票须在联程或者回程航班起飞前两天的中午 12 时以前,国际机票须在 72 小时前,办理座位再确认手续,否则原定座位不予保留;OPEN 票是不定期机票,旅客乘机前须持机票和有效证件去民航办理定座手续。

电子机票是普通纸质机票的电子形式,电子机票将票面信息存储在订座系统中,可以像纸票一样执行出票、作废、退票等操作。旅游者只要通过订座系统在线查询预订各航空公司的"电子机票",并进行网上支付,然后凭身份证和电子机票订单号,在飞机起飞前一小时到机场航空公司专门的柜台,就可以直接拿到登机牌上飞机。目前,电子机票作为世界上最先进的客票形式,依托现代信息技术,实现无纸化、电子化的订票、结账和办理乘机手续等全过程,给旅客带来了诸多便利,为航空公司降低了成本。

3. 乘机的相关知识

乘国内航班的旅客必须在客票上列明的航班规定离站前 90 分钟到达指定机场,凭客票及本人有效身份证件办理乘机手续。航班规定离站前 30 分钟停止办理乘机手续。

乘国际航班的旅客,必须在规定的时间(一般提前 120 分钟)到达指定的机场,凭机票、有效的护照、签证及旅行证件办妥乘机及出境等各项手续。旅客没有按规定的时间到达指定机场或携带的护照、签证及旅行证件不符合规定而未能办妥乘机和出境等各类手续,引起的一切损失和责任由旅客自负。

4. 行李的相关知识

国内旅客乘坐飞机,持成人票或儿童票的旅客,每人免费托运行李的限额为:头等舱 40 千克,公务舱 30 千克,经济舱 20 千克;持婴儿票的旅客无免费行李额。持头等舱客票的旅客,每人可随身携带两件物品;持公务舱或经济舱客票的旅客,每人只能携带一件物品。每件物品的体积不得超过 20×40×55 厘米,随身携带物品的总重量均不得超过 5 千克。超过规定件数、重量或体积的物品,要按规定作为托运行李托运。

国际航线计件免费行李额规定，按照旅客所付的票价座位等级，每一全票或半票旅客的免费行李额为两件，每件长、宽、高三边之和不得超过158厘米(62英寸)，每件重量不得超过32千克。但持有经济舱(包括旅游折扣)客票的旅客，其两件行李长、宽、高的总和不得超过273厘米(107英寸)。按成人票价10%付费的婴儿可免费交运一件行李，但体积(三边之和)不得超过115厘米(45英寸)，另外还可免费交运全折叠式或轻便婴儿车或婴儿手推车一辆。超过规定的件数及超过规定的最大体积的行李，应交付逾重行李费。国际航线旅客每人可免费携带的随身物品有：一个女用手提包，一件大衣或雨衣或一条旅行用的毛毯，一把伞或一根手杖，一个小型照相机，一具小型望远镜，在飞行途中需要阅读的少量读物，在飞行途中需用的婴儿食品，一个婴儿摇篮，旅客赖以行动的折叠椅或一副拐杖或撑架或假肢。

托运行李全部或部分损坏、丢失，赔偿金额每千克不超过人民币50元。如行李的价值每千克低于50元时，按实际价值赔偿。已收逾重行李费退还。旅客丢失行李的重量按实际托运行李的重量计算，无法确定重量时，每一旅客的丢失行李最多只能按该旅客享受的免费行李额赔偿。

托运行李每千克价值超过人民币50元时，可以办理行李声明价值，航空公司收取相应的声明价值附加费。旅客丢失的行李如已办理行李声明价值，应按声明的价值赔偿，声明价值附加费不退。声明价值最高额为人民币8 000元。

(二) 铁路

1. 旅客列车的种类和编次

我国铁路旅客列车，按其设备设施、运行速度和服务项目等差别，分为一站直达列车、特快旅客列车、快速旅客列车、管内直达快车、普通旅客快车、普通旅客慢车和临时旅客列车等。

一站直达列车，即从始发站到终点站中间不停靠的列车，车次前冠以汉语拼音字母Z。

特快旅客列车，简称特快，设备好、速度快、服务项目齐全，有的是全列卧铺，车次前冠以汉语拼音字母T。

快速旅客列车，简称快客，强调速度，有些是“夕发朝至”列车，极大地节约了旅客的时间，车次前冠以汉语拼音字母K。

管内直达快车，是指一个铁路局管辖范围内的直达快车，车次前冠以汉语拼音字母 N。

普通旅客快车，简称普快，车次为 1、2、4、5 开头，均为 4 位数。

普通旅客慢车，一般称为慢车，它停站多，票价低，对短途旅客比较方便。

临时旅客列车，简称临客，是节假日期间在繁忙区段加开的旅客列车，车次前冠以汉语拼音字母 L。

此外，还有车次前冠以汉语拼音字母 D 的动车组列车，车次前冠以汉语拼音字母 Y 的在大城市和旅游城市之间开行的旅游列车等。

我国铁路旅客列车的编次是以北京为中心，凡驶离北京方向的列车称为下行列车，列车编次为单数（如北京开往南京西的 Z49）；驶向北京方向的列车称为上行列车，列车编次为双数（如南京西开往北京的 Z50）。有些列车中途改变运行方向，则车次也要相应改变。如南京西——兰州间的特快列车，从南京西站发车是上行，为 T112 次，至徐州站后变为下行，车次亦变为 T113 次；反之，从兰州站发车为 T114 次，到徐州站后变为 T111 次至南京西站。

2. 车票的相关知识

车票分为两种：客票和附加票，前者包括软座、硬座，后者包括加快票（特别加快、普通加快）、卧铺票（高级软卧、软卧、包房硬卧、硬卧）、空调票。

身高 1.1—1.4 米的儿童随同成人乘车时，享受半价客票、加快票和空调票（简称儿童票）。儿童票的座别应与成人票相同，其到站不得远于成人火车票的站。超过 1.4 米的儿童应买全价票。每一成人旅客可以免费携带身高不够 1.1 米儿童一名。超过一名时，超过的人数应买儿童票。身高不够 1.1 米的儿童单独使用卧铺时，应购买全价卧铺票，有空调时还应购买半价空调票。

《中华人民共和国铁路法》规定："旅客乘车应当持有有效车票，对无票乘客或者持失效车票乘车的，应当补交票款，并按照规定加收票款；拒不交付的，铁路运输企业可以责令下车。"这里指的有效车票是指铁路车站出售的，有规定的乘车期限、上下车站和票面指定的乘车车次的车票。

旅客在乘车前丢失火车票，应另行买票。在乘车中丢失火车票，应从发现丢失火车票的车站（如不能判明丢失站时，从列车始发站起）补收票款，核收手续费。

3. 行李的相关知识

铁路运输的行李，儿童不超过 10 千克，外交人员不超过 35 千克，其他旅客随身携带物品不得超过 20 千克，长、宽、高相加总和最大不得超过 160 厘米；乘坐旅游双层列车时，长、宽、高相加总和不得超过 80 厘米。超过限制的物品，要按行李、包裹办理托运。

火车行李的范围包括旅客自用的被褥、衣服、书籍、残疾人用车和其他旅行必需品。在行李中不能夹带货币、证券、珍贵文物、金银珠宝、手表、照相机等贵重物品，档案材料和危险品。

（三）公路

1. 我国国道的编号

国道，是国家干线公路的简称，是在国家公路网中具有全国性政治、经济意义的主干线公路。

根据地理走向，我国国道分为三类：第一类以首都北京为中心，呈扇面辐射的公路，其编号为 1××，如北京到沈阳的干线公路编号为 101；第二类是我国版图之内南北走向的公路，其编号为 2××，如山海关到广州的干线公路为 205 国道；第三类是东西走向的公路，编号为 3××，比如上海到伊宁的公路为 312 国道。

2. 营运客车的种类

按乘坐舒适程度，客车分为普通客车、中级客车和高级客车。

普通客车指的是车辆无特殊的舒适装置，车内设有分隔货仓的客车。其座位排列紧凑，座椅较硬，没有温度调节装置，舒适性差。

中级客车是指不含分隔货仓的客车，其座位排列较宽松，有较软的高靠背座椅，舒适性较好，有空调设备。目前我国公路运输中的长途直达班车多属此类。

高级客车是指车窗宽大、视野开阔、密封性好，有高级软座椅和空调设备的舒适性好的客车，俗称豪华客车。公路运输中的旅游车、长途直达快班车多属此类，现在大量的带卧席的长途班车也属此类。

（四）水上运输

水上运输分内河段运输及海洋段运输。其优点是运量大，运费低；缺点是运输时间较长，如果是国际海洋运输，受气候和自然条件的影响较大，航期不易准确，而且风险较大。

1. 客轮舱室等级

航行在沿海和江湖上的客轮大小不等，船上的设备差异很大。大型客轮的舱室一般分五等：一等舱(软卧，1～2 人)，二等舱(软卧，2～4 人)，三等舱(硬卧，4～8 人)，四等舱(硬卧，8～24 人)和五等舱(硬卧)，还有散席(包括座席)。豪华客轮设有特等舱(由软卧卧室、休息室、卫生间等组成)。

2. 船票的相关知识

船票分普通船票和加快船票，又可分成人票、儿童票和残废军人优待票等。

旅客在乘船前丢失船票，应另行购票；上船后旅客丢失船票，如能提出足够的证明，经确定后无需补票；无法证明时，按有关规定处理。

二、邮电知识

(一) 邮件

邮件是邮局传递函件和包裹的统称。邮件分国内邮件和国际邮件两大类。国内邮件按内容性质可分为函件和包件，函件包括信函、明信片、印刷品和盲人读物四种，包件包括包裹和快递小包。国际邮件分为国际函件和国际包裹，前者包括信函、明信片、印刷品、盲人读物和小包五种，后者分为普通包裹、脆弱包裹、保价包裹和过大包裹四种。

邮件按处理手续、运递方式或寄递时限等，又可分为挂号邮件、快递邮件、航空邮件、保价邮件、代收货价邮件等。邮局在收寄时开给收据，处理时加以登记，投递时要收件人签收的邮件，统称为给据邮件。

各类邮件禁止寄有爆炸性、易燃性、腐蚀性、毒性、酸性和放射性的各种危险物品以及麻醉药物和精神药品，国家法令禁止流通或寄递的物品等。

(二) 电话

电话是深受人们喜爱的快速通讯手段。电话费用一般由打电话者自理，但也有“对方计费电话”。对方计费电话即指发话人挂号时申明受话人支付话费的电话，目前该业务原则上只对与我国有直达电路的国家和地区开放。

用户若希望直拨国际、国内电话，必须知道有关国家或地区以及城市的电话代码。例如，国内：北京 010，广州 020，上海 021，天津 022，哈尔滨 0451,厦门 0592 等;国际上:中国 86,美国、加拿大 1,俄罗斯 7,法国 33,英国 44,德国 49,澳大利亚 61,日本 81 等。

直拨国内电话,其顺序为:城市代码+用户电话;直拨国际电话,其顺序为:国际冠字+国家(或地区)代码+城市代码+用户电话。例如直拨英国伦敦的 42246379 的电话时,应拨 00(国际冠字)+44(国家代码)+207(城市代码)+42246379(电话号码)即可。拨完全部号码稍等片刻,便可听到振铃声或忙音,振铃声表示正在呼叫被叫用户,忙音表示被叫用户的电话正在使用。注意,有些国家的城市代码第一位数是 0,例如法国巴黎的代码是 01,拨国际电话时不用拨 01,只需拨 1 即可。

(三)传真

传真技术出现于 19 世纪 40 年代,比电话发明还要早 30 年。但是,它的发展比较缓慢,直到 20 世纪 20 年代才有相片传真机的发明,以后逐渐应用于新闻行业、军事、公安、医疗等方面。20 世纪 80 年代,日本研制并开发了能高速传递信息的传真机,促使传真技术被广泛应用于各类商务活动。

目前传真是旅游行业最普遍的联系方式之一。它可把各种文件、照片、图片等原件传送给对方,克服了电报、电传等只能传递文字的缺点。发国际、国内传真的办法和拨打国际、国内长途电话一样,先拨通对方的传真号码,然后发传真。

(四)电子邮件

电子邮件是 Internet 应用最广的服务。通过网络的电子邮件系统,可以以非常低廉的价格、非常快速的方式与世界上任何一个角落的网络用户联系,这些电子邮件可以是文字、图像、声音等各种形式。由于电子邮件使用简易、投递迅速、收费低廉、易于保存、全球畅通无阻等优点,如今正被广泛使用。

每一个申请 Internet 账号的用户都会有一个电子邮件地址。它是一个类似于用户门牌号码的邮箱地址,或者更准确地说,相当于用户在邮局租用了一个信箱。因为传统的信件需要邮递员送到家门口,而电子邮件只需自己去查看信箱,不用跨出家门一步,因而受到旅游行业的广泛欢迎。

(五)电报、电传

电报是用户将书写好的文稿交由电信公司发送、传递,并由收报方投送给收报人的一种通信业务。由于通信事业的不断发展,现在人们几乎不使用电报了。

电传是远距离打印交换的编写形式。电传既具有电话的快速,又具有打字机的准确,尤其是当电文中有数据时,这种优点表现得特别明显。人们普遍认为,电传这种通讯方式,除了具备高效性和精确性之外,还比电报和电话便宜。电传打印机可安装在办公室内,在给合作伙伴发电传时,可以即时得到对方的回答,就像进行电话交谈一样方便。即使你不在办公室里,打印机也可在无人状态下自动收发电文,这显然比电话交谈方便得多。

第三节　货币、保险知识

一、货币知识

(一) 人民币

人民币是我国目前流通的法定货币。人民币的单位为元,辅币为角、分,用它可以支付我国境内的一切公共的和私人的债务。国务院授权中国人民银行为全国发行货币的机关,由中国人民银行统一印制、发行人民币。我国目前共发行了五套人民币,现在流通使用的主要是第五套人民币。

中华人民共和国自成立以来对携带人民币出入国境的规定进行了数次调整:1951 年国家禁止人民币出入国境,这是新中国成立后国家首次对人民币出入境问题做出的明确规定。随着我国对外交往的日益增多,并考虑国际收藏和馈赠的需要,虽然仍坚持禁令,但在具体执行上采取了一些灵活措施。20 世纪 80 年代后期至 90 年代初期,根据当时的经济发展情况,我国曾多次大幅度调整人民币出入境限额。1987 年公民携带人民币出入境限额调整为 200 元。1990 年,北京举办亚运会,考虑到个人特别是外国人入出境的需要,将携带人民币的限额调整为 2 000元,但此规定在亚运会结束后随之取消。1993 年,《中华人民共和国国家货币出入境管理办法》公布,规定对货币出入境实行限额管理制度,具体限额由中国人民银行制定。同年中国人民银行将人民币出入境限额调整到每人每次 6 000 元。2005 年起限额调整为每人每次 2 万元,超出 2 万元的不准出入境。

（二）外汇

外汇，是指外币或以外币表示的用于国际间债权债务结算的各种支付手段。我国《外汇管理条例》规定的外汇有：外国货币（包括纸币、铸币）、外币有价证券（包括政府债券、公司债券、公司股票等）、外币支付凭证（包括票据、银行存款凭证、邮政储蓄凭证等）、特别提款权以及其他外汇资产。

世界各国或地区发行的货币大约有 150 多种，在我国境内能收兑的外币有：欧元（EURO）、美元（USD）、英镑（GBP）、法国法郎（FRF）、德国马克（DEM）、日本元（JPY）、澳大利亚元（AUD）、奥地利先利（ATS）、比利时法郎（BEF）、加拿大元（CAD）、意大利里拉（ITL）、瑞士法郎（CHF）、丹麦克朗（DKK）、荷兰盾（NLG）、挪威克朗（NOK）、瑞典克朗（SEK）、芬兰马克（FIM）、新加坡元（SGD）、马来西亚林吉特（MYR）、港币（HKD）、澳门币（MOP）、泰国铢（THB）、菲律宾比索（PHP）。台湾地区发行的新台币，可按内部牌价收兑。

根据我国现行的外汇管理法令规定，在中华人民共和国境内，禁止外币流通，并不得以外币计价结算。为了方便来华旅游的外宾和港澳台同胞用款，中国银行及其他外汇指定银行除受理外币旅行支票、外国信用卡兑换人民币的业务外，还受理外币现钞和台湾新台币的兑换业务。另外，为了尽量给予持兑人方便，除了银行以外，一些宾馆、饭店或商店也可办理外币兑换人民币的业务。兑换时要填写“外汇兑换水单”（俗称水单，有效期为半年），导游员应提醒旅游者妥善保存此单。兑换后未用完的人民币在离境前可凭 6 个月内有效期的外汇兑换水单兑换成外币，携带出境。不同情况下的兑换使用不同的牌价（即货币兑换率）。兑换旅行支票、信用卡、汇款使用买入价；兑出外汇，包括兑出外币现钞，使用卖出汇价；兑入外币现钞，使用现钞买入价。外国旅游者来华携入的外币和票据金额没有限制，但入境时必须如实申报。

我国境内居民通过旅行社组团出境旅游，都有资格在银行兑换外汇。原来采取的方式是由旅行社集体办理兑换外汇手续，2002 年 9 月国家外汇管理局在全国范围内正式启动了境内居民个人购汇管理信息系统，将出境游个人零用费由旅行社代购调整为由旅游者自行购买。旅游者可在出境前持因私护照及有效签证、身份证或户口簿，到开办居民个人售汇业务的银行办理个人零用费的购汇手续，也可以委托他人代为办理。如由他人代办，除需提供原规定证明材料外，还应当提供代办人的身份证或户口簿。

（三）旅行支票

旅行支票是银行或旅游公司为方便国际旅行者在旅行期间安全携带和支付旅行费用而发行的一种固定面额票据，可在全球广泛使用，是因公因私出境人员安全携带和支付日常费用的极佳选择。购买旅行支票后，旅客可随身携带，在预先约定的银行或旅行社的分支机构或代理机构凭票取款；若丢失，可在遗失所在地的银行办理挂失手续，即可免受损失。

世界上流通的旅行支票和票面内容各不相同，各有自己的标记，但都具有初签和复签两项内容及相应的空白位置。初签是持票人在购买旅行支票时，当着代售机构经办人员的面签的名；复签是持票人在兑付或使用旅行支票时，当着兑付机构经办人员的面签的名。付款机构将两个签名核对无误后方予付款，以防假冒。特别注意的是旅行支票一定要在使用时做复签。如果旅游者的旅行支票丢失时，旅行支票的初签栏已经签名，而复签栏是空白的，银行或商户会全额补发给客人，不收任何手续费。初复签栏均未签名的旅行支票不能得到理赔。

出境旅游者在前往目的地时应携带前往目的地币别的旅行支票，切记务必携带购买协议，以便紧急情况时办理挂失理赔。如前往不同国家和地区，建议携带使用较广泛的币种且面额较大的旅行支票。出境旅游者可选的旅行支票品牌有：美国运通国际股份有限公司发行的AMERICAN EXPRESS旅行支票（主要币种为美元、日元、加拿大元、澳大利亚元、英镑、欧元）和日本住友银行发行的日元及美元旅行支票等。购买旅行支票时，购买人除向银行交纳票面金额款外，还要交纳一定的手续费，最高收费比率为1%。我国银行在兑付旅行支票时收取7.5‰的贴息。

（四）信用卡

信用卡是银行或其他财务机构签发给那些资信状况良好的人士，用于在指定的商家购物和消费，或在指定银行机构存取现金的特制卡片。持卡人可依据发卡机构给予的消费信贷额度，凭卡在特约商户直接消费或在指定的银行存取款或转账，然后及时向发卡机构偿还消费信贷本息。信用卡一般采取特殊塑料制作，上面凸印有持卡人的卡号、账号、姓名、有效期等，背面有持卡人的预留签字、防伪磁条和银行简单声明。

信用卡是一种特殊的信用凭证，其种类繁多：按账户及资金性质，可分为无透支（贷款）功能的借记卡、有小额透支功能的准贷记卡及具有贷款功能的可“先消费、后还款”的贷记卡；按发卡对象的不同，可分为个人卡、公司卡（含单位卡、商务卡、采购卡）；按持卡人信用等级的不同，可分为普通卡、金卡、白金卡，甚至出现了最高信用等级的黑卡；按信用卡可使用范围分为地区卡及国际卡；按发卡机构的性质可分为由银行（含邮政金融机构）发行的银行卡及其他财务机构发行的非银行卡（如美国运通卡等）；按发卡机构与联合发卡的合作伙伴性质的不同，可分为与非盈利机构合作发行的认同卡和与盈利性机构合作发行的联名卡；按同一账户中持卡人的主次不同，可分为主卡和附卡。

我国目前受理的外国信用卡有：维萨卡、万事达卡、运通卡、大莱卡、发达卡、JCB 卡等。

【补充材料】①

2006 年在人民币坚挺的背景下，美元频跌，港元相形见“软”，其他各种货币也出现了不小的变动。旅游者在参加出境游时，需要在汇率方面多了解一些知识，以免在购物时吃亏。首先，现金购物选准币种。很多国内市民出境时不考虑出行地使用的币种，而是将所有的外汇额度全部换成美元，其实这种做法很不理性。市民现在出境旅游前可兑换到的外币主要有美元、欧元或者是港币等，兑换美元出行，还是兑换成出行地的货币，主要依据外汇市场走势情况来决定，这样可以避免汇率转换带来的损失。举一个很简单的例子，2000 年欧元兑美元的中间价为 0.823，如果在当时持 1 000 美元到欧洲，实际等同于手里有 1 215.07 欧元。但现在情况不同了，美元大幅走软，欧元兑美元的最高价一度达到 1.35，因此现在市民手持 1 000 美元到欧元区旅游，仅能当 740 多欧元消费。

---

① 朱聚强，年终出境游购物用什么结账更合算，《市场报》，2006 年 12 月 11 日，第12版

其次,刷卡避免多币种间兑换。现在很多旅游者出境游消费偏爱刷卡。但是,很少有人了解信用卡在境外使用时汇率换算的细节。事实上,眼下流行的双币卡或外币信用卡多数以美元结算。如当持卡人在香港消费时,刷卡扣除的款项是以港币来计算,等持卡人返回国内后,需用人民币还款,这一进一出的过程,需要经过两次货币间的兑换。例如,2006 年 11 月 1 日,持卡人消费 5 000 港元,按照银行当日的美元兑港元汇价 7.76 进行换算,再收取消费金额 1.5%的货币转换费,总共消费 653.99 美元。如果持卡人 2006 年 11 月 22 日回国,则需要用人民币购买美元来还款,按照银行当日的美元兑人民币汇价 7.880 2 来算,持卡人需要支付 5 153.57 元人民币。

目前,信用卡主要以美元双币卡为主,也有港币、欧元银行卡。根据出游地不同,可选择不同币种的一卡双币银行卡。在欧洲大部分城市的商场、超市均可刷卡,市民带欧元双币卡最方便,也最合算。在能刷银联卡的韩国、泰国及中国港、澳等出游地,使用银联卡刷卡消费,即采用银联网络,中间只需经过一次货币兑换过程,汇率折算最精准,因此也最省钱。

二、保险知识

保险是一种风险转移机制,即个人或企业通过付出一笔已知的费用,将一些难以确定的事故损失转移给保险公司承担。旅游保险是保险业中的一项业务,是保险业在人们旅游活动中的体现,旅游者可以通过办理保险,部分地实现风险转移。虽然办理保险本身不能消除风险,但保险能为遭受风险损失的旅游者提供经济补偿。

旅游保险是指投保人(旅游者或旅游经营者)根据合同的约定,向保险人(保险公司)缴纳一定数额的保险费,保险人对于合同约定的在旅游活动中可能发生的事故因其发生所造成的财产损失承担赔偿保险金责任,或当被保险人在旅游活动中疾病、伤残、死亡时承担赔偿保险金责任的商业保险行为。投保人与保险人之间的旅游保险关系需要以契约或合同的形式加以确定才能生效,从而具有法律的效力。

(一) 旅行社责任保险

为了保障旅游者和旅行社的合法权益,促进旅游业的健康发展,2001 年国家旅游局公布并于同年 9 月 1 日实施了《旅行社投保旅行社责任保险规定》。这种在全国强制性实施的旅行社责任保险是由旅行社为自己投保的责任险,为旅行社防范经营风险提供了有利条件。

1. 旅行社责任保险的概念

旅行社责任保险是指旅行社根据保险合同的约定,向保险公司支付保险费,保险公司对旅行社在从事旅游业务经营活动中,致使旅游者人身、财产遭受损害应由旅行社承担的责任,承担赔偿保险金责任的行为。

旅行社责任保险的实施意味着即使参团的旅游者自己没投保,一旦发生意外,只要责任在旅行社,同样可以获得相应的赔偿。同时,从事旅游业务经营活动的所有旅行社,不得强制旅游者购买"旅游人身意外险",改由旅游者自愿购买。

2. 旅行社责任保险的投保范围及金额

旅行社责任保险的投保范围包括:

(1) 旅游者人身伤亡赔偿责任;

(2) 旅游者因治疗支出的交通、医药费赔偿责任;

(3) 旅游者死亡处理和遗体遣返费用赔偿责任;

(4) 对旅游者必要的施救费用,包括必要时近亲属探望需支出的合理的交通、食宿费用,随行未成年人的送返费用,旅行社人员和医护人员前往处理的交通、食宿费用,行程延迟需支出的合理费用等赔偿责任;

(5) 旅游者行李物品的丢失、损坏或被盗所引起的赔偿责任;

(6) 由于旅行社责任争议引起的诉讼费用;

(7) 旅行社与保险公司约定的其他赔偿责任。

这里的"赔偿责任"是指由旅行社的过错造成的旅游者的财产、人身的损失。对于旅游者在旅游过程中,由于自身疾病或个人过错导致的损失,或者在旅行社组织安排的活动之外发生的损失,旅行社不承担赔偿责任。

新规定还明确了旅行社投保责任险的金额。国内旅游每人责任赔偿限额人民币 8 万元,入、出境游每人责任赔偿限额人民币 16 万元。国内旅行社每次事故和每年累计责任赔偿限额人民币 200 万元,国际旅行社每次事故和每年累计责任赔偿限额人民币 400 万元。旅行社组织高风险旅游项目可另行与保险公司协商投保附加保险事宜。

3. 投保和索赔规定

旅行社投保旅行社责任保险，必须向在境内经营责任保险的保险公司投保。旅行社应当按照《中华人民共和国保险法》规定的保险合同内容，与承保保险公司签订书面合同。旅行社投保旅行社责任保险采取按年度投保的方式，按照保险金额的规定，向保险公司办理本年度的投保手续。旅行社投保旅行社责任保险的保险费，不得在销售价格中单独列项。

在保险期限内发生保险责任范围内的事故时，旅行社应及时取得事故发生地公安、医疗、承保保险公司或其分、支公司等单位的有效凭证，向承保保险公司办理理赔事宜。旅行社对保险公司请求赔偿或者给付保险金的权利，自其知道保险事故发生之日起两年内不行使而消灭。

（二）旅游者个人保险

有了旅行社责任保险，旅游者不用支付保费就可获得赔偿。但是责任险的投保范围较小，有些损失还是得不到赔偿。因此，旅游者还可以个人投保。《旅行社投保旅行社责任保险规定》也对旅游者参加旅行社组织的团队旅游时购买个人保险做了规定。《规定》明确，旅游者可以根据实际需要，从有保险代理人资格的旅行社或直接从保险公司自愿购买旅游者个人保险。旅行社在与旅游者订立旅游合同时，应当推荐旅游者购买相关的旅游者个人保险。

目前，旅游者个人保险多为“旅游意外伤害保险”，这是由旅游者通过旅行社向保险公司购买的一种保险，其保险范围较大。一般赔付保险金额为人民币 10 万元，可以多买多赔。此外，保险公司针对团体旅游者，还提供旅游救助保险、旅游救援保险、住宿旅游者人身保险等，旅游者以机关、团体、企事业单位等名义组织出游时可以投保这些险种。

第四节　卫生救护知识

一、常见病的救护

（一）晕车（机、船）

在旅游过程中，经常有旅游者发生晕车（机、船）的情况，这其中，除了身体对交通工具产生某些不适的原因之外，还有其他一些原因，如过度疲劳、饥饿、过饱、身体衰弱、精神紧张、周围环境湿闷污浊等。

为了防止晕车(机、船)的出现,旅游者旅行前应保证足够的睡眠。乘坐交通工具前半小时口服晕车药或用止痛膏贴于肚脐上。乘车(机、船)前不宜过饥或过饱,尤其不能吃高蛋白和高脂食品,否则容易出现恶心、呕吐等症状。在乘坐交通工具时保持心情愉快,不断暗示、坚信自已不会晕,最好找人聊天,分散注意力。尽量坐在比较平稳且与行驶方向一致的座位上,头部适当固定,避免摆动。同时使交通工具适当通风,保持空气流通和新鲜。旅游者乘坐交通工具时尽量不要看窗外快速移动的景物。

如果出现恶心、呕吐等症状,可做深呼吸;如果有条件的话,可以用热毛巾擦脸或在额头放置凉的湿毛巾。发生晕车(机、船)时,最好静卧休息或尽量将座椅向后放平,闭目养神,切不可在车厢内走动,否则会加重症状。

(二) 伤风感冒

感冒是因风邪侵袭人体而引起的疾病,亦称伤风、冒风,临床以发热、头痛、鼻塞、流涕、喷嚏、畏寒为主要症状。旅游者在外出旅游的过程中,由于疲劳等各种原因,容易伤风感冒。尽管伤风感冒在人们的印象中被认为是一种小病,但旅游者一旦感冒仍然要有足够的重视,并采取积极的预防和治疗措施。

旅游者外出时可以带上扑热息痛片、止痛片以及银翘解毒片等,以备伤风感冒时服用。另外,也可以带上清凉油,当头痛时涂于两侧太阳穴处,有清凉解毒、止痛、提神醒脑之功效。

(三) 上火

在旅途中,有些人容易出现心跳加快、颜面潮红、全身燥热、心绪不宁、食欲下降、小便发黄、大便秘结等症状,还有些人的嘴唇、口角、脸上会起疮疹,这些症状通俗说来,就是“上火”。“上火”虽非什么重病,但它会给本来愉快的旅途生活带来烦恼和不安,使旅游者的旅游质量打折扣。“上火”是由于人体各器官不协调所致,因为在旅途中频繁地更换地点和改变生活环境,加上跋山涉水,需要消耗大量的精力和体力,全身各系统常常处在紧张和变化之中,这些都会破坏体内环境的协调、平衡和稳定,导致疾病的发生。

为了防止出门旅游时“上火”,旅游者外出旅游前一定要做好充分的准备,对于旅行的路线、乘车坐船的时间、携带的衣物等要有充分准备。在外出旅游的日子里,旅游者的生活要有规律,保证充分的休息,日程安排最好按事前准备好的进行,不要随便打乱行程计划。旅游者还要注意劳逸结合,保证充足的睡眠时间,以免过度疲劳,抵抗力下降而致病。饮食方面,可多吃"清火"食物,如新鲜的绿叶蔬菜、水果和绿茶等。此外,可口服清凉冲剂,如夏桑菊冲剂、金菊冲剂等,以达到清火、降火的目的。

(四) 中暑

中暑是指在高温和热辐射的长时间作用下,机体体温出现调节障碍,水、电解质代谢紊乱及神经系统功能损害的症状。中暑的症状一般是全身发热、乏力、皮肤灼热、头晕、恶心、呕吐、胸闷;有的人会烦躁不安、血压下降;严重者可能伴有剧烈头痛、昏厥、昏迷、痉挛等。在旅行中,旅游者中暑的主要原因有较多人拥挤在通风降温条件差的车厢内、长时间受阳光直接曝晒、空气中湿度的增强、担心要上厕所而不敢喝水等。

为预防中暑,旅游者最好随身携带人丹、风油精等祛暑药,感觉不舒服时及时使用。另外,尽量减少在阳光下曝晒和在高温环境中长待,可用太阳帽、伞等遮阳。不要因为怕上厕所而少喝水,因为高温下人容易出汗,水分大量蒸发从而很易引发中暑,因此一定要及时补充水分,可以适当喝些淡的糖水和盐水,补充能量和盐分。

一旦有人中暑,应尽快将其移至阴凉通风处,将其衣服用冷水浸湿,裹住身体,并保持潮湿,或不停扇风散热并用冷毛巾擦拭患者。如果中暑者意识清醒,应让其呈半坐姿休息,头与肩部给予支撑。若中暑者已失去意识,则应让其平躺,解开衣领,放松裤带。对于严重的中暑者,应在做好必要处理后立即送医院治疗。

(五) 秋燥

秋高气爽,是秋游的大好时光,而旅游者在旅途中常会出现秋燥的症状,典型的症状有:皮肤干燥、便秘、口鼻咽干、干咳少痰等。一旦出现这种现象,旅游者的心情必将受到影响。

秋燥是可以预防的,旅游者应注意以下几个方面:第一,要科学地安排旅游活动,防止过度疲劳。美好的景色,常使人流连忘返,马不停蹄地连续观赏,极易出现过度劳累。如出现乏力、多汗、头晕、眼花、心悸等症状时,应及时休息,不可勉强坚持。第二,要重视饮食卫生,严防病从口入。对各地的风味小吃、名优土特产品应以品尝为主,一次不宜吃得太多,更不能暴饮暴食。不吃或少吃燥热伤津的食物。第三,还要注意科学饮水。饮水要少量、多次,慢慢饮,不可暴饮。多吃瓜果和蔬菜,最好每天吃1～2个雪梨、沙梨,或吃些西瓜、木瓜、芭蕉、葡萄、苹果等鲜果,或吃些苦瓜、黄瓜、冬瓜等。

（六）失眠

一般来说,旅游能使人们精神愉快、增进睡眠,但有些人在旅途中会出现失眠现象。旅途中失眠的原因是多方面的,主要是神经系统的活动规律被打乱、入睡环境有所改变、温度湿度的变化、噪音的影响、光感和气味的变化等。另外,过度兴奋、疲劳以及慢性病,或者记挂着家中的事情也会引起失眠。

导游员在带团过程中,应学会一些简单的防治失眠的方法,帮助旅游者避免因失眠带来的不安和烦躁。要克服旅游失眠,首先应保持情绪愉快,尽可能保持平时的饮食、起居、睡眠的时间和习惯。其次,不要过度疲劳和兴奋。每到一处地方,应尽快地适应当地的气候环境,克服生疏感。如果条件允许而又没有高血压病和肝病,睡前可喝半瓶啤酒或一杯热牛奶,帮助入睡,但不要在睡前喝浓茶和咖啡。

旅行中的失眠仅仅是暂时的神经失调,不是病态。一旦失眠,旅游者千万不要着急,更不要老是开灯去看表,计算多久没有入睡,这样会更加心烦。如果上述办法无效,可在医生指导下睡前服用一些镇静安眠药,也可以吃一些朱砂安神丸、柏子养心丸等中药。

（七）呕吐

在旅途中,有时会有个别旅游者出现呕吐的情况。轻的呕吐对健康影响不大,无须治疗;重的呕吐不仅会吐出大量水分,而且会吐掉电解质,出现脱水和酸碱失衡的症状,必须作紧急处理。引起呕吐的原因很多,惊慌的情绪、食物中毒、胃肠道疾病、妊娠、晕车(机、船)、治疗癌症的化学治疗等都会引起呕吐。呕吐是一种症状,必须确定呕吐的原因,才能真正止吐。

旅游者出现呕吐,较为常见的原因是晕车(机、船),饮食不卫生或水土不服导致的胃肠道疾病,还有到达某个陌生地方的恐慌情绪等,而这些都是可以预防的。预防呕吐的方法就是保持身体健康,防御病菌的侵入。旅游过程中尽可能保持饮食定时,而且一定要到有卫生保证的餐馆就餐。避免在太饱或空腹的时候搭乘交通工具。容易晕车(机、船)的旅游者应随身携带止吐药,如氟哌酸、黄连素等,或将大蒜拍碎服下。

(八) 腹泻

出门旅行时,腹泻会给旅途生活带来很大的麻烦。旅途中的腹泻不同于日常的腹泻,其症状除了拉肚子外,还常伴有腹痛、恶心、呕吐等,一般会持续4～7天,重症者还会出现脱水、酸中毒等现象,对身体损害极大。旅游时腹泻可能是由饮食不卫生引起的急性胃肠炎或者痢疾;也可能是由环境和气候的变化引起的水土不服,再加上睡眠不足、精神紧张及过度劳累等因素,造成肠蠕动过快过强;或者旅游者饮食不规律,暴饮暴食,胃肠难以消化而导致腹泻。

预防胜于治疗,旅游者一定要积极预防腹泻的发生。导游员应提醒旅游者注意饮食卫生,不要暴饮暴食,不要一次饮用过多的冷饮,尽量做到生活有规律,保证有充足的睡眠和休息时间,不能贪图一时之快而损害身体健康。此外,还可以适当地服用药物。黄连素片是预防和治疗腹泻的良药,如果在旅途中感到进食后有胃肠不适,或对饮食店的卫生觉得不尽如人意,或进食的食物不太新鲜,可立即服用2～3片黄连素片,能起到预防腹泻的效果。

旅游者如发生腹泻一定要及时就医,及时治疗,切莫乱用药。如果由于客观条件的限制导致旅游者无法及时就医,在病因不明的情况下可以选择全面有效的“傻瓜型”止泻药。目前,市场上的止泻药大致分为三类:抗生素类、微生态制剂类和蒙脱石散类。抗生素类药物是针对细菌感染引起的腹泻,微生态制剂类是针对菌群失调引起的腹泻,抗生素类和微生态制剂类都存在禁忌症。蒙脱石散类是目前国际上用得较多的止泻用药,它通过有效成分吸附并清除所有的细菌、病毒,达到止泻的目的,它不被人体吸收,没有禁忌症。如无随身携带药物,可用按摩治疗,效果亦十分理想,方法是:病人俯卧,两肘撑在床上,两掌托腮,用枕头或其他软物(约20厘米厚)垫在靠膝盖的大腿下,使腰部弯曲;施治者用两拇指按在第二腰椎棘突(棘突即脊梁骨上突起的、能用手触到或可看到的隆起骨)的两侧,以强力朝脚方向按压2分钟,如此重复一次即可。

(九) 便秘

旅游者外出旅游时,由于早起晚睡、赶车赶船、饮食不定,打破了以往的生活起居规律,常会发生暂时便秘的现象。便秘不是病,一旦出现却会给旅游者带来无尽的烦恼。便秘的症状通常表现为腹胀不适、里急后重、欲便不畅,甚至反胃、嗳气、恶心、腹痛等,尤其是在炎热的夏季,若长期不排便将会造成上火、起疮等症状。造成便秘的原因有很多,老年人胃肠道功能障碍、缺乏运动、长久站立或卧坐、饮食习惯不良、缺乏摄取蔬果等富含纤维质食物、水分长期补充不足、喜欢吃高脂重口味食物、排便习惯不良、经常性压抑排便冲动等,都会造成便秘。

在旅途中,旅游者要尽快适应旅游环境,不轻易改变已养成的排便习惯。进餐时多吃些新鲜的绿叶菜(如芹菜、韭菜、菠菜等)和富含粗纤维的水果(如橘子、香蕉等)。多喝开水,少饮浓茶和酒。蜂蜜之类的饮料对预防便秘也有较好的效果。

(十)高山反应

由于高山和高原地区地势高、空气稀薄、氧气减少,旅游者有可能会出现头痛、胸闷、呼吸短促、脉搏增快等症状。去高山旅游之前,旅游者必须对身体进行一番认真的检查,凡患有严重心血管疾病、冠心病、心绞痛、高血压、慢性肺部疾病、急性中耳炎等病症者以及怀孕的妇女,最好不要去高山旅游。

预防高山反应,首先要有良好的心态,不要一味的惧怕高原反应。其次,登山的速度不宜太快,步调要平稳并配合呼吸,要视坡度的急缓作调整,使运动量和呼吸成正比,避免急促的呼吸。再次,行程不宜太紧迫,睡眠、饮食要充足正常,做到经常性短时间的休息,休息时可做柔软操或深呼吸来强化循环功能及高山适应能力。此外,女性进入高原,应尽量减少洗头和洗澡的频率,因为高原地区温差变化极大,往往容易感冒。男性进入高原后尽量减少吸烟,因为吸烟会增加耗氧量,饮酒也适可而止。如若发现咳嗽不止,且喉头有粘滞感,不能顺畅地排出痰液,或咳出的痰液为粘黄色或淡粉红色时,应警惕急性肺水肿的发生,应立即就医,服用大量的抗菌素,并且往低压区转移。

二、突发病的救护

(一)心脏病猝发

旅游者中特别是中老年旅游者可能有心脏病患者,外出旅游时要特别预防心脏病的发作。在旅行中易突发心脏病,主要是因为旅游期间活动量大增，生活没有规律，睡眠不足，饮食无常且在晚间进餐过饱，更有部分男性旅游者饮酒过量等。

外出旅游时，旅游者一定要做好预防工作，务必在外出前准备一个急救盒，供旅行中应急用。旅游日程的安排不要过于紧张，以感到活动轻松愉快、不疲劳为度。起居饮食方面也尽量保持平时的生活规律，有烟酒爱好者应适当减量。

一旦旅游者心脏病猝发，切忌立即将患者抬或背着送往医院，而应让其就地平躺，头略高，由患者亲属、领队或其他旅游者从患者口袋中寻找备用药物，让其服用；同时，地陪应主动到附近的医院找医生前来救治，病情稍稳定后再送医院。

（二）窒息

窒息是指急性呼吸道梗阻，呼吸道上端阻塞或误吸入血液、唾液、呕吐物、异物等，都可能引发窒息。其症状表现为烦躁不安、出汗、鼻翼煽动、喉鸣音，面色苍白、口唇发绀，严重者可能伴有血压下降、瞳孔散大等症状。旅游者窒息往往发生在溶洞、未开发山洞等封闭的旅游环境中，因为洞中通风不良、氧气不足，或含有某种有毒气体，或有动植物腐败气味等，引起窒息，若未被人及时发现或救治，可导致死亡。因此，及早发现、及时处理非常关键。

对于因进入不明情况的山洞而发生窒息或中毒的旅游者，应迅速将其转移至空气新鲜处。已停止呼吸者，应立即原地不间断地做人工呼吸。此外，还要注意为病人保暖，并尽快护送到医院进一步救治。

（三）昏厥

昏厥是因为大脑暂时缺氧而发生的一种短暂的意识丧失状态。

昏厥是可以预防的。当旅游者出现头昏、恶心、乏力、眼前发黑等症状时，应当努力扶住桌子、椅子、墙角、身边固定物，以防摔伤，最好马上坐下或躺下。

旅途中若有人突然晕倒或休克，千万不可随意搬动患者，首先要观察其心跳和呼吸是否正常，若正常，可轻拍患者并大声呼唤使其清醒。如患者无反应则说明情况比较严重，应立即让其平躺，下肢抬高，让较多的血液集中在重要器官，以改善脑部的血流供应，同时解开病人的领口、腰带，如处于室内，还要打开窗户，使空气流通。如是因低血糖引起的昏厥，喂服糖水、巧克力等高糖食品，通常能使病人迅速恢复。若上述方法均未能使病人苏醒,可用以火消毒的针刺其人中穴或十指尖端十宣穴(见图 8-3),稍放出一点血,若针刺后仍不能苏醒,要迅速送往医院诊治。在病人情况严重,已停止呼吸和心跳的时候,必须马上进行人工呼吸和心脏按压,等病人苏醒后,再送医院。在送医院途中,要让病人的双脚高于头部,用毛毯等物品裹住身体保暖。还有一点需要注意,如果病人是因为脑外伤、脑中风而引起的休克,一定要将头部抬高。

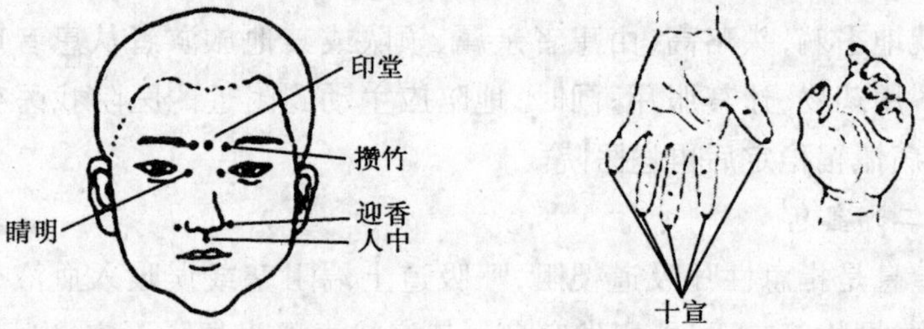

图 8-3　人中穴和十宣穴①

（四）急性脑梗塞、脑溢血

急性脑梗塞是指脑动脉血流灌注不足或突然中断,造成该供血区一定时间和一定范围内脑组织梗死。脑溢血是由于脑血管壁破裂,血液渗出血管外,压迫脑组织而发生的。急性脑梗塞、脑溢血都是中老年人的常见病,共同特点是:患者发病突然,重者猝死,轻者偏瘫、失语、吞咽困难。

有动脉粥样硬化和高血压的旅游者要按时服药,控制血压。旅途中要避免过度疲劳、情绪激动和用力过大,以免引起血压突然升高。

旅途中,如有跌倒昏迷或患过脑出血的瘫痪者,很容易发生急性脑梗塞、脑出血,此时随意搬动会使出血更加严重,应平卧,抬高头部,并呼叫救护车前来抢救。

（五）脱水

脱水是指人体大量丧失水分和钠离子,引起细胞外液严重减少的现象。旅游者外出旅游时,尤其是在夏季,由于运动量较大、饮水不足、出汗很多而补液不足很容易导致脱水。

针对脱水的旅游者,应根据其脱水类型的不同,给予针对性的救治。

---

① 图片来源:李健康等,《旅游保健应变指南》,26 页、122 页,北京,中华工商联合出版社 2004

高渗性脱水,又称缺水性脱水,即失水多于失盐,这种情况大多是由于高温、大量出汗或发高烧导致的,患者有明显的口渴、尿少等症状,较轻的高渗性脱水患者,如能及早饮水,可以得到缓解,情况严重时,可采用向患者滴注质量分数为5%的葡萄糖溶液的方法进行治疗。低渗性脱水,又称缺盐性脱水,即失盐多于失水,这种情况大多是由于严重呕吐、腹泻、大出血或大面积烧伤导致的,这时患者往往尿量增加,也无口渴的现象,容易造成没有脱水的假象,这种情况可以采用向患者输入生理盐水的方法进行治疗。等渗性脱水,又称混合性脱水,即失水和失盐的程度差不多,呕吐、腹泻引起的脱水多半属于这一类,这种情况可以采用向患者输入生理盐水和质量分数为5%的葡萄糖溶液的方法进行治疗。

三、意外受伤的救护

(一)脱臼

脱臼是关节易位、脱落造成的,特征是呈变形位置无法移动。旅游者在野外旅游时,由于跌倒、撞击等,都有可能发生脱臼,并且大多发生在肩关节、肘关节及桡骨头半脱位。

旅游中有人脱臼,首先要固定疼痛处关节,不要挪动,并用湿毛巾或冷湿药布冷敷疼痛的关节,减轻疼痛。足关节因脱臼而感疼痛时,绝对禁止走路,因为这可能会恶化病情。从大树或岩石上摔下来伤到脊椎时,将患者放在平整而坚固的担架上(见图 8-4)固定,不让身子晃动,然后送往医院。

用两件上衣做临时担架

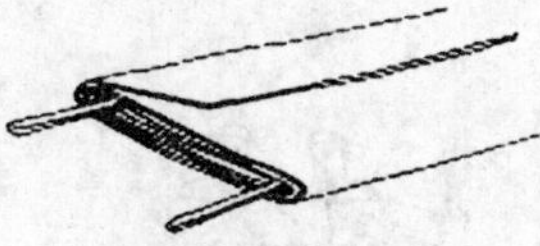

用被单或毯子做简易担架

图 8-4 简易担架①

当没有担架搬运时,如果病人伤势不重,在病人神志清醒的情况下,救助者可以扶其行走。如病人不能行走,救助者可将手插在病人肩下和膝下,将其抱起。若病人上肢还有力量,救助者可将病人的手勾在

① 图片来源:严时,《旅行安全知识手册》,98页,北京,金盾出版社 2001

自己的颈上。更重的病人就要用背驮的方法搬运了，救助者应把病人背到背上(见图 8-5)。

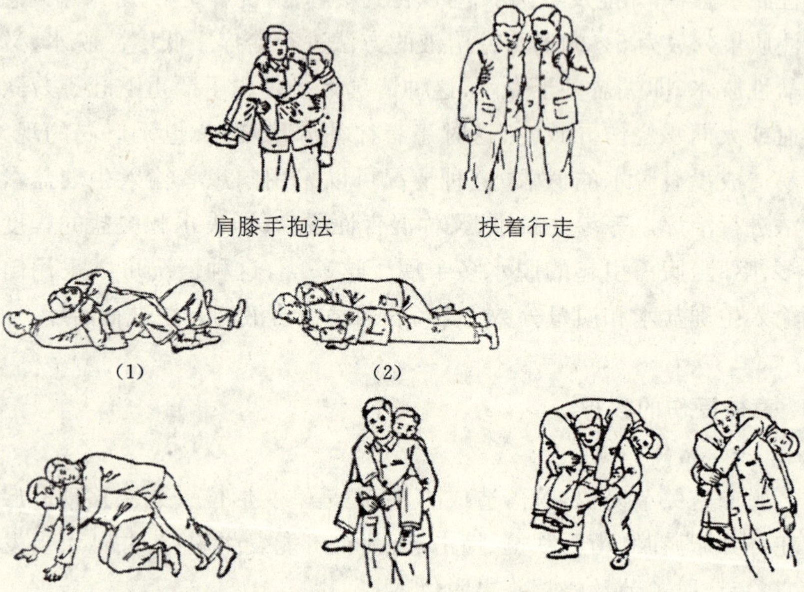

肩膝手抱法　扶着行走

(1)　(2)

(3)　(4)　(1)　(2)

背驮法 1　背驮法 2

图 8-5　单人搬运法①

也可两人合力搬运一名病人，可以两人平抱，也可以采用膝肩抱法等，若能找到靠椅，也可用靠椅抬着走(见图 8-6)。

双人平抱着走　双人膝肩抱着走　靠椅抬着走

图 8-6　双人搬运法②

① 图片来源：朱妙扬，《体验野外生存》，212 页，北京，军事谊文出版社 2004

② 图片来源：朱妙扬，《体验野外生存》，213 页，北京，军事谊文出版社 2004

（二）摔伤、骨折

旅途中，由于意外事故，如车祸、登山坠落等，会导致摔伤或骨折。旅游者发生骨折，须及时送医院救治。但在路途中或野外，导游员应做力所能及的初步处理，为送往医院赢得时间。

1. 止血

如有人骨折并出血，应及时帮其止血。常用的止血方法有：手压法，即用手指、手掌、拳在伤口靠近心脏一侧压迫血管止血；加压包扎法，即在创伤处放厚敷料，用绷带加压包扎；止血带法（见图 8-7），即用弹性止血带绑在伤口近心脏的大血管上止血，止血带一般是弹性很好的橡胶带，也可用身边的领带、皮带、围巾等代替。

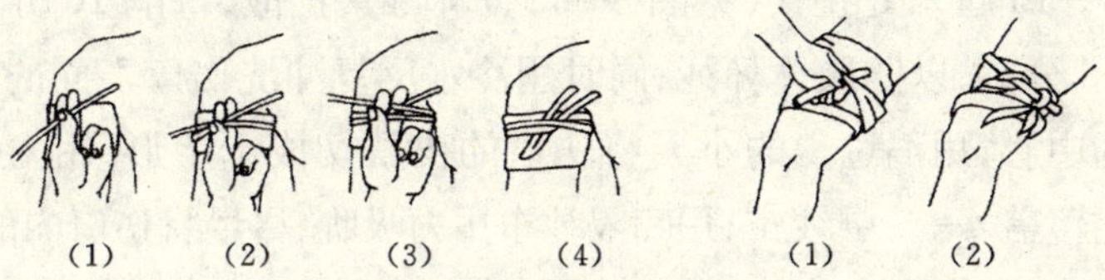

图 8-7　止血带止血法①

2. 包扎

包扎前最好要清洗伤口，包扎时动作要轻柔，松紧要适度，绷带的结口不要在创伤处。

3. 上夹板

就地取材上夹板，以求固定两端关节，避免转动骨折肢体（见图 8-8）。

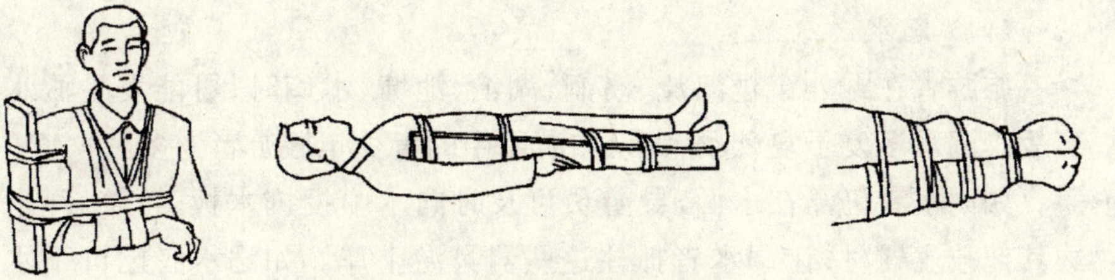

图 8-8　上夹板固定骨折部位②

（三）蜇伤、咬伤

旅游者在野外旅游时，经常会被蝎、蜂、蛇蜇伤或咬伤，导游员在现

① 图片来源：严时，《旅行安全知识手册》，97 页，北京，金盾出版社 2001

② 图片来源：严时，《旅行安全知识手册》，92 页，北京，金盾出版社 2001

场可采用以下处理方法：

若旅游者被蝎、蜂蜇伤，导游员要设法将毒刺拔出，用口或吸管吸出毒汁，然后用肥皂水，条件许可时用5%苏打水或3%淡氨水洗敷伤口，同时给伤者服用止痛药。导游员、旅游者如识中草药，可用大青叶、药荷叶、两面针等捣烂外敷。严重者要送医院抢救。

野外旅游活动中，如果旅游者不慎被蛇咬伤，首先应判断是否为毒蛇所咬。若无牙痕，并在20分钟内没有局部疼痛、肿胀、麻木和无力等症状，则为无毒蛇咬伤，只需要对伤口清洗、止血、包扎，有条件再送医院注射破伤风针即可。如伤口上有两个较大和较深的牙痕，咬后10—20分钟后症状逐渐呈现，则为毒蛇咬伤，可先找一根布带或长鞋带在伤口靠近心脏上端5—10厘米处扎紧(见图8-9)，缓解毒素扩散，每隔10分钟左右，放松2—3分钟，以防肢体坏死；同时用冷水反复冲洗伤口表面的蛇毒；再以牙痕为中心，用消过毒的小刀将伤口的皮肤切成十字形，用力挤压，或在伤口上覆盖4—5层纱布，用嘴隔纱布用力吸吮，尽量将伤口内的毒液吸出；然后将解蛇毒药粉涂抹在伤口周围，并迅速将其送到附近的医院就诊。

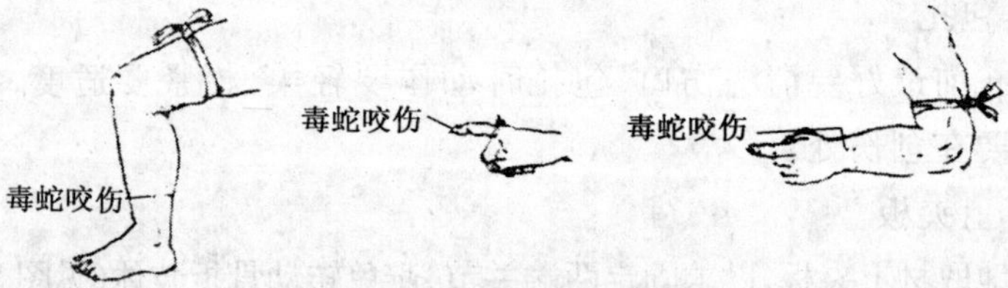

图8-9　毒蛇咬伤缚扎部位①

（四）溺水

旅游者在野外穿越河流、溪涧、湖泊、池塘、水库时，可能发生溺水事故。溺水多发于夏秋季，尤以旅游团中的青少年旅游者为多。

如溺水者仍浮在水面，导游员可及时向水中投掷木板、竹竿、绳索或其他救生器材，让溺水者抓住这些器具游上岸。如溺水者已沉下水底，导游员要迅速下水急救。要注意，不可从正面接近溺水者，以免被其抱住，无法实施急救，甚至反有被拖下水底的危险；应从侧面托住溺水者的腋窝部或下颌，然后将溺水者拖带出水面，并采用仰游方式将其拖上岸(见图8-10)。

---

① 图片来源：朱妙扬，《体验野外生存》，220页，北京，军事谊文出版社2004

（1）　　（2）　　（3）

图 8-10　营救溺水者的方法①

溺水者自水中被救出时常呈呼吸浅速、不规律、呼吸困难、咳嗽，甚至呼吸、心跳停止的症状，因此现场复苏最为重要。将溺水者救出后，使其仰面躺在地上，头向后仰，立即清除口腔、鼻咽腔的呕吐物和泥沙等异物，保持呼吸道通畅，将其舌头拉出，以免后翻堵塞呼吸道。将溺水者腹部垫高，胸及头下垂，或抱其双腿，腹部放在急救者肩部，走动或跳动以“倒水”。恢复溺水者呼吸是急救成功的关键，应立即进行人工呼吸，以口对口式吹气法最为方便和有效，一手扳开溺水者下颌，另一只手捏住其鼻孔，嘴对着嘴，不停地吹气和吸气。吹气时要注意病人胸部的扩张。如果胸部没有扩张隆起，应将病人侧放，在肩后背捶击，除去阻塞物。当看到胸部自然回落时再进行一次深呼吸，应该感觉或听到有气回落。尽可能快地重复 6 次，然后每分钟做 12 次，直至病人恢复呼吸。人工呼吸不可间断，不能轻易放弃抢救，直到溺水者恢复自主呼吸或表明无法挽救为止。若伴有心跳停止，应立即进行胸外按摩挤压，以恢复心脏搏动(见图 8-11)。经现场抢救基本恢复的溺水者，应送医院观察，以免延误肺器官并发症的诊治。

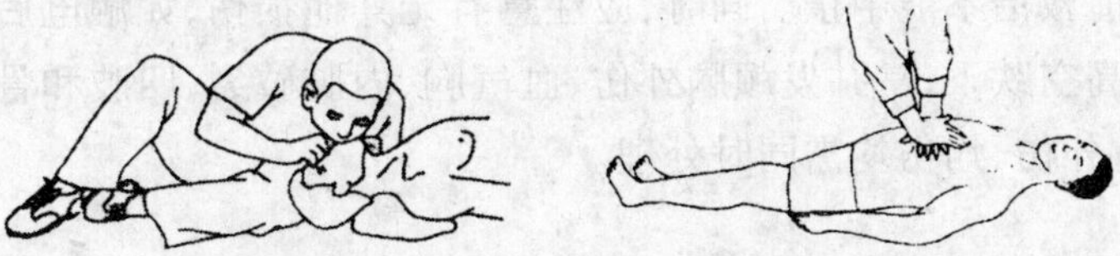

图 8-11　人工呼吸和胸外按摩挤压②

（五）触电

触电大多数是因人体直接接触电源所致，也有被数千伏以上的高压电或雷电击伤。接触 200 伏以下的低压电易引起心肌纤颤及心搏停

① 图片来源：严时，《旅行安全知识手册》，89 页，北京，金盾出版社 2001

② 图片来源：严时，《旅行安全知识手册》，86 页，北京，金盾出版社 2001

止,220—1 000 伏的电压可致心脏和呼吸中枢同时麻痹,1 000 伏以上的高压电可致呼吸停止。

旅途中一旦发现有旅游者触电,导游员应立即按以下步骤救人:第一,应立即关闭电源开关或拔掉电源插头,让触电者迅速脱离电源,若无法及时找到或断开电源,可用干燥的木棒、竹竿等绝缘物挑开电线。第二,脱离电源后,将触电者迅速移到通风干燥的地方仰卧,把他的上衣和裤带放松,观察有没有呼吸;摸一摸脖子上的动脉,看有没有脉搏。第三,导游员根据触电者受伤的不同情况采取相应的急救措施:若触电者神志清醒,呼吸心跳均自主,应让伤员就地平卧,严密观察,暂时不要让其站立或走动,防止继发休克或心衰;若触电者呼吸停止,而心搏存在,应让其就地平卧,解松衣扣,通畅气道,立即口对口人工呼吸,有条件的可气管插管,加压氧气人工呼吸;若触电者心搏停止,而呼吸存在,应立即做胸外心脏按压;若触电者呼吸、心跳均停止,则应在人工呼吸的同时施行胸外心脏按压,以建立呼吸和循环,恢复全身器官的氧供应。现场抢救最好能两人分别施行口对口人工呼吸和胸外心脏按压,以1∶5的比例进行,即人工呼吸 1 次,心脏按压 5 次;如现场抢救仅有 1 人,用 15∶2 的比例进行,即先作胸外心脏按压 15 次,再口对口人工呼吸 2 次,如此交替进行,抢救一定要坚持到底。

应该注意的是,在现场抢救中,不要随意移动伤员,若确需移动时,抢救中断时间不应超过 30 秒。移动伤员将其送医院时,除应使伤员平躺在担架上并在背部垫以平硬阔木板外,应继续抢救,在医院医务人员未接替前救治不能中止。同时,应注意有无其他损伤,如触电后弹离电源或自高空跌下,常并发颅脑外伤、血气胸、内脏破裂、四肢和骨盆骨折等,如有外伤、灼伤均需同时处理。

四、常备药品

一般而言,旅游者外出时应准备如下药品:一是常用药。例如止泻用药(黄连素)、止血用药(安络血)、解热镇痛药(安痛定、复方阿司匹林)、感冒镇咳药(速效感冒胶囊、板蓝根冲剂)、抗菌消炎药(衣诺沙星、复方新诺明)、晕车药(乘晕宁)、抗过敏药(扑尔敏、息斯敏)、消化药(乳酶生、食母生)、外用药(创可贴、风油精、红花油、白花油、酒精、伤湿止痛膏)以及眼药水、滴鼻液等。二是必用药。患有某种疾病或因年老体弱，正在服用或可能用到的药。旅游者应遵医嘱按时服药，或将病情告诉同行者，万一发生意外时可得到帮助。

此外，对于那些前往高风险地区或从事高风险活动的旅游者，最好随身携带一个简易急救包，装备有创可贴（保护及治疗微小创伤），酒精棉签（清洁伤口），绷带（包扎伤口、止血），阿司匹林类药物（解热镇痛），异丁苯丙酸类药物（消炎），消毒棉纱布（保护伤口、止血），抗生素类药膏（缓解灼伤），防腐小毛巾（抵挡烟尘毒气、冷却伤口），纯净水（清洁、冷却伤口、抵挡烟尘毒气）等。

第五节 其他常识

一、国际时差

英国格林尼治天文台每天所报的时间，被称为国际标准时间，即“格林尼治时间”。自1884年起，国际上将全球划分为24个时区，每个

北京与世界重要城市时差表

单位：小时

城市名称	时差数	城市名称	时差数
香港、马尼拉	0	莫斯科、巴格达、内罗毕	－5
汉城、东京	＋1	赫尔辛基、布加勒斯特、开罗、开普敦、索非亚	－6
悉尼、堪培拉	＋2		
惠灵顿	＋4	斯德哥尔摩、柏林、巴黎、日内瓦、华沙、布达佩斯、罗马、维也纳、雅温得	－7
新加坡	－0.5		
河内、金边、曼谷	－1	伦敦、阿尔及尔、达喀尔	－8
仰光	－1.5	里约热内卢	－11
达卡	－2	纽约、华盛顿、渥太华、哈瓦那、巴拿马城	－13
新德里、科伦坡、孟买	－2.5	芝加哥、墨西哥城	－14
卡拉奇	－3	洛杉矶、温哥华	－16
迪拜	－4	安克雷奇	－17
德黑兰	－4.5	夏威夷（檀香山）	－18

（北京零点时与世界主要城市相比，各地时间均为标准时间。“＋”表示比北京时间早，“－”表示比北京时间晚。）

时区的范围为15个经度，即经度相隔15度，地方时相差1小时。以经过格林尼治天文台的零度经线为标准线，从西经7度半到东经7度半为中时区（称为0时区），然后从中时区的边界线分别向东、向西每隔15度各划一个时区，东、西各有12个时区，而东西十二区都是半时区。各时区都以该区的中央经线的"地方时"为该区共同的标准时间。中国幅员辽阔，东西横跨经度64度，跨5个时区（从东五区到东九区），为方便起见，我国以位于东八区的北京时间作为全国标准时间。

二、度量衡换算

世界上的度量衡有公制和英、美制，中国还有市制，它们间的换算比较复杂。导游员在工作时经常会遇到这类换算问题，因此应该对此有所了解。

（一）长度

1千米（公里）＝2市里＝0.621 4英里

1米＝1公尺＝3市尺＝3.280 8英尺＝1.093 6码

1海里＝3.704 0市里＝1.15英里

1市里＝0.5公里＝0.310 7英里

1英里＝1 760码＝5 280英尺＝1.609 3公里＝3.218 7市里

1码＝3英尺＝0.914 4米＝2.743 2市尺

1英尺＝0.304 8米＝0.914 4市尺＝12英寸

1市尺＝0.333 3米＝1.093 6英尺＝10市寸

（二）面积

1平方千米（平方公里）＝1 000 000平方米＝0.368 1平方英里＝100公顷＝4平方市里

1平方英里＝640英亩＝2.590 0平方公里＝10.360 0平方市里

1公顷＝10 000平方米＝100公亩＝15市亩＝2.471 1英亩

（三）容积

1升＝1公升＝1立升＝1市升＝1.759 8品脱（英）＝0.220 0加仑（英）

1加仑（英）＝4夸脱（英）＝4.546 1升＝4.546 1市升

1市斗＝10市升＝10升

（四）重量

1吨＝1公吨＝1 000千克＝0.984 2英吨＝1.102 3美吨

1 千克 = 2 市斤 = 2.204 6 磅(常衡)

1 磅 = 16 盎司 = 0.453 6 千克 = 0.907 2 市斤

1 盎司 = 16 打兰 = 28.349 5 克 = 0.567 0 市两

1 克拉(宝石) = 0.2 克

三、温度换算

世界上温度的测量标准有两种:摄氏(℃)和华氏(℉)。我国采用摄氏测量温度。导游员应掌握摄氏与华氏之间的换算公式:

(一) ℃ = 5/9 × (℉ − 32)

例如,将华氏 90 度换算成摄氏度数,计算公式为:

5/9 × (90 − 32) = 5/9 × 58 = 32.2

即:华氏 90 度等于摄氏 32.2 度。

(二) ℉ = ℃ × 9/5 + 32

例如,将摄氏 30 度换算成华氏度数,计算公式为:

30 × 9/5 + 32 = 54 + 32 = 86

即:摄氏 30 度等于华氏 86 度。

【复习思考题】

1. 什么是信用卡?目前我国可以受理哪些外国信用卡?
2. 什么是旅行社责任保险?其保险范围是如何规定的?
3. 如何预防旅游者中暑?若有旅游者中暑,导游员该怎么办?
4. 如果有旅游者在旅途中突然昏厥,导游员该怎么办?
5. 如果有旅游者被毒蛇咬伤,导游员该怎么办?
6. 如果有旅游者不小心溺水,导游员该怎么办?
7. 北京时间为 6 点时,悉尼、纽约、巴黎各为几点?
8. 华氏 82 度时,摄氏应为多少度?

【案例讨论题】

据《中国旅游报》报道,2006 年 4 月,董某等两位客人参加北京某旅行社组织的张家界双飞五日游的旅游团,组团方式为当地散客拼团。团队中七名客人回程当天在凤凰古城用过晚餐后集体出现腹泻,由于晚餐后就乘机返回北京,且客人腹泻并不严重,导游员未带客人去医院，部分客人在当地买了一些止泻药以缓解病情。回京后，客人向组团社投诉，称在当地用餐后食物中毒，要求组团社给予经济赔偿。

讨论：导游员应该如何预防旅游者腹泻乃至食物中毒事故的发生？若发生后应如何处理？

【模拟操作题】

1. 运用所学的突发病的救护知识，让学生模仿处理窒息、昏厥等的急救过程。

2. 运用所学的意外受伤的救护知识，让学生模仿处理摔伤、骨折、止血等的急救过程。

参考文献

1. 唐德鹏、徐华玉,《导游业务》,福州,福建人民出版社 2005

2. 陶汉军、黄松山,《导游业务》,天津,南开大学出版社 2005

3. 窦志萍,《导游技巧与模拟导游》,北京,清华大学出版社 2006

4. 杜炜、张建梅,《导游业务》,北京,高等教育出版社 2002

5. 张建融,《导游服务实务》,杭州,浙江大学出版社 2005

6. 潘宝明,《导游业务》,北京,中国商业出版社 2002

7. 马树生、许萍,《模拟导游》,北京,旅游教育出版社 2004

8. 叶华胜、杨奇美,《导游业务》,北京,人民邮电出版社 2006

9. (美)凯思琳·林格·庞德(Kathleen Lingle Pond),《职业导游员:导游职业发展动态》,大连,东北财经大学出版社 2004

10. 梁杰,《导游服务成功秘诀》,北京,中国旅游出版社 2006

11. 蒋炳辉,《景点导游教程》,北京,中国旅游出版社 2006

12. 王连义,《导游技巧与艺术》,北京,旅游教育出版社 2002

13. 张红、李天顺,《旅行社经营管理实例评析》,天津,南开大学出版社 2000

14. 郭赤婴,《导游员职业道德实证分析》,北京,中国旅游出版社 2003

15. 阎纲,《导游实操多维心理分析案例 100》,广州,广东旅游出版社 2003

16. 肖潜辉,《特级导游论文点评》,北京,中国旅游出版社 2002

17. 蒋炳辉,《旅游案例分析与启示》,北京,中国旅游出版社 2003

18. 程新造,《导游接待案例选析》,北京,旅游教育出版社 2004

19. 蒋炳辉,《导游带团艺术新篇》,北京,中国旅游出版社 2005

20. 郭赤婴,《新导游带团案例》,北京,中国旅游出版社 2006

21. 李灵资,《导游促销艺术一本通》,北京,旅游教育出版社 2006

22. 陈慰德,《我的导游生涯》,北京,中国旅游出版社 2002

23. 王兰,《扬州导游词》,北京,中国旅游出版社 2004

24. 王连义,《怎样做好导游工作》,北京,中国旅游出版社 2005

25. 国家旅游局,《走遍中国——中国优秀导游词精选(文物古迹篇)》,北京,中国旅游出版社 1998

26. 蒋炳辉,《导游带团艺术》,北京,中国旅游出版社 2004

27. 蒋文中,《导游语言艺术一本通》,北京,旅游教育出版社 2007

28. 蒋炳辉,《导游带团艺术续篇》,北京,中国旅游出版社 2004

29. 阿斌,《台湾之旅》,广州,广东旅游出版社 2006

30. 郭书兰,《导游原理与实务》,大连,东北财经大学出版社 2006

31. 彭淑清、陈宇,《景点导游》,北京,旅游教育出版社 2005

32. 张舒哲、高娴子,《导游口语技巧》,北京,旅游教育出版社 2006

33. 问建军,《导游业务》,北京,科学出版社 2005

34. 李健康,《旅游保健应变指南》,北京,中华工商联合出版社 2004

35. 严时,《旅行安全知识手册》,北京,金盾出版社 2001

36. 朱妙扬,《体验野外生存》,北京,军事谊文出版社 2004

37. 张明清、窦志萍,《导游业务与技巧》,北京,高等教育出版社 2003

38. 云南省旅游局,《导游业务知识》,昆明,云南大学出版社 2006

39. 王健民,《出境旅游领队实务》,北京,旅游教育出版社 2005

40. 段国强,《旅游投诉案例与分析》,北京,中国旅游出版社 2003

41. 黎泉,《导游趣味讲解资料库》,北京,中国旅游出版社 2005

42. 李娌、王哲,《导游服务案例精选解析》,北京,旅游教育出版社 2007

43. 孔永生,《导游细微服务》,北京,中国旅游出版社 2007

44. 全国导游人员资格考试教材编写组,《导游实务》,北京,旅游教育出版社 2005

45. 本书编写组,《导游服务技能》,北京,中国旅游出版社 2004

46. 江苏省旅游局,《导游年审培训读本》(内部资料)

47. 南京国际翻译导游服务公司,《导游参考资料》(内部资料)

48.《中国旅游报》2001～2007 年

49.《市场报》2006 年

50. 中国旅游网 http://www.cnta.com

51. 中国文化旅游网 http://www.cnctrip.com

52. 旅游经理人网 http://www.cntmu.com

53. 265 考试网 http://www.265ks.com

54. 人民网 http://www.people.com.cn

书　　名　导游
主　　编　是丽娜　陶卓民
责任编辑　朱　敏
装帧设计　刘晓地
出版发行　凤凰出版传媒集团
　　　　　江苏教育出版社(南京市马家街31号邮编210009)
网　　址　http://www.1088.com.cn
集团网址　凤凰出版传媒网 http://www.ppm.cn
经　　销　江苏省新华发行集团有限公司
照　　排　南京理工出版信息技术有限公司
印　　刷　江苏新华印刷厂
厂　　址　南京市张王庙88号(邮编210037)
电　　话　025-85521756
开　　本　787×1 092毫米　1/16
印　　张　20.5
插　　页　1
版　　次　2007年8月第1版
　　　　　2007年8月第1次印刷
书　　号　ISBN 978-7-5343-8293-2/G·7930
定　　价　36.00元
批发电话　025-83260760,83260768
邮购电话　025-85400774,8008289797
短信咨询　10602585420909
E-mail　jsep@vip.163.com
盗版举报　025-83204538